本书属于 2015 年度国家社会科学基金项目"英国马克思主义文化批评研究"（15BWW010）结项成果。

国家社科基金丛书

GUOJIA SHEKE JIJIN CONGSHU

英国马克思主义文化批评研究

A Study of British Marxist Cultural Criticism

邹威华　伏　珊　著

人民出版社

责任编辑：洪　琼
封面设计：石笑梦
版式设计：胡欣欣

图书在版编目（CIP）数据

英国马克思主义文化批评研究/邹威华,伏珊 著. —北京:人民出版社,
　2021.12
ISBN 978－7－01－024796－0

Ⅰ.①英…　Ⅱ.①邹…　②伏…　Ⅲ.①马克思主义理论-文化理论-研究-
　英国　Ⅳ.①A811.67

中国版本图书馆 CIP 数据核字（2022）第 091135 号

英国马克思主义文化批评研究
YINGGUO MAKESIZHUYI WENHUA PIPING YANJIU

邹威华　伏　珊　著

人民出版社 出版发行
（100706　北京市东城区隆福寺街 99 号）

天津文林印务有限公司印刷　新华书店经销

2021 年 12 月第 1 版　2021 年 12 月北京第 1 次印刷
开本:710 毫米×1000 毫米 1/16　印张:16.5
字数:260 千字

ISBN 978－7－01－024796－0　定价:79.00 元

邮购地址 100706　北京市东城区隆福寺街 99 号
人民东方图书销售中心　电话（010）65250042　65289539

目　录

导　　论

一、选题的缘起与意义

自 20 世纪中叶以来,发生在西方学术界和思想界最重要、最具影响的学术思潮是发轫于英国本土的"文化研究"(Cultural Studies)。这种"文化研究"冲破重重阻力,力图扭转和改变英国当时的学术生态认知,把曾经长期处于边缘状态下的"大众文化"和"工人阶级文化"积极、主动地纳入学者们研究的学术版图之中,这不仅震动了人们对英国传统文学研究的常态认识,也震撼了整个英国的学术界和思想界,并由此产生连锁反应,得到了世界学术圈学人的高度关注和研究。究其缘由,由理查德·霍加特(Richard Herbert Hoggart)和斯图亚特·霍尔(Stuart Hall)于 1964 年年初在伯明翰大学英文系并肩共同成立的伯明翰当代文化研究中心(Centre for Contemporary Cultural Studies at the University of Birmingham)(以下简称 CCCS)是最重要的"学术坐标"和"文化重镇"。

几十年以来,这种"学术坐标"和"文化重镇"给我们从事当代文化批评提供了重要的认识空间和理论平台。从狭义上看,CCCS 结出的硕果已经成为后来学者们竞相追逐和研究的"对象",其蕴含的学术思想被后来的学者们称为"伯明翰学派"。从广义上看,CCCS 相继孕育的研究成果深深地镌刻在英国整个社会传统的人文环境和学术土壤之中。从谱系学上看,CCCS 的茁壮成长直接根植在英国马克思主义研究的传统之中,受惠于英国马克思主义文化批评和文艺理论的深刻影响。同时,英国马克思主义的纵深发展也深刻地改变了 CCCS 研究成果的深度、广度和厚度,为英国马克思主义的内涵提升做出了杰出的贡献。

　　特别是第二次世界大战以来,英国的社会生活、政治环境、文化生态等诸多方面都发生了重大的改变。英国传统意义上的有机共同体文化(organic community)的逐步消亡,消费主义、功利主义的思想认识不断盛行,新左派运动的勃兴,人们阵线的形成、成人教育的不断兴盛,英国马克思主义的不断觉醒,美国"消费主义文化"和"大众文化"对英国本土文化的侵蚀,人们消费观念的不断更新,工人阶级接受教育的机会逐渐增多,工人阶级的自我认识和文化意识不断增强,人民的生活水平不断得到改善,人民对美好生活的向往空前高涨,整个英国社会处于一个不断上升的阶段,出现了"无阶级意识"的状态。在这种转折的历史关头,以理查德·霍加特、雷蒙德·威廉斯(Raymond Williams)、E.P.汤普森(Edward Palmer Thompson)、斯图亚特·霍尔及其学生保罗·吉罗伊(Paul Gilroy)等为杰出代表的学者,他们以其特有的"工人阶级家庭"出身的天然属性(汤普森例外,他来自于"中产阶级家庭"),把缘于"边缘文化"的真实图景镌刻在他们的文化书写之中,他们以其敏锐的眼光、独到的文化认知、强大的历史使命和文化责任清楚地透视出英国社会生活的林林总总。历经了战后的虚假繁荣、新左派的兴衰、成人教育的发展、阶级之间的不断融合,他们发现,斯大林式的社会主义和英美帝国主义都呈现出他们不太愿意看到的"面孔"。他们对社会主义、对马克思主义的理解与现实世界的真实状况差距如此之大,这是他们未曾想到的,这也是他们最为困惑的问题所在。这些学者在激情燃烧的岁月中,在对现实社会失去幻想之后,主动退回到学术象牙塔的大学,更为理性、更为客观、更为学术地反思问题的症结和根源所在。霍尔曾经在总结和反思这段历史时,这样写道:"由此,我们来自于一个完全远离英国学术中心的传统,我们对文化变革问题的关切,像如何理解它们、如何描述它们、如何从理论上去阐释它们以及它们会产生什么样的社会影响和结果,起初都是在这肮脏的外部世界中得到认可的。文化研究中心是在这种光天化日之下对话难以继续之后,我们隐退其中的一方净土,它是另辟蹊径的政治。我们之中的一些人,尤其对我来说,原本不再打算回到大学,确实,原本不要再不请自来了。然而,在那时候,我们总是不得不对我们从事的真正的和重要的工作做出适时的调整。"①

从霍尔的诠释中,我们看到了这批学者面对现实社会时的尴尬处境和无奈状况。他们都是第二次世界大战的亲历者、见证者,他们曾对英国社会生活的变革和社会主义的即将到来充满着无限的遐想和美好的憧憬。毫无疑问,这种理想和现实反差很大,现实也是极其残酷无情的。但是,他们并没有泄气、灰心和失望。他们调整心态,重新出发,把学术的战场从社会这种"大语境"转入到大学这种"小语境"之中。可喜的是,他们利用其广阔的学术视野、敏锐的思维、深厚的学术功力,以伯明翰当代文化研究中心为根据地,充分利用《新左派评论》(*New Left Review*)、《伯明翰当代文化研究中心报告1—19》(*Report1-19 CCCS*)、《文化研究工作报告》(*Working Papers in Cultural Studies*)、《不定期论文集》(*Occasional Papers Series*)、《蜡纸不定期论文集》(*Stencilled Occasional Papers*)、《媒介、文化与社会》(*Media*,*Culture and Society*)、《今日马克思主义》(*Marxism Today*)等载体,集合大家的智慧,聚焦现实问题,不断把英国的学术研究推向新的阶段。他们深刻地认识到,他们所从事的学术研究不是完全意义上的纯学术研究,也不是纯理论研究,更不是为了研究而获得"功名"所从事的学术研究。他们的初衷和最终目的是想借大学这方净土,不断把他们所思、所想、所见、所闻的一切统领在"马克思主义文化批评"这张"认知版图"之中,用马克思主义的理论思想武装自己,对英国的现实社会针砭时弊,透视英国社会的种种问题,为解决英国现实问题提供可行的出路。他们具

① Stuart Hall,"The Emergence of Cultural Studies and the Crisis of the Humanities",in *October* (53).1990.p. 12.

有浓厚的马克思主义情结,在理论与实践中用马克思主义的"文化政治"和"文化霸权"去指导他们对社会的批判,为我们理解自第二次世界大战以来的英国马克思主义和文化研究在英国的崛起、建构与发展、拓展注入了强力。

霍加特、汤普森、威廉斯、霍尔作为英国马克思文化批评的奠基人、建构者、思想集大成者,他们立足于英国现实社会,把文化、政治、经济等统领在他们建构的思想之中。他们以英国马修·阿诺德、F.R.利维斯、T.S.艾略特等传承下来的精英文学为批判对象,把斯大林式的社会主义和以英法为代表的帝国主义和资本主义的批判统摄在他们研究的视野之中,充分利用英国新左派这种思想运动,以"成人教育"为载体,把CCCS作为他们建构其文化和思想的重镇,构筑起一幅五彩斑斓的"马克思主义文化批评"学术地图。这张学术地图密切关注第二次世界大战以来,英国马克思主义在资本主义英国的现实语境中对资本主义政治、经济、文化以及话语权力的批判和反思,具有强烈的现实关照、人文关怀、现实关怀和批判意识。与此同时,这张学术地图立足于英国"大众文化",不断调整和反思马克思主义的文化、政治和经济的立场,不断批判和修正经典马克思主义的"经济决定论"和"阶级决定论",从更加辩证、更加多元、更加多维的立场去审视英国资本主义现实社会复杂的文化政治和现实语境。

值得特别注意的是,霍尔的学生吉罗伊作为新生代英国马克思主义文化批评的杰出代表,在霍尔的带领下,他们把这张传统意义上的学术地图从英国本土文化和传统研究拓展到整个大西洋沿岸、到欧洲大陆,并将美洲、非洲等纳入思考的视野之中,拓宽英国马克思主义文化批评的现实关照的内涵。

总体上讲,英国马克思主义文化批评是马克思主义发展到一定新阶段所产生的一种分析社会问题、政治问题、经济问题、文化问题的形式。"英国马克思主义文化批评"这张"思想版图"从本质上讲,其文化特质主要表征为"文化马克思主义"理论。换句话讲,"文化马克思主义"理论贯穿在英国马克思主义文化批评思想家霍加特、汤普森、威廉斯、霍尔、吉罗伊的思想建构之中。

从内涵上讲,"文化马克思主义"理论是一种重要的文化思潮,是马克思主义的文化、政治、文学分析形式,它引导我们去思考英国社会的马克思主义的文化和政治以及文化政治诗学。"文化马克思主义"理论由英国马克思主义和英国文化研究两个部分组成,突显"大众文化""文化政治""文化霸权"在英国马克思主义思想中的重要性。"文化马克思主义"理论也是一种思想和理论武器,它为全面反思文化研究与马克思主义的关系提供了重要的思考点。"文化马克思主义"理论作为一剂良药,为我们思考和阐释英国马克思主义文化批评提供了重要的思考路径,为我们探究英国社会、政治、经济、文化等提供了具有说服力的思考参照点。也为我们全面认识和分析英国马克思主义文化批评的理论发展轨迹、为深刻剖析伯明翰学派与马克思主义的关系、为凸显"文化马克思主义"理论在伯明翰学派理论思想建构中的重要性提供了重要的思考和观察路径。

本书基于对英国马克思主义文化批评的整体把握,集中从"文化马克思主义"理论中深入透视霍加特、汤普森、威廉斯、霍尔、吉罗伊这些英国马克思主义文化批评思想家的思想特质,以他们思想中的"问题意识"为研究的切入点和中轴线,从宏观和微观、从历时和共时、从理论与实践、从本土与外来等视角阐释英国马克思主义文化批评思想萌芽、建构、发展、延伸时期"文化马克思主义"理论凸显出来的文化内涵,全面剖析他们思想中的文化理论变迁,彰显他们马克思主义文化批评思想的理论遗产,延伸其思想的当代意义和价值。同时,丰富西方马克思主义和新时代中国马克思主义的理论资源,推动新时代中国马克思主义文化批评思想的理论体系和学科体系的建设。尊重中西方各自的话语体系,关注彼此的理论思想,取长补短,立足中国现实问题,结合中国自身的文化和学术传统,诠释西方理论在中国语境中的创造性转换和创新性发展,体现出我们中国学者的价值立场和学术眼光。

第二次世界大战以来的英国,尤其是 20 世纪 50 年代以来,随着工人运动的发展、新左派的崛起、成人教育的兴盛、核裁军运动的开展,以霍加特、汤普森、威廉斯、霍尔等一大批英国马克思主义的理论家为代表,他们立足于英国本土语境,他们因相同的出身、相似的思想价值取向、共同的学术追求、共享的社会担当,对英国本土的资本主义社会和斯大林式的社会主义给予了强烈的批判,逐渐形成极具英国本土特色的"英国马克思主义文化批评"。这个时期以新左派的文化政治为特质,集中在新左派文化政治与"霸权"的建构中,最典型的是汤普森的"社会主义人道主义"、霍尔的"无阶级的意识"文化政治,这些被视为是英国马克思主义文化批评思想萌芽时期"文化马克思主义"理论的思想内核。

纵观英国马克思主义文化批评的发展历程和轨迹,"文化马克思主义"理论始终是其中最重要的主线。20世纪以来的英国社会历经了非常重要的文化转折和马克思主义的范式转换,英国马克思主义文化批评前后历经了半个多世纪的发展,它发轫于英国的传统文学,以阿诺德、利维斯、艾略特的思想认知为基点,走过了"精英文学"阶段、走过了《细察》阶段、走过了"利维斯主义"和"左派利维斯主义"阶段。这些学者关注人的社会价值、关注道德的价值、关注文学的审美取向、关注文学的高雅特质、关注上流社会的生活,鄙视甚或仇视"大众文化"和"工人阶级文化",这些被看成是他们那个生活时代的"洪水猛兽",他们对此进行了无情的指责和批判。不过,从辩证的角度去思考,"文化与文明"传统也有其值得肯定的地方,那就是在英国的文化史中,"大众文化"和普通人的"活生生的文化"在无边的沼泽中最终浮出水面,不断展露出原初的本色和文化底本。在那个精英主义的时代,它们被视为是"下里巴人"的文化,有极重的草根性、劣根性和边缘性。上层阶层和精英贵族忽视的、不屑一顾的"底层"的文化却在其无言的话语世界中开始展示出它别样的风姿,即将迎来英国马克思主义文化批评思想家们的热切拥抱和青睐。

20世纪60年代以来,在"大众文化"还在苦苦挣扎的情况下,"文化与社会"这种悄无声息的传统以其顽强的生命力,冲破重重障碍,打破与精英文学抗衡的对峙局面,突出重围,破壳而出。这种"文化与社会"传统打破了学术界固有的学科思维模式,冲破了英国旧有的文化认知思维,特别是高等教育体系内的学科间的体制,把社会生活中的点点滴滴注入文化的内核之中,从底层做起,采用民族志的研究方法,关注社会生活的方方面面,凸显大众文化或通俗文化在现实生活中的重要性。"成人教育"蕴含的文化政治为"文化与社会"传统提供了重要的认知载体,成为该传统生产的重要语境。霍加特、汤普森、威廉斯等马克思主义文化批评家的代表作和成名作为关注这些主题提供了重要的参照。他们被视为是英国马克思主义文化批评思想建构的奠基性人物,他们的作品也被视为是该传统的经典读本。在这种传统中,这些著述表征出来的马克思主义文化批评思想主要有:"奖学金男孩"文化政治,霍加特的"批评素养"文化政治,汤普森的"文化是整体的斗争方式",威廉斯的"文化是普通平常的"。这些都被视为是英国马克思主义文化批评思想建构时期"文化马克思主义"理论的思想主题。

　　20 世纪 70—80 年代是英国马克思主义发展的黄金时期,英国马克思主义文化批评家威廉斯和霍尔是这个时期的杰出代表。威廉斯始终以独特的写作风格,敏锐的思维,把马克思主义文化批评与英国的现实社会深度结合,以关键词研究的写作形式,从文化和文学理论的高度不断反思马克思主义在英国的发展,从传统的马克思主义研究中汲取养料,从英国本土的马克思主义大家考德威尔那里找寻理论资源,他把马克思主义视为是一种动态的、未完成的、充满争议的、积极主动的综合体。他还从欧洲其他国家的马克思主义大家那里找寻理论的资源,他完成了他一生最为经典的马克思主义思想著述《马克思主义与文学》,在这本著作中他创造性地提出了"文化唯物主义"和"情感结构"的理论思想。

　　与此同时,随着牙买加籍的英国学者霍尔活跃在英国的文化政治舞台,他在学生时代就表现出强烈的社会责任感,他是肩负社会良知的"独立左派"和有担当的"有机知识分子"。同时,他以其独有的文化认知诠释出英国马克思主义文化批评思想丰富的文化内涵。作为新左派的一名先锋,霍尔全面介入新左派刊物,以成人教育和新左派读书俱乐部为载体,把霍加特、汤普森、威廉斯等英国马克思主义文化批评的杰出领袖团结起来。在那个新左派的岁月中,他成了名副其实的新左派文化政治的健将,他也成为连接霍加特、汤普森、威廉斯的实际中间人和重要媒介。同时,他能够在他们之间不断地穿梭和旅行,其务实的工作态度和敬业精神赢得了他们对霍尔的尊重,这为他坚定地从事马克思主义文化批评奠定了扎实的基础。尤其值得关注的是,霍尔在CCCS整整坚守了16年,这十多年恰好是他人生中最黄金的时光,他怀揣梦想,精力无限充沛、思想极为活跃、视野极其开阔。他有超强的组织协调能力,有卓越的领袖气质,带领伯明翰学派的硕士生和博士生、进修生驰骋在理论和实践的学术海洋之中,不断地转换着身份与角色,穿过重重艰难险阻,历经多重阻力,把英国本土的马克思主义研究,带到国际文化研究的学术前沿,成为当今最耀眼的"学术明星"。英国马克思主义文化批评在霍尔的直接引领下,突破了英国本土的学术界面,把欧洲大陆的"结构主义"、葛兰西的"文化霸权"、巴赫金的"多声部理论"、德里达的"延异理论"、福柯的"话语权力"等有机地融入英国马克思主义文化批评思想的建构之中,为"马克思主义"理论在英国的发展注入了新鲜的养料,在深入分析英国马克思主义文化批评中"文化主义"范式和"结构主义"范式的基础上,有机集合葛兰西的"文化霸权"理论,创造性地提出了"接合理论"。总体上讲,威廉斯和霍尔思想中的这些理论被视为是英国马克思主义文化批评思想发展时期"文化马克思主义"的思想特质。

　　20世纪80—90年代是英国马克思主义发展史上的又一重要高峰阶段。英国马克思主义文化批评家霍尔和吉罗伊站在新的历史语境中,以后殖民理论为主要语境,立足于现实,深入全面地审视英国现实社会的文化政治,以"边缘性""外乡人""熟悉陌生人""少数族裔"等视角,秉承英国马克思主义文化批评的一贯立场和方法,坚决反对经典马克思主义的"经济决定论"和"阶级决定论",从文化身份、身份政治、族裔散居美学、种族思想、"新族性"文化政治、"族裔散居美学""双重意识"文化政治等主题思想中探究"文化"背后表征出来的价值。同时,他们把"文化"视为是统治阶级为赢得霸权、巩固统治所进行的一种实践斗争和夺取文化霸权的场域。这种"文化"凸显的"意义"承载着"意识形态""话语权力""霸权"等文化内核。这些被视为是英国马克思主义文化批评思想延伸时期"文化马克思主义"理论的思想内涵。

从整体上观察,英国马克思主义文化批评思想中的"文化马克思主义"理论作为一种重要的文化思潮,尽管在英国的发展历史上曾经滞后于其他欧洲国家,但是,随着伯明翰学派思想在英国的崛起,尤其是伯明翰学派对欧洲大陆马克思主义的合理吸收,马克思主义最终于20世纪60年代末在英国得到了广泛传播和接受。伯明翰学派对经典马克思主义给予无情批判的同时,把上层建筑中的"文化"从经济基础和阶级基石中充分解放出来,确认出"文化霸权"对建构社会秩序和维护支配阶级所起到的积极作用,为我们透视伯明翰学派所刻写的英国社会的政治、经济、文化现象提供了有力的支撑武器和思考空间。马克思主义与英国文化研究的结合是历史的必然,而伯明翰学派的成立加速了这两者的融合,这是历史的必然,也是现实的选择。

纵观英国马克思主义文化批评思想萌芽、建构、发展、延伸时期凸显出来的"文化马克思主义"理论的丰富内核,不难发现,这些思想倾注了霍加特、汤普森、威廉斯、霍尔以及吉罗伊大量的心血,他们甚至为之奋斗终生。这些思想蕴含的理想和信念、知识和才能无不彰显出他们对英国现实社会的强烈关注和人文关怀,凸显出他们作为"独立知识分子""有机知识分子""公共知识分子"对现实社会的批判意识、政治意识、问题意识、现实意识。

总体而言,英国马克思主义文化批评家们以其敏锐的眼光,独特的视角,扎实的学识,敏捷的思维推动了英国马克思主义在理论和实践上一次又一次的创新。这些创新表征出该思想从英国本土走向整个欧洲大陆,走向美洲,走向整个西方世界,有机地融入马克思主义研究的学术圈,凸显其独特的学术价值和应用价值。这些都为中国学界研究该思想提供了有益参照,具有重要的学术价值和应用价值。

在学术价值方面：

第一，本书有助于剖析英国马克思主义文化批评思想家的思想，把他们的思想视为一个有机地统一体，从理论文本和文化文本中挖掘"文化马克思主义"理论的文化特质，阐释其思想中的"差异中的同一"和"同一中的差异"。

第二，本书有助于阐释英国马克思主义文化批评思想萌芽、建构、发展、延伸时期"文化马克思主义"理论的思想流变和演进脉络，丰富西方马克思主义理论和新时代中国马克思主义文化理论。

第三，本书有助于推动英国马克思主义文化批评在中国学界的认知，为马克思主义中国化提供必要的参照和借鉴。

在应用价值方面：

第一，本书是"反驳式"的文化研究，探究"大众文化"和"文化政治"在英国马克思主义文化批评中所起的决定性作用，对认知"文化"等上层建筑在马克思主义理论中的自主性和能动性具有重要的现实价值。它为战后马克思主义理论在英国的发展注入了强力，对透视英国文化研究视域中的马克思主义理论具有重要的现实批判意义。

第二，本书是"问题式"的主题研究，以"文化马克思主义"理论为主线，对透视英国新左派文化政治内核的丰富性和厚重性具有重要的实践指引意义。

第三，本书是"主题式"的问题研究，剖析英国"文化马克思主义"对英国新左派文化政治、英国马克思主义发展、伯明翰学派，甚至中国的英国马克思主义研究具有重要的现实指导意义。

二、国内外研究述评

英国马克思主义文化批评思想家霍加特、汤普森、威廉斯、霍尔、吉罗伊已然成为当下学术界和思想界等学术研究领域中最为耀眼的学术明星。他们的研究成果已经成为英国马克思主义理论至关重要的内容和必读的参考文献，受到越来越多学者的关注和借鉴。本书以这些文化批评家为研究对象,以英国"文化马克思主义"理论为问题意识,以"新左派运动"为舞台,以"成人教育"为载体,以"大众文化"和"文化政治"为主线,深入探究英国马克思主义文化批评家在建构其理论中所蕴含的丰富内涵,彰显其"文化马克思主义"理论变迁,为研究英国本土的马克思主义文化批评提供了中国学者的思考和参照。

到目前为止,在国外,尤其是在英语世界,英国马克思主义文化批评思想总体上依然呈现出其思想理论贡献和学术地位极不相称的局面。与此同时,在中国国内,有关英国马克思主义文化批评思想家的个案研究取得了长足的进步,主要涉及的对象有威廉斯和霍尔。但是,从整体上把握和研究英国马克思主义文化批评才刚刚起步,从谱系学角度,从历时和共时、从宏观和微观、从理论和实践等维度深入思考这些研究对象是一个系统的工程,需要我们认真审视和反思,探究"问题意识"产生的缘由,阐释他们思想的发展轨迹,以及在"文化马克思主义"理论中彰显出来的文化特质,诠释他们思想的"同一性"和"差异性",从思想萌芽、建构、发展、延伸时期凸显英国马克思主义文化批评对马克思主义的研究,以及马克思主义中国化研究的杰出贡献。

从国外来看,英国马克思主义文化批评思想研究主要集中在相关学术专著、论文集以及论文等。到目前为止,有 3 本专著、1 本论文集、7 篇论文聚焦英国马克思主义文化批评思想中的"文化马克思主义"理论。

(1)专著《英国新左派》(Chun Lin,1993)是第一部详尽研究英国新左派历史的著作,它论述了 20 世纪 50—70 年代这段激进的文化与社会史。该书史论结合,史料丰富,是该专著最大的亮点。但因选题所限,该专著是"系谱学"研究英国新左派最重要的著作,从"历时"角度阐释英国新左派内核的来龙去脉,没有直接聚焦英国马克思主义文化批评在英国新左派思想和英国文化研究中的建构。专著《第一代英国新左派》(Michael Kenny,1995)诠释了第一代英国新左派思想中的部分内核,涉及第一代新左派的代表性著述,这是本专著的最大亮点。但是,该专著没有聚焦并阐释"文化马克思主义"理论的内核及特征,没有彰显英国新左派思想和英国马克思主义文化批评思想的关联性、一致性及差异性。专著《战后英国的文化马克思主义:历史学、新左派和文化研究的起源》(Dennis Dworkin,1997)主要从"失去的权利""全力以赴的社会主义""文化是普通的""结构主义与人道主义之间""自下而上的历史""理论政治学"等章节全面阐释了战后英国"文化马克思主义"的发展沿革和文化内涵,这为本书提供了借鉴意义。该著作侧重于"历史学"研究,对"文化马克思主义"理论进行了系谱学的阐释。但是它没有集中、详尽地思考英国"文化马克思主义"理论的文化内涵,尤其没有对霍加特、汤普森、威廉斯、霍尔以及古罗伊等英国马克思主义文化批评家的思想做全面而系统的阐释,更没有把这些批评家整合在一起,从"文化马克思主义"理论这条主线出发去凸显"问题意识",全面深入思考他们理论中具体的理论文本和文化文本,这是该专著最大的遗憾之处。

(2)论文集《漠不关心:新左派评论30年持续不断的发声》(Robin Archer etc.,1989)是新左派成立30年来学界在伦敦举办的国际学术研讨会而集结成的集体成果,其中涉及的主题有"'第一代'新左派:生平与时代""重生的社会主义""马克思主义与社会主义人道主义""抵制冷战""新左派经济政策""新左派中的女性""作为社会运动的新左派""过去与现在:新左派的重新评估"等,这些主题主要关注英国马克思主义文化批评思想中的新左派文化政治内核,勾勒了新左派运动的来龙去脉,成为学者研究英国新左派和英国文化研究的经典之作,是研究英国第一代新左派的系谱学思想理论,这是该论文集的最大特色。遗憾的是,限于论文集本身的原因,本论文集没有聚焦"问题意识",没有集中从"文化马克思主义"理论的高度去诠释英国马克思主义文化批评思想的内核,更没有把英国马克思主义文化批评家的具体文本进行有效地分析和思考,从而有针对性地提出解决问题的办法。

(3)论文《英国文化马克思主义》(Ioan Davies,1991)从英国文化马克思主义的缘起、文化马克思主义的代表性思想家、英语的特性、非英语的特征、女性主义、文化研究,社会学和英语文学、亚文化、撒切尔主义等维度思考了英国文化马克思主义思想变迁的基本过程,提到了代表性的人物及其最重要的著述,这是该论文最大的亮点。不过,限于论文的字数和篇幅,该论文未能深入和全面思考文化马克思主义的内核,未能详细阐释这些文化批评家的代表性著述,更没有突出"问题意识"。论文《文化马克思主义与现代文化研究》(Douglas Kellner,2002)勾勒了"文化马克思主义"产生的理论基础、影响性人物,直接涉及英国"文化马克思主义"理论。遗憾的是,他没有专门思考"文化马克思主义"理论在英国马克思主义文化批评研究中的建构,更没有突出研究中的"问题意识"。除此以外,国外与本课题相关的还有5篇论文涉及"英国新左派的马克思主义"(Madeleine Davis,2006)、"20世纪50年代的左派"(Perry Anderson,1965)、"威廉斯与新左派政治"(Robin Blackburn,1988)、"英国的葛兰西与马克思主义"(David Forgacs,1989)、"爱德华·汤普森与新左派"(Robin Blackburn,1993)等主题。它们主要从新左派的谱系学发展和思想的流变、内涵及代表性思想家、葛兰西的"文化霸权"等阐释左派和新左派的内涵,对本书的研究有一定的参考价值。不过,同样遗憾的是,这些主题没有从宏观的角度,整体性地对英国马克思主义理论开展批评研究,也没有系统性地把霍加特、汤普森、威廉斯、霍尔、吉罗伊等思想家纳入研究的范围。

从国内来看,英国马克思主义文化批评思想研究主要集中在相关学术专著、译介文献、论文等。到目前为止,有7本专著、6篇译介文献、4篇博士论文和40篇学术论文聚焦英国马克思主义文化批评思想中的"文化马克思主义"理论。

第一,专著《英国文化马克思主义研究:基于大众文化与政治的关系》(李丹凤,2010)是以"文化马克思主义"理论为研究对象的专著。该专著从英国文化马克思主义的研究主题、发展史、关注的重要问题、继承和改造等方面阐释其思想。该专著从"哲学"维度出发,从宏观上认知到英国"文化马克思主义"理论的特质,这是全书的特色。但是其研究的视角没有涉及"文化"维度,没有全面观照英国马克思主义文化批评家思想的理论文本和文化文本,这也是该专著最大的遗憾之处。专著《葛兰西与文化研究》(和磊,2011)主要以"葛兰西"为主线,与本书相关的主要涉及葛兰西的文化领导权、葛兰西与英国文化主义、葛兰西与伯明翰学派、葛兰西与霍尔等主题。这些主题对本书的研究具有一定的参考。遗憾的是,这些主题较为分散,不集中,不具有整体性和连贯性。专著《20世纪英国马克思主义文艺理论研究》(付德根等,2012)主要从文艺理论的角度探究20世纪40年代以前的英国马克思主义文论、20世纪50—60年代的英国马克思主义文论、20世纪70—90年代的英国马克思主义文论。该专著与本书相关的主题涉及威廉斯的左派利维斯主义和文化唯物主义、《新左派评论》杂志、英国文化研究等。这些主题对思考本书也有一定的参考价值。同样遗憾的是,该专著也没有全局性地思考英国马克思主义文化批评家的思想,以及这些思想之间的关联性和差异性,更没有用"文化马克思主义"理论把他们贯通起来,系统性地加以思考和研究。专著《西方马克思主义文化批评研究》(王晓路,2012)是一本主题性质的著述,主要涉及文化政治学、意识形态与意识形态分析、阶级与阶级分析、种族与种族分析、性别与性别分析、生态政治与分析等主题。该书最大的特色是以主题的话题为研究对象,对这些主题都做了详尽的分析和阐释,这是一本宏大叙事的专著,涉及的时间和空间都很大,学理性很强,对本课题的研究在思路上和视野上有一定的参照。不过,这些主题几乎没有特别关注英国马克思主义,尤其是没有特别关注英国马克思主义文化批评家的具体文本。专著《重返伯明翰:英国文化研究的系谱学考察》(徐德林,2014)从谱系学的角度对英国文化研究做出了分析和思考,特别涉及英国新左派的诞生、新左派运动与成人教育、文化主义范式、伯明翰学派、结构主义、意识形态、葛兰西工程、接合理论、文化唯物主义等主题关键词,这些都是该专著最大的亮点和特色,对探究本书具有重要的指导意义。不过,同样不足的是,该专著更多是从谱系学的角度,从历时的角度对英国文化研究做出了详尽的阐释,没有从更加系统、更加完整、更加全面的角度把本书研究的主要对象关联起来,思考他们思想的异同,以及它们的思想对后殖民理论的深刻影响。专著《英国文化马克思主义的逻辑与意义》(李凤丹,2015)主要从政治学和哲学的角度关注英国文化马克思主义的形成、发展、终结,以及英国文化马克思主义与马克思主义的关系、英国马克思主义的意义等主题。该专著最大的亮点就是关注和分析了《识字的用途》《文化与社会》《英国工人阶级的形成》《无阶级的意识》的理论文本,这是理论和实践结合的具体案例。不过,同样遗憾的是,该专著没有涉及英国马克思主义文化批评的启蒙和伯明翰学派以及后殖民理论中的"文化马克思主义"理论,更谈不上系统深入思考这些批评家思想内核的丰富性和厚重性。专著《文化观念的重构与变迁:论英国文化马克思主义对基础/上层建筑模式的反思》(胡小燕,2016)主要涉及基础与上层建筑、文化与整体的生活方式、文化与意识形态、文化与霸权等主题。主要关注的对象有威廉斯和霍尔的相关理论文本和思想观念,这些文化特质对思考本书也具有一定的价值。该专著是主题性质的著述,没有更好地把"文化马克思主义"理论融入英国马克思主义的内核之中,更没有涉及霍加特、汤普森、吉罗伊等批评家的思想。

第二,译介文献主要有:(美国)道格拉斯·凯尔纳(Douglas Kellner)的《文化马克思主义和现代文化研究》(雷保蕊译,2006)、(英国)保罗·布莱克雷治(Paul Blackledge)的《道德与革命:英国新左派中的伦理论争》(林清新等译,2007)、(英国)斯图亚特·霍尔的《第一代新左翼的生平与时代》(王晓曼译,2011)、(美国)道格拉斯·凯尔纳(Douglas Kellner)的《文化马克思主义和文化研究》(张秀琴等译,2011)、(英国)迈克尔·肯尼(Michael Kenny)的《社会主义和民族性问题:英国新左派的经验教训》(王晓曼译,2011)、(美国)丹尼斯·德沃金(Dennis Dworkin)的《斯图亚特·霍尔与英国马克思主义》(杨兴林译,2011)等。以上的这些论文涉及的主题对思考本书的研究内容有一定的参考。

第三,论文主要有博士论文和学术论文。

博士论文:《走向文化批判的英国马克思主义批评》(吉林大学博士学位论文,孙颖,2010)涉及威廉斯的"文化唯物主义"理论,对本书具有一定的借鉴意义。《英国文化研究中的领导权问题》(南京大学博士学位论文,王斌,2012)以领导权为主线,从领导权与政治、领导权与文化、领导权与群体、领导权与接合理论、领导权与符号、领导权与博物馆、领导权与动物权利、领导权与中国等章节充分阐释了领导权在英国文化研究中的重要性和文化特质。其中,论文涉及威廉斯和霍尔的思想中的领导权问题,对本书具有一定的参照。《论英国文化马克思主义的工人阶级文化研究》(华侨大学博士学位论文,韩昀,2017)以工人阶级文化为主线,重点关注英国文化马克思主义的工人阶级文化的史前史发展、早期发展、中期深化、当代走向等阶段呈现出来的工人阶级文化特质,对本书的主题研究有参考意义。《英国新马克思主义文化理论研究》(安徽大学博士学位论文,蔡正丽,2017)对汤普森、威廉斯、霍尔的文化理论有所涉及。总体上讲,这4篇博士学位论文都与本书研究有一定的关联性,主要集中在威廉斯和霍尔的某些研究主题上,对本书的研究具有一定的指导和参考。但是共同的问题是,这些博士论文没有把英国马克思主义文化批评家的具体文本纳入研究的范围之中,从文本中深入阐释内核,并追溯产生这些内核的缘由。限于选题的原因,这些博士学位论文也不可能聚焦"大众文化"和"文化政治"的内在发展逻辑和内在关联,更不会以"文化马克思主义"理论为主线,贯穿在这些文化批评家的思想发展之中。

学术论文:总体上讲,40多篇学术论文涉及的主题较为零散,从某个侧面、维度、视角、主题等反映出英国马克思主义文化批评思想家的某个或几个核心理论,具有一定的参考。但是,这些论文限于选题和篇幅的缘由,没有全面阐释其思想在英国新左派和英国文化研究中的理论变迁及思想流变,没有深入透视其理论文本的内核,没有深刻挖掘其理论建构的社会政治、经济、文化要素,更没有有效彰显英国马克思主义文化批评思想家对英国文化研究、英国马克思主义,乃至西方马克思主义做出的杰出贡献。

纵观以上的梳理,国外的相关学者对本书主题的研究还处于起步爬坡的阶段,无论是专著,还是论文与国内相比还有不小的差距。国内的相关学者已经清晰地认识到本书主题所蕴藏着的学术价值和思想价值。但是,从宏观上和整体上对本书主题的把握还远远不够,远远还没有达到全面、系统和深刻的程度。这从现状上对本书的研究主题提供了清晰的认识,以便更加清晰地彰显出本书研究主题的必要性、重要性和紧迫性。

三、本书结构与研究方法

从本书结构上看,本书以英国马克思主义文化批评思想家霍加特、汤普森、威廉斯、霍尔、吉罗伊为研究对象,以他们思想中蕴含的"文化马克思主义"理论为研究的"问题意识"和主线,以"新左派运动"为思考问题的舞台,以"成人教育"为载体,以"大众文化"和"文化政治"为主要思考的线索,从历时和共时、从宏观到微观、从理论与实践等维度深入阐释英国马克思主义文化批评思想萌芽、建构、发展、延伸时期"文化马克思主义"理论蕴涵的文化特质,凸显这些批评家丰富的理论遗产,延伸其思想的当代价值,为诠释他们对伯明翰学派、英国文化研究乃至中国马克思主义文化批评研究提供重要的学术参照和借鉴。本书共分六个部分,其研究的主要内容和重要观点为:

第一部分是导论,概述本书的选题缘起和意义、国内外研究现状述评,以及本书的结构和研究方法。

第二部分是文化批评思想萌芽时期的文化马克思主义。该部分主要考察"文化马克思主义"理论的历史缘起,阐释其文化内涵、特征,其次深入探究新左派文化政治勃兴的语境和文化特质,在此基础上,主要从新左派文化政治与"霸权"建构等主题阐释"文化马克思主义"理论。这些思想萌芽主要关注汤普森的"社会主义人道主义"、霍尔的"无阶级的意识"文化政治等,凸显出这些批评家对经典马克思主义的否定和排斥,以及对"霸权"文化政治的青睐。

第三部分是文化批评思想建构时期的文化马克思主义。该部分首先从英国人文价值和"文化与文明"传统中汲取营养。从"成人教育"文化政治中探究"文化与社会"传统的生成语境。同时,从"奖学金男孩"文化政治入手,从经典的理论文本和文化文本中探寻"批评素养"文化政治、"文化是整体的斗争方式"、"文化是普通平常的"的文化特质,凸显英国马克思主义文化批评思想的丰富内涵。

第四部分是文化批评思想发展时期的文化马克思主义。该部分重点关注威廉斯和霍尔在20世纪70—80年代的思想。本阶段凸显威廉斯思想中的"文化唯物主义"和"情感结构"理论,这是威廉斯在"文化是整体的生活方式"和"文化是特殊的生活方式"的认识基础上对马克思主义做出的又一重要理论贡献,标志着威廉斯马克思主义思想的成熟。同时,霍尔站在历史和社会的转折点,从英国的现实语境中汲取营养,在"文化主义"范式、"结构主义"范式、"葛兰西转向"的基础上把马克思主义的思想认识推进到"接合理论",这是霍尔在葛兰西"文化霸权"的基础上对马克思主义的又一重要理论贡献,强调意识形态和意义的生产永远处于动态和未完成的状态之中,在解接合、接合、再接合的循环中实现和达成妥协,实现对社会霸权的有效管控和统治。

第五部分是文化批评思想延伸时期的文化马克思主义。该部分重点阐释了在后殖民理论视域下,英国少数族裔族群在种族思想、"新族性"文化政治、族裔散居美学、"双重意识"文化政治等方面表征出来的意义和价值。霍尔和他的学生吉罗伊站在新的历史起点上,在继承前辈的基础上,把自身的身份认同融入到现实的身份政治建构之中,实现"黑就是美"的哲学命题,凸显出欧洲、美洲、非洲乃至大西洋视域中的文化身份的重构,从而实现马克思主义文化批评对后殖民理论的贡献和价值。

第六部分是文化马克思主义的思想价值与中国立场。该部分论述英国马克思主义文化批评思想对包括中国在内的整个学术界马克思主义的价值和意义,体现出中国学者的价值立场和学术眼光。

总体而言,"文化马克思主义"理论为我们全面思考和透视这些思想家的理论,反思英国马克思主义文化批评思想的内核特质提供了独具特色的视角。该理论历经大半个世纪,在英国现实社会生根发芽,茁壮成长,在激烈的社会冲突和现实矛盾中凸显其理论思想的丰富性、深刻性和厚重性,彰显出其理论对建构和批判现实社会的政治价值、理论价值、实践价值和批判价值。

从研究方法上看,本书是以英国马克思主义文化批评思想为研究内容的专题著述,着力从"大众文化"和"文化政治"中凸显"文化马克思主义"理论的意义,彰显霍加特、汤普森、威廉斯、霍尔、吉罗伊等英国马克思主义文化批评思想家对伯明翰学派、英国文化研究,包括中国在内的对马克思主义的贡献和价值。从研究方法上讲,主要体现在以下这些方面:

第一,研究资料的原始性、真实性。第一手资料是诠释英国马克思主义文化批评思想最强有力的保障,这增强了文本内容的可信性。由此,认真、仔细研读这些批评家理论的英文文献是理解和把握其思想内核的根本所在。

第二,研究问题的语境性。探究英国马克思主义文化批评思想所蕴藏的价值,就必须把其理论放置在英国特定的社会、历史、政治、文化、经济语境中去阐释。该理论涉及的思想家众多,时间跨度大,关联的学科极为复杂。由此可见,研究该思想一定要把视野放置在整个英国自第二次世界大战以来的整个复杂的社会背景下,深入探究那个时代英国资本主义的基本运行规律,英国工人阶级以及英国所处的社会历史现状,全面深刻剖析其思想萌芽、建构、发展和延伸时期其理论的复杂语境。

第三,研究视角的多重性。诠释英国马克思主义文化批评思想,需要把这些思想家本人的著述、其他学者研究他们的著述以及其他学者借英国马克思主义文化批评思想去剖析其他理论的著述等有机地结合起来,才能更全面、更深刻地阐释英国马克思主义文化批评思想对伯明翰学派、英国文化研究、马克思主义研究做出的卓越贡献。

第四,研究主题的"问题意识"。从"问题"出发,全面考察英国马克思主义文化批评思想的流变,诠释"文化马克思主义"的理论内核,结合这些思想家自身"奖学金男孩"的身份,深入剖析其理论背后蕴藏的意义。

第一章 文化批评思想萌芽时期的文化马克思主义

第一节 "文化马克思主义"理论

20 世纪发生在西方世界的两次世界大战给发达资本主义国家带来了巨大的影响,英国也未能幸免。英国自 20 世纪以来成立的工党和保守党在其政坛上轮流执政,各自的执政方略对英国社会生活刻写着深刻的文化政治烙印。特别是第二次世界大战以来,英国的政治生活、社会生活、文化生活发生了深刻的变化,30—40 年代,工党所主导的左派思想文化被令人窒息的保守主义的意识形态所取代,英国的政治结构随着 50 年代保守党全面执政发生了深刻的变化。这些变化对英国的社会主义运动、共产主义运动、英国的工人阶级的意识形态和文化、英国的工党的政治认知是一种严峻的挑战。在这一特定的历史关口,英国的历史学家、政治学家、有机知识分子、共产党的成员、工党的成员,以及独立的有社会担当的知识分子带着社会主义和人道主义的崇高使命,在英国刮起了一股新的文化思潮,即新左派文化政治。这种文化思潮对第二次世界大战以来的英国社会产生了巨大的影响,波及人们对社会主义、资本主义、帝国主义,乃至对利维斯主义的"精英主义"、对美国大众文化的重新审视。这些现实对当时英国社会生活和文化认知产生了深刻的影响,对英国工人阶级文化的重新审视、对英国大众文化的崛起、对英国文化研究的发轫、对伯明翰学派的奠基、对英国马克思主义文化批评思想的发端都具有重要的话语权影响。

正是基于这样的历史机遇和遇合（conjuncture），思考英国文化马克思主义理论粉墨登场的语境、文化内涵，思考其代表性人物及其观点，思考其刊物的历史演进，思考其价值和意义对我们全面认识英国文化研究的发端和英国马克思主义文化批评思想都是必需的，也是不可或缺的。因为"文化马克思主义"理论是英国马克思主义文化批评思想的核心主题。在这场文化思潮中，英国马克思主义文化批评的重要代表思想家霍加特、汤普森、威廉斯、霍尔都是重要的见证者和亲历者，对新左派文化政治的发展做出了杰出的贡献，他们以新左派文化政治的刊物《新理性者》《大学与左派评论》，以及由这两份期刊合并而成的《新左派评论》为载体，不仅发表了对现实社会的文化政治的观点，更重要的是，他们还以这些刊物为思考问题的平台，把"文化研究"和"文化马克思主义"理论传播到英伦三岛，从英伦三岛走向北美、澳洲、欧洲乃至亚洲。他们的努力和结出的硕果在当下正成为研究英国文化、研究英国社会史、文化史，特别是研究英国伯明翰学派的历史源流和发展轨迹的重要参照。与此同时，在那个时代，他们怀揣对英国社会担当的重任，以他们青年人的激情和火热，为新左派文化政治内核丰满增加了厚重和温度。换句话讲，在当时，如果没有他们这批青年才俊的努力、没有他们对马克思主义的认知和反思、没有他们对社会主义的无限向往和憧憬、没有他们对"工人阶级文化"的真切体悟、没有他们对战后英国社会感知的敏锐，没有他们对英国传统文学和文化的反思、没有他们对美国"大众文化"的研究，就不会有如今为学者广为研究的新左派文化政治。这些评价放在英国马克思主义文化批评思想中去考察其实一点都不为过。他们值得这样的赞扬和赞赏，同时，他们的所作所为也值得我们学习和借鉴。

当前，研究"文化马克思主义"理论的相关学者主要集中在政治学领域、批判理论领域和文化研究领域。根据维基百科的理解,"文化马克思主义"理论是马克思主义的一个学派或分支,它把文化视为其压迫合法化的中心,视为其经济的中心,其本质上是一种马克思主义的形式,它添加了对社会中媒介、艺术、戏剧和其他文化体制的作用的分析。作为一种政治分析形式,"文化马克思主义"理论在 20 世纪 20 年代势力大增,先是被称为"法兰克福学派"的知识分子、后来又被英国伯明翰当代文化研究中心的另一群知识分子作为分析模型来使用。文化研究和批判理论这两个领域都根源于文化马克思主义,并且至今都仍受其影响。① 这两种理论范式都关注大众文化理论,关注马克思主义的政治经济学、关注生产、流通、消费领域中文化传媒。从理论缘起的角度上讲,它们都对"文化马克思主义"理论在资本主义世界的发展做出了卓越的贡献。美国加州大学洛杉矶分校的哲学教授道格拉斯·凯尔纳(Douglas Kellner)是研究"文化马克思主义"理论的标志性人物,也是目前该领域最具影响力的学者。他的《文化马克思主义与文化研究》②一文被视为我们思考"文化马克思主义"理论谱系学演进权威的参照。

　　从历时的角度考察,"文化马克思主义"理论源于 19 世纪的马克思和恩格斯他们本人在其研究中关注过的文化现象和文化问题。他们认识到,整个社会的生产力和生产关系构成了一个社会的经济基础。在生产关系中,文化、思想、意识形态等要素在维护统治阶级的利益中发挥着"文化霸权"的作用,不断地巩固着统治阶级的霸权地位。这种具有深远影响意义的"经济基础与上层建筑"模式把经济视为基础性的社会认知,把文化、政治、思想、法律以及其他生活方式视为上层建筑,两者之间的关系是动态的,特别是上层建筑在一定程度上发挥自主性和能动性作用。随后,第二国际内部一部分所谓正统的

---

　　①　参见李凤丹:《英国文化马克思主义——基于大众文化与政治的关系》,江西人民出版社 2010 年版,第 3 页。还可参见 http://en.wikipedia.org/wiki/ Cultural Marxism。

　　②　[美]道格拉斯·凯尔纳:《文化马克思主义与文化研究》,张秀琴等译,《学术研究》2011 年第 11 期,第 5—13 页。英文版本可参见 Douglas Kellner, *Cultural Marxism and Cultural Studies*, in http://www.gseis.ucla.edu/faculty/kellner/papers/CSST99.htm 4/20, 2002。

马克思主义思想家(Orthodox Marxist)或经典的马克思主义思想家和苏联的"传统"马克思主义思想家他们把社会上的一切问题全部归因于经济因素,认为一切问题都是由经济要素所决定,即经济决定论,这样一来,马克思主义的思想便变成了一种或"教条的"或"机械的"或"庸俗的"马克思主义,他们更加致力于政治经济学的研究,更加关注政治与经济的关系的研究,而更多地忽视"文化"在建构统治阶级意识形态中的价值和作用。

然而,第一次世界大战以来,西方学者不断关注资本主义社会生活发生的诸多变化,特别是从20世纪20年代开始,一批致力于马克思主义研究的学者开始把研究的视野从政治和经济维度转向到对文化理论和文化现象的分析,如凯尔纳所说:"佩里·安德森在其《西方马克思主义探讨》一书中对此进行了诠释,他认为经济—政治分析向文化理论的转变,是面对20世纪20年代欧洲革命运动失败和法西斯主义抬头时,西方马克思主义的一种受挫的表现。一些对文化现象有着浓厚而持久兴趣的知识分子和理论家,像卢卡奇、本雅明以及阿多诺等,由此建立了一种马克思主义文化分析模式。"①卢卡奇作为西方马克思主义的杰出代表和思想集大成者,为马克思主义的文化分析模式做出了奠基性的贡献。他重视文化形式和文化分析所表征出来的历史意义,凸显在特定的历史语境中去阅读文学作品,在文学文本中透视它们的历史语境,他不断反思传统马克思主义思想中的上层建筑,特别凸显文化在建构社会生活和统治阶级思想中的价值,尽管他的思想带有时代的局限性,但是它为我们认识西方马克思主义在现代的新近发展指明了方向。而产生于德国法兰克福大学的"法兰克福学派"在西方马克思主义文化理论的指引下,以本雅明、阿多诺、霍克海默等为主体的思想家和批判家以摄影、电影、广播、报刊、杂志、戏剧等为研究对象,分析并批判了它们在建构资本主义消费体系中的"腐蚀性""被动性""消极性""欺骗性"。在他们的思想中,"大众文化"依然处于"边

① [美]道格拉斯·凯尔纳:《文化马克思主义与文化研究》,张秀琴等译,《学术研究》2011年第11期。

缘"的地位,"大众文化"依然成为人们唾弃和鄙视的对象,也是人们常常忽视的对象。

　　而西方马克思主义另一位极具影响的思想家是安东尼奥·葛兰西,他是马克思主义文化理论大家,他因其著作《狱中札记》《狱中书简》《实践哲学》等马克思主义的理论著述享誉全世界。作为意大利共产党的前领导人,他倾其所能为意大利的前途不断奔波,为实现社会主义在意大利的成功不懈奋斗。他是西方马克思主义的一面旗帜,不断思考着社会主义的前途和命运,剖析资本主义社会的各种弊病,透视资本主义巩固其统治地位的"文化霸权",所有这些要素都为我们认识和反思西方马克思主义内核中的"文化"价值提供了很好的思考路径。一方面,法兰克福学派充分借鉴葛兰西的理论资源,完善和提升了马克思主义在当代的价值。与此同时,随着葛兰西理论在20世纪60年代末被陆续译成英文,为英伦半岛马克思主义学者所接受,英国马克思主义文化批评由此得到了足够的研究,并在英国现实社会实践,取得了成功,为后来学者研究英国马克思主义文化批评思想提供了重要的参照。

　　英国马克思主义文化批评家霍加特、汤普森、威廉斯、霍尔、吉罗伊在建构其文化理论的过程中,充分诠释出他们独具特色的文化特质,为我们全面系统思考英国马克思主义文化批评思想的谱系、内核及影响具有重要的现实关照:

　　第一,以"大众文化"和"文化政治"为主线,关注英国文化研究与马克思主义范式的转换。"大众文化"是贯穿在英国马克思主义文化批评思想建构中的一条永恒的主线,也是关注的重点,该学派的学者试图身体力行地把"大众文化"从历史和社会语境中的边缘状态中解放出来,突出"大众文化"的意识形态角色,它不再是附属性的、被决定的、被自上而下的角色,而是从从属的、被动的、消极的地位拯救出来,认识到它蕴藏的潜在抵抗功能,展示出它在消费资本主义社会中的主体地位和作用,凸显"文化批判"和"文化革命"对"政治革命""经济革命"的重要价值。这些努力在英国马克思主义文化批评思想家的思想建构中表征得尤为充分。在"大众文化"发展的过程中,英国文化研究传统中的"文化主义"范式是一支最重要的力量。它关注现实生活中的"经验""实践""活生生的生活""活生生的文化""人道主义""人本主义""情感结构""文化是普通平常的""批评素养"等。而另一支主要力量是"结构主义"范式,它突出"结构""决定性条件""抽象性的必要性认识""总体性""意识形态"等。这两支力量各有优势,各有缺陷,都不足以解决现实世界中存在的"二元对立"局面,都不足以承担起把英国文化研究推向深入。在这种危机的关键时刻,西方众多理论都引起了英国马克思主义文化批评思想家的强烈关注。霍尔曾指出:"谈论文化研究的理论性,就要避免还原论的马克思主义。我们阅读韦伯,我们阅读德国唯心主义,我们阅读本雅明,卢卡奇,⋯⋯我们阅读民族志方法论,话语分析,黑格尔唯心主义,艺术史中的图像分析,曼海姆;我们阅读这些试图找到某些其他的社会学范式(功能主义和实证主义的替代物),这些范式还没有洗清还原论的罪名。不管在经验上还是理论上,当代文化研究中心刚开始只是对阶级感兴趣的说法是不对的。"[①]

这是包括霍尔在内的英国马克思主义文化批评思想家为英国文化研究找寻出路在理论上的苦苦探寻和思考。在这种历史紧要关头,葛兰西的文化理论引起了他们强烈的关注,他们逐渐认识到葛兰西思想中理论资源的丰富性和深刻性。"文化霸权""有机知识分子""市民社会""阵地战与运动战""历史集团"等都对英国文化研究的建构输入了丰富的营养。CCCS 在霍尔的带领下,把英国文化研究的事业牢牢地掌握在自身的思想认知中,从众多理论资源中找到了合适英国社会发展,并指导他们分析和批判英国资本主义和英美

---

① Stuart Hall,"The Formation of a Diasporic Intellectual:An Interview with Stuart Hall",in David Morley and Kuan-Hsing Chen,eds.*Stuart Hall:Critical Dialogues in Cultural Studies*.London:Routledge,1996.p. 499.也可参见 Stuart Hall,"Cultural Studies and the Center",in *Culture*,*Media*,*Language*.London:Hutchinson,1980,pp. 37-38;以及 Stuart Hall,"The Hinterland of Science:Ideology and the'Sociology of Knowledge'"in CCCS,eds.*On Ideology*. 1977.pp. 9-30。

消费社会生活的"葛兰西"资源①,成功实现了文化研究中的"葛兰西转向"。而在文化研究中葛兰西转向也预示着"新葛兰西主义"即"接合理论"的形成。"接合理论"被视为是英国马克思主义文化批评思想新阶段的创新成果。它主张从认识社会的差异性出发,辨识社会消费形态中的"差异中的同一"和"同一中的差异",实现对"解接合""接合""再接合"的全面建构,这为文化研究的马克思主义范式转换提供了新的思考路径,为文化研究的理论化、英国马克思主义文化批评以及后殖民文学研究的发展做出了重要的理论贡献。

　　第二,研究视野的广度和深度。英国马克思主义文化批评思想在建立初期,立足于对斯大林式的社会主义的认知和批判,把研究和思考的语境局限在英国本土,把考察的主题设定在英国工人阶级的文化和价值取向上,把经验主义、人道主义、道德伦理视为他们追求的目标,完全排斥外来的理论思潮和价值取向。这是以汤普森为代表的第一代新左派最大的问题所在,这完全限制了马克思主义在英国的发展和壮大。但是,随着以霍尔为代表的第二代新左派在英国文化政治舞台上的崛起,他们思想开放,心胸开阔,海纳百川,以极其灵敏的嗅觉把英国本土以外的理论资源纳入英国国内,完成了马克思主义在英国的生根发芽,并成功实现了英国文化研究中的"结构主义转向""葛兰西转向",并由此生发出"接合理论"等思想,这不仅让英国完全摆脱了马克思主义在英国不发达的尴尬局面,也让英国深度融入到整个世界的学术生态之中,完成了英国马克思主义文化批评家在世界学术圈发声的"权威性"和"独特

---

　　① 葛兰西在狱中用意大利语完成了《狱中札记》,1948 年至 1951 年间在都灵出版了由费利斯·普拉顿编辑的六卷本。1957 年,英国路易·马克斯博士在伦敦出版了一本《现代君主及其著述》选集(L. Marks, ed., *The Modern Prince and Other Writings*, London: Lawrence and Wishart, 1957),在书中他选译了葛兰西的六七篇《狱中札记》的内容以及两三篇早期的论文,这是第一本向英国国内介绍葛兰西思想的英文版的书籍。1958 年 C. 希尔在《新理性者》刊物上发表了"安东尼奥·葛兰西"一文(C. Hill, "Antonio Gramsci" in *New Reasoner*, 4. Spring 1958.),标志着葛兰西思想在英国期刊上的首次介绍。直到 1971 年葛兰西的《狱中札记》的英译本才由昆廷·霍尔等编译完成,在伦敦出版(A. Gramsci, *Selections from the Prison Notebooks*, ed. and trans., Q. Hoare and G. Nowell-Smith, London: Lawrence and Wishart, 1971)。

性",创造出独具英国特色的英国马克思主义理论,极大地推动和提升了马克思主义在当代英国的传播和发展。这是新左派刊物,特别是《新左派评论》带给世界的惊喜,而且这种惊喜还在不断地延续,这也是英国马克思主义文化批评思想家带给整个学术界的贡献。

第三,"文化身份"政治的边缘性。英国马克思主义文化批评思想家的身份特征包括了新左派成员的身份、新左派刊物的身份、新左派思想内核的身份等。新左派成员的身份复杂,且来自不同的国度、来自不同的家庭、来自不同的种族、来自不同的党派。他们中的绝大多数人都是"外乡人""边缘族群人""奖学金男孩"等,他们都刻写着同样的名字,即"工人阶级的后代",他们汇聚在一起,在巨大的英国马克思主义文化批评思想的"边缘场域"中游走,这与英国正统的中产阶级、资产阶级存在着巨大的反差,他们是社会边缘中的族群,不太受人重视,尽管通过"奖学金男孩"身份获得了接受高等教育的机会,也从事着比较体面的工作,但是在他们内心还是永远刻写着"工人阶级文化"身份的特质,这是永恒的,也是不可能改变的事实。同时这些英国马克思主义文化批评思想家的社会边缘身份也处于夹缝地带,与英国正统的《细察》刊物形成了强烈的反差,被当时的牛津大学和剑桥大学的"精英学术圈"讥讽为"不入流""低俗",甚或"庸俗"。新左派刊物与这些思想家的思想内核中的身份边缘有着紧密的关联,因为这些刊物刊载的内容涉及大众媒介、广告、电视、工人阶级的点唱机、通俗文化、大众文化、工人阶级谋生的各种技艺等,这些在当时的英国被认为是低等的、无价值的、低劣的,它们充斥着英国传统的有机社会和高雅文学,被视为是"洪水猛兽"。

第四,以"理论与实践"结合为特质,英国本土的学术研究近百年以来所关注的是注重培育人的道德与情操,注重培养人道主义的情怀,注重英国现实世界的经验和实践,是"文化主义"范式内核的集中体现。英国文化研究发轫之初就关注大众文化和工人阶级的实践经验和现实的社会生活。霍加特、威廉斯和汤普森的著作就是这些实践的生动写照,是英国本土学术研究固有的本质属性。随着欧洲大陆结构马克思主义大家阿尔都塞等学者的理论介入，英国社会逐渐兴起了用理论去指导现实社会、用理论去引领社会变革的浪潮，特别是 20 世纪 60 年代末以来，西方学术界的各种理论纷至沓来，英国学者对此应接不暇，不断地吸收、阐释、筛选、分析、整合这些理论思想和资源，在英国文化研究中得到了进一步发展和拓展。尤其是葛兰西的理论、后殖民理论等为建构英国马克思主义文化批评注入了强大的理论资源。

同时，这些批评家针对英国具体而特定的社会、政治和文化等语境，关注社会、历史的发展变迁，借鉴、结合并整合了西方的文化理论资源，提出了深刻、中肯、独具匠心的理论问题。如"社会主义人道主义""无阶级的意识""文化是批评素养""文化是整体的斗争方式""文化是整体的生活方式""文化是普通平常的""文化唯物主义""情感结构""文化霸权""接合理论""后殖民理论""种族思想""'新族性'文化政治""族裔散居美学""'双重意识'文化政治"等。这些问题为我们诠释英国马克思主义文化批评的学术生态和学术传统、文化特质、研究主题和研究方法提供了非常中肯的认知空间和思考的路径。

第五，跨学科的学术传统特质。英国马克思主义文化批评思想家们绝大多数出身于工人阶级家庭，其文化具有强烈的草根性和边缘性特征。他们在大学都以主攻文学、历史学为主，在大学时代，因成人教育的蓬勃发展、新左派运动的持续开展，这些思想家们也积极参与其中，把所学知识应用到对现实社会的批判之中，他们超越了本身学科的边界，把文学、哲学、历史学、政治学、社会学、文化批评、传媒理论、人类学、人种学、种族学等统统纳入其学术研究的视野之中，大大拓展了文化研究理论的面向和广度；把现代性问题、女性主义、结构主义、后结构主义、后现代性、后殖民主义等理论纷纷融入其学科知识版图之中，注重个案研究、民族志研究、实证研究，实现其理论与其他学科有机联合。这种联合预示着其思想内容的丰富性和复杂性，也表征出文化研究具有"兼容并收"的文化属性，为文化研究自由地在学科之间穿梭和游动提供了方便之门。正是因为有这样的文化属性才能造就文化研究理论研究中的飞跃，视野上的不断更新。霍尔曾经回忆伯明翰当代文化研究中心成立时面临的"尴尬处境"：中心成立之日，我们收到了英文系学者们的来信，说他们做不到真心诚意欢迎我们；他们知道我们在这里，但是他们希望，在他们不得不继续做他们本分的工作的时候，我们不要挡他们的道。我们还收到了另一封来自社会学系的信，要尖锐得多，事实上它说，"我们已经读过《识字的用途》，我们希望你们别以为自己在做社会学，因为社会学压根就不是你们在做的事情"①。

我们可以从两个层面来分析英国马克思主义文化批评思想家们所面临的艰难处境。英国文化研究搅动了整个英国学术界的原有学术生态，在现实面前，它打破了固有的学科分类和学科所属，这是最大的历史进步之处，对英国学科的重新整合和学科认识提出了新的认识维度。与此同时，这种尴尬处境也反映出"新事物"在破土而出之时，其处境是何等的艰辛。因为英国马克思主义文化批评思想家们创作出来的著作与传统的文学研究，在内容上、在写作技巧上、在构思上、在描写的对象上都呈现出与"高雅文学"格格不入的景观，他们身处社会的底层，用老百姓能懂的语言，讲工人阶级自身的故事，这与文学学科的学者、与社会学学科的学者，以及其他学科的学者都产生了巨大的认知反差。他们遭到英文系、社会学系的反对和发难也就不足为奇了。但是，事实证明，时代在变化、人民的认知在变化、社会的政治语境在变化、文学形态在变化，所有这些促使各个学科都必须认真反思，走出各自学科固有的学科界限和束缚，用"他者"眼光去审视英国马克思主义文化批评就显得尤为重要。

---

① Stuart Hall, "The Emergence of Cultural Studies and the Crisis of the Humanities". in *October* (53). 1990. p. 13. 也参见陆扬主编：《文化研究导论》，高等教育出版社 2012 年版，第 21—22 页。

第二节　新左派文化政治

　　新左派及新左派文化政治在英国文化研究、英国马克思主义、英国马克思主义文化批评思想中占有非常重要的地位。对英国文化研究的学术语境而言,新左派术语是源于法国社会政治运动的一个"舶来品"。新左派在法文中的表述为 nouvelle gauche(新左派运动),它是由法国作家、政治家兼记者克劳德·布尔特(Claude Bourdet)编辑的周刊《法兰西观察家》(France Observateur)在法国政界发起的一种独立思潮。布尔特是法国抵抗运动的主要领导人之一,他在第二次世界大战结束之后就积极致力于开辟欧洲政治的"第三条道路"(the third way),以期以"第三种立场"(the third position)拒斥处于支配地位的两种既有左翼立场——斯大林主义与社会民主主义,又超越北约与华约两大军事集团,由此去对抗美国与苏联在欧洲的势力。新左派常常与1968年事件联系在一起,但是对1956年的新左派而言,1968年事件已经是第二波,甚至可能是第三波转变了。就新左派从法国旅行到英国的流变而言,"在风云突变的1956年,因无党派社会主义者乔治·道格拉斯·霍华德·科尔(George Douglas Howard Cole)等人的倡议,旨在联合东、西欧的国际社会主义协会(International Socialist Society)在巴黎召开筹备大会;期间,斯图亚特·霍尔等人在布尔特的启发下,加深了对正在发生的传统或'旧'的英国社会左翼力量分化的理解,回到英国后开始自称'新左派'。"①

　　这种"第三条道路"通过"第三种立场"把斯大林式的社会主义和英美帝国主义区分开来,其主要的历史使命和政治任务是希望在英国本土寻求文化变革,复兴社会主义的伟大事业。霍尔等英国学者正是在这种语境和认知中期待能借"1956事件"在英国共产党和英国工党这两大传统左派力量之外开

---

　　① 徐德林:《重返伯明翰:英国文化研究的系谱学考察》,北京大学出版社2014年版,第45页。

辟"第三种政治空间",期待在英国马克思主义社会主义或经典的马克思主义与利维斯主义精英文化的道路之外开辟"第三条道路"。"第三条道路"也好,"第三种立场"也好,还是"第三种政治空间"也好,它们在第二次世界大战以后的英国现实社会中彼此交织在一起,构成英国文化政治空间最重要的理论资源。当然,以霍尔为代表的英国马克思主义文化批评家们深刻认识到英国社会政治语境在第二次世界大战后发生了深刻的变化,全然不同于第二次世界大战前的传统左派,他们在建构新左派文化政治的过程中清晰地认识到传统左派已经不适应新的时代要求,期待从理论与实践上彻底与传统左派分道扬镳。"只要把新左派和传统左派的理论态度和政治态度对照一下,即可看出它们的主要差别:新左派反对与传统左派政党及其领导传统有关的中央集权下的经济统制、政治集权和制度化的等级制。因此,新左派思想家注重赞美自下而上的自主性、差异性和多样性,极力证明社会主义中存在一些被忽略了的、但实际上应当被放置到左派政治斗争最前沿的东西。当然,最显著的差别是传统左派以政党形式存在,而新左派则不然。新左派没有成为一个致力于选举战的政党的主要好处在于这让创造性和原创性思想极大地喷涌出来,不利之处在于这使得运动无法继续维系下去,因为运动没有发展出一种可支撑其继续发展的体制或能让其继续存在的群众基础。"①

　　1956 年之前的英国传统左派所主张的马克思主义在很大程度上是英国共产党学说的同义词,它们信奉苏联式的马克思主义。而新左派的马克思主义则宣称它们所主张的马克思主义思想必须与英国共产主义的思想彻底决裂,这是马克思主义在英国发展的一个新起点。新左派以全新的面貌创造性地思考马克思主义,接近马克思主义,并试图去改变马克思主义,以"内省"的心态去思考英国马克思主义的境遇。总体上讲,新左派的理论态度和政治态

---

　　① ［英］迈克尔·肯尼:《英国新左派运动及对它的当代审理——迈克尔·肯尼教授访谈录》,张亮译,载张亮:《阶级、文化与民族传统——爱德华·P.汤普森的历史唯物主义研究》,江苏人民出版社 2008 年版,第 202 页。

度、文化诉求、政治使命得到了凸显，形成了与传统左派完全不同的文化和政治思潮。新左派的马克思主义文化批评关注马克思主义的"经济基础与上层建筑"的关系，关注工人阶级文化的能动性、自主性、多样性和差异性，关注传统左派最为忽视的"文化"问题，关注以非暴力的形式和手段实现社会主义的文化政治问题，等等。

追根溯源，"新左派更直接的源头是英国占主导地位的左派传统——工党的改良主义社会民主派。这一党派主张战后建设一个'新耶路撒冷'（New Jerusalem）并发展共产党的马克思主义—列宁主义，但没有成功。"①从语境上思考，新左派在1956年这个特定的时刻应运而生，这不是历史的巧合，也不是偶然出现的，而是历史的必然。新左派作为一项"社会运动、政治运动、思想运动"②，在20世纪50年代孕育在国际的大时代语境和英国的小时代语境之中。这种运动背后潜藏着各种社会危机，不断地挑战着英国国内文化、社会、经济和政治秩序。

首先，从大的国际语境来看，随着第二次世界大战的结束，世界范围内形成了以苏联和美国为主的两个超级大国，它们分属不同的意识形态的国家，在主宰社会政治经济秩序方面，它们相互竞争、相互超越，形成了北约对抗华约的两大超级集团，在这两大超级集团冷战的几十年时间内，苏美形成了争霸天下的局面。当时，苏联是社会主义国家的旗帜和标杆，美国是资本主义和帝国主义国家的形象符号，它们的文化价值取向，意识形态倾向，社会制度模式等都受到了各自拥戴者的认同，包括英国在内的左派学者也在不断地效仿苏联模式，并向往之。但是，苏联的社会主义制度也并非完美，在几十年的繁荣和富强之中依然潜伏着深刻的危机。1956年2月对苏联而言是一个历史性的

---

① ［英］迈克尔·肯尼：《第一代英国新左派》，李永新、陈剑译，江苏人民出版社2010年版，第7页。

② 张亮、熊婴编：《伦理、文化与社会主义：英国新左派早期思想读本》，江苏人民出版社2013年版，第1页。

转折时刻,赫鲁晓夫在苏共二十大期间的一天深夜给与会代表作了长达 4 个多小时批判其前任斯大林的秘密报告,即《关于个人崇拜及其后果》,也称《秘密报告》,这份秘密报告从根本上否定了斯大林及其思想,认为斯大林的所作所为完全违背了马克思主义、违背了列宁主义,导致无数的共产党员被杀害,把斯大林看成是一位暴君,应该遭到无情的批判和唾弃。但是不幸的是,该《秘密报告》落入了美国中央情报局,其后果可想而知,在美苏称霸的当年,这种不幸对苏联是一次多么沉重的打击,给那些支持和赞赏苏联社会主义模式的有志之士当头一棒,无疑给他们自己扇了一记响亮的耳光。在国际社会产生了极其恶劣的影响,这对英国的共产党,尤其是那些党员,那些信奉和笃信社会主义文化价值取向的英国左派而言,可以说是一次毁灭性的打击。该《秘密报告》的危害性和严重性在霍尔那里得到了佐证。在他看来,"随着保守主义的复兴,工党和左翼的未来是什么?福利国家和战后资本主义的性质是什么?在早期'富裕'的 10 年中,文化的改变对英国社会产生了什么样的影响?赫鲁晓夫在苏共二十大上的《秘密报告》加速了这些争论的步伐。"[①]显然,该《秘密报告》对英国产生了深刻的影响,不少英国马克思主义者不断地质疑苏联社会主义的真本之所在,也挑战了苏联社会主义在包括东欧在内的整个社会主义的支配地位,加速了英国新左派知识分子对苏联式的社会主义和英国共产党的重新认识和反思。

受《秘密报告》的影响,东欧的社会主义国家,尤其是匈牙利等社会主义国家的政治形势随之变得极为紧张和恶化,全国游行示威加剧,要求政府撤走苏联驻军,维护民族的独立和尊严,要求改组匈牙利共产党的领导,进行经济和政治体制变革,以满足人们的期待和愿望。1956 年 10 月,苏联在匈牙利请求援助的情况下,把坦克开进了布达佩斯,但是这样做反而适得其反,这加剧

---

① Stuart Hall,"The 'First' New Left:Life and Times",in Robin Archer et al.eds.*Out of Apathy*, London:Verso,1989.p. 17.参见斯图亚特·霍尔:《第一代新左翼的生平和时代》,王晓曼译,《国外理论动态》2011 年第 11 期,第 87 页。

了匈牙利局势的紧张状态,匈牙利共产党被迫做出了妥协,匈牙利劳动人民党中央宣布解散匈牙利劳动人民党,组建新的匈牙利社会主义工人党。进而匈牙利宣布退出华约组织,实行中立,呼吁联合国进行干预。"匈牙利政府的举措引起了苏联及其盟友的严重关切;为阻止匈牙利脱离社会主义阵营,防止匈牙利事态向其他社会主义国家蔓延,在与阵营各国紧急协商后,苏联决定出兵干预已然构成对其在东欧最严峻的挑战的匈牙利……,大批苏联军队和坦克、装甲车开进匈牙利,占领布达佩斯及其重要据点,对武装暴动分子和抵抗者进行了强力镇压。在苏联政府和军队的'帮助'下,很快,匈牙利局势得到了平定,社会秩序逐步恢复。"①该事件就是新左派所熟知的"匈牙利事件"。这种残酷的现实深刻地反映出美苏在称霸世界的"冷战"过程中,"意识形态"中的"文化霸权"对彼此有多么重要。同时,苏联的这种"帮忙"很大程度上是帮"倒忙",让向往社会主义和共产主义的国家及其民众看清了苏联社会主义本质上的丑陋和内心深处的"肮脏",与马克思恩格斯在《资本论》中论述的资本主义是"人吃人""人剥削人"的社会没有什么两样。从这种意义上讲,苏联的社会主义只不过是带上了"社会主义"面具的会伪装的"帝国主义"。"匈牙利事件"搅乱了苏联共产党经过多年建立起来的崇高声誉,国际范围内的一些共产党党员弃党、叛党,动摇了整个西方对苏联社会主义的认知,尤其激怒了英国共产党,加速了独立左派对社会主义信仰的彻底破灭。同时,在英国国内,英国共产党对有关赫鲁晓夫在"苏共二十大"上的《秘密报告》保持沉默,英国左派社会力量对此表达了强烈的遗憾和不满,这加速了英国国内左派社会力量对苏共的质疑和失望。

其次,在"匈牙利事件"发生的同时,英法联军因国家利益驱使,在埃及长期驻兵的同时,看到了苏伊士运河的重要性。但是以反西方和反以色列的泛阿拉伯运动而著称的时任埃及总统的加麦尔·阿卜杜勒·纳赛尔(Gamal

---

① 转引自徐德林:《重返伯明翰:英国文化研究的系谱学考察》,北京大学出版社 2014 年版,第 52 页。

Abdel Nasser）对英法在对待埃及和苏伊士运河问题上的出尔反尔，决定把苏伊士运河公司收归国有，这种事件严重地导致了英法政府对埃及当局政府的强烈不满。他们密谋把以色列作为先锋，对埃及的西奈半岛发起攻击，英法不顾苏美的反对随即跟上，以便夺回对苏伊士运河的掌控权。然而，埃及当局无所畏惧，大敌当前，却把兵力集结到西奈半岛，在此情况下，英法联军开始攻击埃及，轰炸开罗等大城市，入侵埃及领土，由此出现了苏伊士运河危机。与此同时，苏联和美国也想控制苏伊士运河，分得利益。最终，在美苏的强力施压下，英法联军被迫于 1956 年底撤出埃及，苏伊士运河危机由此解除。

　　这两个重要的、极具社会影响的事件都不约而同地都发生在 1956 年，一个发生在社会主义的前苏联，另一个发生在资本主义的英法，这两个事件看似是孤立的、毫不相干的，但是，就其本质而言，它们都是为了各自的利益、为了各自的"意识形态同盟"，争得权力，以便支配和掌控整个世界。它们都采用了战争的方式，通过暴力等形式去赢得文化霸权，从而有效地统治整个世界。它们在这次战争中都失去了民心，尤其是作为社会主义老大哥的苏联，这种做法确实应该被唾弃。正是基于这种语境，新左派破壳而出，如霍尔所言："第一代新左派产生于 1956 年，这不仅仅是一个年头，也是一个紧要关头，一方面苏联坦克镇压了匈牙利革命，另一方面英法联军入侵了苏伊士运河地区。这两件事前后只隔几天，这增加了它们的戏剧性的影响，揭露了统治当时政治生活的两大体系——西方帝国主义和斯大林主义——中潜在的暴力倾向和侵略倾向，它们对整个政治世界产生了意想不到的冲击。从更深层次上讲，这两件事为我们这一代人设定了政治上可以容忍的边界和极限。对 20 世纪的左派来说，俄国革命向斯大林主义的蜕变表征着一种悲剧，在我们看来，'匈牙利事件'之后的社会主义者们必将把这一悲剧铭记于心。'匈牙利事件'终结了社会主义的某种'清白'。另一方面，'苏伊士运河事件'则表明了其错误之巨大，相信英国在一些前殖民地降下联合王国国旗就必然意味着'帝国主义的终结'，或相信福利国家的实际好处和物质的丰裕（affluence）就意味着不平等和剥削的终结。由此,'匈牙利事件'和'苏伊士运河危机'是分水岭,标志着政治冰冻期的结束。"①

　　总体来看,"匈牙利事件"和"苏伊士运河危机"是新左派发轫的国际大语境,对像英国那样马克思主义理论相对欠发达的国家而言,更是一次对社会主义和资本主义洗心革面的重新认识。英国马克思主义文化批评家们看清了斯大林式的社会主义和以英法为代表的资本主义的真实面目,这为在英国国内开辟文化政治上的"第三空间"铺平了道路。

　　第三,英国新左派的出现除了大的国际语境和外部语境之外,还有最重要的国内语境在起作用,这是新左派最终破壳而出的真正内因所在。第二次世界大战以后的英国,依然是西方世界最发达的资本主义国家和帝国主义国家,在凯恩斯经济主义的刺激下,整个国家的经济出现了前所未有的繁荣景象,并建立了"从婴儿到坟墓"的社会福利制度,英国在该发展的"黄金时段"造就了人们认同的"前所未有如此美好"(never had it so good)思想认知和生活景观。在英国的经济领域出现了"富裕工人""工人阶级的中产阶级化",在政治领域实施了"富裕政治"(politics of affluence),在文化、意识形态、价值观取向等领域复苏了英国传统的共识观,加固了大众对英国传统经验主义和人道主义的认同,英国国内的社会语境对工人阶级的阶级意识产生了巨大的变化,并由此产生出一种"无阶级的意识"虚假现象。事实上,人们没有认清阶级和社会结构并没有因社会繁荣而改变和消失。由此,英国左派力量在这种繁华的背后缺少了成长的生长点、能动性和自觉性,多了一些主动积极的思考,少了一些锐气,少了一些对社会阶级意识的重新崛起的认识。而事实上,这已经在全面挑战和否定传统的马克思主义的信念。

---

① Stuart Hall, "The'First'New Left: Life and Times", in Robin Archer et al. eds. *Out of Apathy*, London: Verso, 1989. p. 13. 参见[英]斯图亚特·霍尔:《第一代新左翼的生平和时代》,王晓曼译,《国外理论动态》2011 年第 11 期,第 85 页。还可参见徐德林:《重返伯明翰:英国文化研究的系谱学考察》,北京大学出版社 2014 年版,第 53 页。

对英国的知识左派而言,20世纪50年代是最为失败的10年,因为保守党成为了执政党,全面执掌英国,而第二次世界大战后英国工党受凯恩斯经济主义和费边主义的影响,逐渐失去了斗志,陷入了修正主义的泥潭,工党主导的工人阶级运动停滞不前,选民特别是左派的社会力量对选举失去了信心和兴趣,这种现实处境让工党以及左派社会力量不断反思社会主义的出路在哪里,如何才可以拯救英国的工人阶级,以及英国工党如何才可能在英国全面复兴对社会主义的期待。这些都是英国新左派必须要思考的问题。在这种时代背景下,英国左派社会力量对英国工党是失望的,他们认识到社会主义不可能在工党的认知框架中去实现,但是又不能离开工党去单独战斗。正是在这种历史语境中,试图通过整合各种资源,重新界定和思考社会主义立场的"第三种政治空间"的新左派就自然而然地浮出了水面。

新左派运动发端于1956年,衰落于1962—1963年,历经了整整7—8个年头,随着1960年代英国工党重新执掌政权,新左派运动发声的力量和勇气就变得越来越微弱了,最终在20世纪70年代末消失殆尽。新左派运动走向衰落主要的缘由有:新左派运动主张和产生的理论思想众多,且复杂;新左派社会力量在对社会批判上常常犹豫不决,政策不具有连贯性,政治路线具有不稳定性和非坚定性,缺乏严密的组织结构,缺少严谨的党籍、规则、条例、党的纲领和路线;新左派学者他们大都不是"职业革命家",而是从事成人教育的教育工作者和历史学家,而是敢于批判英国社会,有担当的"有机知识分子"。从深层次角度讲,新左派运动缺乏最卓越的领航人,缺乏高瞻远瞩的眼界。同时,新左派运动也不彻底,所提出的观点和主张具有"乌托邦式"的情结,在现实生活中其主张与实践严重脱节,没有为新左派成员所共享的、凝聚人心的重大"共识"。

但是公允地讲,新左派运动还是反映出那个时代那批左派知识分子对社会主义民主的追随和探索,他们深刻反思了马克思主义的局限性及资本主义制度的"虚伪性",为英国马克思主义文化批评的粉墨登场提供了空间和契机。当然,新左派运动也锻炼了队伍,提升了觉悟,特别是霍加特、汤普森、威廉斯、霍尔等左派知识分子,加深了彼此之间的联系,收获了友谊,达成了共识。新左派还凝聚着那一代有机知识分子或独立知识分子的"身份认同",是一种重要的"身份政治",他们的思想彼此连接,错综复杂,第二次世界大战后的 20 世纪 50—60 年代在英国语境中书写出绚丽的思想图画和认知版图。尽管新左派运动持续的时间不长,但是它给英国第二次世界大战以来的社会、政治、经济、文化等方面产生了广泛而持续的影响。同时,新左派运动凸显出来的新左派文化政治特质也成为考察那段文化政治和历史的重要观察视角。此外,这些特质也为英国文化研究在英国的崛起、伯明翰当代文化研究的建立、英国本土以外的理论资源英国化、马克思主义英国化以及英国马克思主义文化批评的勃兴提供了生长的肥沃土壤。

第一,新左派文化政治内核的丰富性和深厚性。新左派运动的理论大家们站在对社会主义青睐的基础上,着力深刻批判斯大林式的社会主义和马克思主义,坚决与英国共产党所推崇的"经济基础决定上层建筑"的机械论和庸俗论观点决裂,为英国新左派知识分子重新评估和接受马克思主义铺平了道路。在新左派运动发展的整个过程中,霍加特、汤普森、威廉斯、霍尔、安德森等新左派中有担当的左派知识分子充分利用新左派刊物,去发出影响社会发展的文化与政治宣言,从社会主义人道主义、无阶级的意识、工人阶级文化、马克思主义与人道主义、道德理论、社会主义与知识分子、当代阶级问题、当代资本主义政治、马克思的经济学、葛兰西理论、奖学金男孩、漫长的革命、英国工人阶级的形成等主题中不断丰富新左派文化政治的内核,为英国马克思主义文化批评的登场提供了坚实的理论基础和现实基础。

第二,新左派文化政治理论与实践的深度融合。新左派运动直指英国工党现实和英国共产党现实、直指苏联入侵匈牙利的现实、直指英法攻占苏伊士运河危机、直指英国战后的富足生活、直指工人阶级"阶级属性"的变化、直指保守党的执政理念、直指英国的核裁军运动,新左派知识分子把提升工人阶级文化素养的"成人教育"纳入建构新左派"文化政治"理论的体系中,从实践中反思,通过高度的理论凝练,提出了"社会主义人道主义""无阶级的意识""批评素养""文化是一种整体的生活方式""文化是一种斗争的生活方式""文化是实现文化霸权的斗争场域"等,提出了"文化马克思主义""文化主义""结构主义""接合理论""文化霸权""历史集团"等若干理论问题,再次用这些理论问题去指导现实社会,去解释现实世界,认清英国社会的现实问题,在英国现实社会中为实现社会主义的宏伟大业做好铺垫和准备。纵观新左派运动的发展,它之所以在极短的时间内能够凝聚人心、聚集大家智慧,其根本的缘由还在于新左派运动把理论问题用于对英国现实问题的思考之中,直指现实中的各种复杂问题,并为此找寻出路,这样才能引起广大工人阶级的积极参与,并投身到这种轰轰烈烈的文化思潮和政治运动中去。

第三,新左派文化政治的"文化马克思主义"传统。新左派运动从孕育之日始就注定了它与马克思主义有着密不可分的关系。新左派运动由此打上了马克思主义思想深刻的烙印。"新左派经历产生的最深远影响之一就是,它对英国文化马克思主义的产生起到了重要的作用。"①新左派高举"马克思主义"的大旗,在批判经典马克思主义的基础上,把上层建筑蕴含的文化、意识形态从经济基础中解放出来,实现了文化、意识形态在建构社会变革中的能动性和主动性。新左派思想家在英国消费社会和资本主义社会中看到和平变革社会现实的可能性,充分发挥葛兰西及其理论中的"文化霸权"功能,去践行"新左派"文化政治所承载的历史和现实使命。同时,新左派崇尚"大众文化"的价值取向,在批判利维斯主义及其《细察》刊物思想的基础上,充分挖掘和彰显"大众文化"的自主性和能动性,把现实生活中与工人阶级息息相关的"文化资源"看成是新左派运动实现其政治抱负的场域,高度重视工人阶级文

---

① Dennis Dworkin.*Cultural Marxism in Postwar Britain*;*History*,*the New Left*,*and the Origins of Cultural Studies*,Durham and London;Duke University Press,1997.p.79.

化和大众文化对建构社会的积极价值和作用,突显它们对推动社会变革所蕴涵的文化使命。汤普森的"社会主义人道主义""文化整体的斗争方式",霍加特的"文化是一种批评素养",威廉斯的"文化是一种漫长的革命""文化是整体的生活方式""文化是普通平常的""文化是特殊的生活方式",霍尔的"普通人并不是文化傻瓜""文化是统治阶级为赢得霸权、巩固统治所进行的实践斗争的场域"等无不彰显出新左派文化政治中"文化马克思主义"的文化特质。

第四,新左派文化政治本土资源与外来理论的有机结合。第一代新左派运动以汤普森为代表,他们从英国具体实际出发,立足英国本土资源,从历史学的角度深刻探究英国工人阶级在形成过程中的文化特质,思考工人阶级在实现人类解放和社会发展中做出的杰出贡献,他们重视文献的整理、重视历史中"人民"的力量、重视工人阶级生活中的"真本",珍视工人阶级文化的传统性、经验性、直觉性,崇尚道德和伦理的价值。同时,他们极少关注英国本土以外的文化现状和文化传承。这方土壤尤其对西方马克思主义的思想接受得非常滞后,19 世纪的马克思和恩格斯曾视英国为他们的第二故乡,但是他们的思想竟然没有在英国占得先机,最早在英国传播,其结果是直到 20 世纪 50 年代末,马克思主义的一系列思想理论才通过法国、德国等传入英国国内。对英国的思想家而言,这不能不说是一种遗憾,也充满了强力的讽刺。随着新左派运动的蓬勃发展,以威廉斯、霍尔、安德森等为代表的第二代和第三代新左派把理论的视野和触角深入到英国本土以外的其他发达资本主义国家,他们广泛吸收西方的各种理论资源,不断与英国的社会变革相结合,他们不断地选择、不断地辨别,最终找到了葛兰西及其理论中的"文化霸权",这对丰富和发展英国理论资源是一种巨大的促进和提升。如玛德琳·戴维斯曾指出的那样,"新左派将源于马克思主义的思想整合进了英国的知识文化之中。这不仅仅是一个将外来传统输入或者嫁接到本土文化上的问题,而更像是一个与英国理论传统进行创造性对话的过程中引进、吸收马克思主义方法的意识形态'本土化'的过程。"①自此以后,英国也成为一个理论资源大国,受到了各国学界的广泛关注和研究。而英国文化研究、"成人教育"文化政治、新左派刊物文化政治、"奖学金男孩"文化政治等都是新左派时代的产物,都刻写着外来理论在英国学术中的内化,这些研究领域和研究理论为探究新左派文化政治提供了思考的路径和参照。

第五,新左派文化政治的跨学科特质。新左派运动的缘起本身就注定了新左派成员身份的复杂性。新左派文化政治因此也就打上了极为重要的跨学科的烙印。在这些新左派成员中,他们从事和研究的学科门类众多,有历史学、文学、政治学、经济学、哲学、社会学、传媒理论、人类学、人种学、种族学等,他们站在各自的学科前沿,充分利用思想武器,把自身的人生经历和社会体验有机地结合在一起,以社会历史发展变迁为准绳,敏锐地抓住实时而起的时代风云中的各种问题,把个人的人生理想和价值追求通过新左派这个大的舞台彰显得淋漓尽致。同时,他们以马克思主义历史唯物主义为底色,去从事社会运动和学术研究,把民族志的研究方法纳入整个文化研究当中,充分发挥跨学科的研究优势,汇聚各方智慧和理论资源,为新左派运动思想的五彩斑斓注入了强力。与此同时,新左派文化政治的跨学科特征也为英国文化研究所拥有的"跨学科特征"提供了借鉴和参考,它们融为一体,相互促进,谱写出极富英国时代特色的"文化政治"。

新左派运动、新左派文化政治、新左派的刊物、新左派的代表性人物都是见证那个时代,亲历那个时代的最大财富,这些直接影响了英国马克思主义的发展、英国文化研究的发展。英国学界对"理论"的重视,促进了英国马克思主义文化批评的发展,提升了英国学术界接纳世界胸怀的高度和厚度。汤普森作为《理性者》《新理性者》《大学与左派评论》《新左派评论》等新左派刊物"最具权威威望和影响力"的人物,是"新左派"文化政治蓬勃发展不可或缺的

---

① [英]玛德琳·戴维斯:《英国新左派的马克思主义》,载张亮编:《英国新左派思想家》,江苏人民出版社 2010 年版,第 2 页。

关键性人物,他在创办这些刊物的过程中付出了很多的心力。由于他思想激进、个性鲜明,在新左派的整个生涯中不断与霍加特、威廉斯、霍尔乃至第三代新左派的掌门人安德森开展论争,开展批评,这些纷繁复杂的、交织在一起的碰撞火花构成了新左派文化政治独特的风景线,也是英国马克思主义文化批评在其启蒙期最重要的参照。与此同时,霍尔是《大学与左派评论》和《新左派评论》至关重要的关键性人物,霍加特和威廉斯等新左派马克思主义思想家亲力亲为,不仅在实践中全程参与新左派文化政治,广泛关注和阅读《大学与左派评论》和《新左派评论》等刊物所发表的文章,还通过这些刊物作为发声的平台,从理论建构上丰富新左派文化政治的时代内涵。"新左派作品中关于'世界图景'的大量描述都是富有创造性的,它们的活力和生命力(还有乌托邦主义)就在于,努力描述这些迅速改变的变化轮廓的意义。这确实是新左派投入文化争论的最初领域。首先,因为只有在文化和意识形态领域,社会变迁才能变得更加引人注目。其次,在我们看来,文化维度绝不是社会的一种次要维度,而是一种本质维度。(这反映了新左派与还原论和经济主义之间的长期争论。)再次,对任何能够用于重新描述社会主义的语言而言,文化话语在根本上都是必要的。因此,新左派跌跌撞撞地迈出了第一步,把文化分析和文化政治问题当成了政治学的核心问题。"①

新左派从产生的那天开始,就对"文化"和"意识形态"问题产生了本质性的关切,它们反对斯大林式的社会主义、反对英法美等消费资本主义和帝国主义、反对经典马克思主义的经济决定论和还原论。新左派学者把"文化"看成是一种与经济基础一样重要的本质性要素,成功地把"文化问题"从经济基础中解放出来,散发出其能动性和自主性的能量,由此,"文化"就从历史的后台主动地进入社会生活的前台,而经济主义被推到了历史的后台,这一前一后,不单单是位置和秩序的变化,而是社会生产关系在现实语境中的重构,这是第

---

① Stuart Hall,"The'First'New Left:Life and Times",in Robin Archer et al.eds.*Out of Apathy*, London:Verso,1989.pp. 25-26.

二次世界大战以来整个世界格局和语境引发英国社会结构变化的必然产物。这些新左派知识分子力图破解"精英文学"与"大众文化"的二元对立,着力声讨美国大众文化,努力批判斯大林式的社会主义和以英法为代表的帝国主义,他们把"文化"看成是本质性问题和基础性问题,进行深入研究和思考,凸显"文化"背后蕴藏的时代价值和意义,并为之努力建构新左派文化政治。

英国文化研究缘起于对"精英文学"的声讨,对斯大林式的社会主义、经典马克思主义的否定,对美国大众文化的抵制,对消费资本主义的揭发。同时,英国马克思主义文化批评正是以此为基点,把工人阶级文化以及文化背后的意义和价值纳入思考的版图。这种思考是新左派文化政治的内涵所在,是新左派马克思主义文化批评深刻思考的结果。从本质上讲,新左派文化政治、成人教育、英国文化研究、英国马克思主义文化批评是一致的,体现为思想的统一。它们都关切"文化"在社会实践中对现实生活的建构。

第二次世界大战以来的国际、国内语境交织在一起,为英国马克思主义文化批评的登场做好了前期铺垫和准备。英国新左派思想家、英国马克思主义文化批评思想家在应对国内外重大事件的过程中,逐渐清晰地意识到只有发展新左派文化政治独具特色的文化方才能摆脱,甚或颠覆正统的马克思主义、美国大众文化、国内的利维斯主义、消费资本主义、帝国主义等文化意识形态,建构属于新左派和英国马克思主义文化批评的思想。

第三节　社会主义人道主义

在这段富有传奇色彩的新左派运动岁月中,霍加特、汤普森、威廉斯、霍尔都积极参与新左派文化政治的理论建构,他们这段时期的文化理论为英国文化研究体制机制建制和伯明翰学派的建构和发展做出了前期铺垫。特别需要指出的是,汤普森、威廉斯、霍尔是新左派运动不可或缺的重量级人物,他们连接着整个新左派文化政治的发展,在无限的纷争、争辩和论争中,不断地建构

和发展新左派文化政治的内涵,与此同时,他们在新左派时期的思想本身构成
了新左派文化政治的内核,被视为是英国马克思主义文化批评的启蒙思想。

　　E.P.汤普森是整个新左派运动的灵魂人物,在新左派运动思想发展演进
的过程中起到了至关重要的作用。汤普森基于当时的国际、国内局势,基于对
社会主义和共产主义的无限虔诚,于1957年夏在《新理性者》创刊号上发表
了《社会主义人道主义:致非利士人书》("Socialist Humanism:An Epistle to the
Philistines")①一文,这是以汤普森为代表的第一代新左派对英国社会变革发
出的最强音,而且"社会主义人道主义""得到了包括第二代新左派在内的整
个英国新左派的基础支持,从而为运动在当时的继续前行提供了必要的理论
基础"②,也有力地推动了英国新左派运动的发展,催生了英国文化研究和英
国马克思主义文化批评思想在英国的诞生。

　　汤普森的思想受到了英国共产党两位前辈经济学家莫里斯·多布和历史
学家唐娜·托尔等共产主义学者的深刻影响,直接从他们所开创的"阶级斗
争分析方法""对英国工人阶级文化的关注""自下而上地书写历史"中受
益。③汤普森在这篇文章中从"作为意识形态的斯大林主义""'正统之病'"
"什么是'错误'""道德问题""藐视人民""理论问题""赫鲁晓夫时代""人与
物之争"等维度全面反思了苏联式的社会主义存在的问题,尤其是赫鲁晓夫
的《秘密报告》和"苏联入侵匈牙利"等事件对英国整个新左派乃至整个英国
共产党群体产生了极大的影响。正是基于这种"惊愕"的历史事件和语境,汤
普森着力阐释了他对苏联式社会主义的批判,对"社会主义人道主义"的理论
建构,这就是他思考英国现实问题的出发点,也是思考英国社会主义走向的
"政治宣言"。

----

　　①　The Philistines 除了译成"非利士人"外,也有译为"门外汉",在汤普森的文章中,该术语
专指新左派成员和对社会主义和共产主义有信仰的那些市民。

　　②　张亮、熊婴编:《伦理、文化与社会主义:英国新左派早期思想读本》,江苏人民出版社
2013年版,第5页。

　　③　H.Kaye,*The British Marxist Historians:an Introductory Analysis*,Cambridge:Polity,1984.

汤普森在文章的开篇就提出了发人深省的问题,"我们大不列颠是 20 世纪欧洲为数极少的几块未被国内或国际战争染指过的领地之一,也因此得以幸免于东西方所有参战国家都曾遭受的那些后果:毒气室、'内奸'政权、党派运动、恐怖与反恐怖。我们很容易变得封闭、狭隘,因此,我们必须好好回想一下我们时代的一些重大事实,以便可以着手讨论社会主义的未来。"①这是思考问题的语境,在 20 世纪上半叶的 50 年时间里,英国不是战争的重灾区,思想相对保守、还沉浸在大英帝国的荣光之中,英国共产党自 1920 年成立以来,也才经历了短短不到 30 年的发展历程。他们长期把苏联式的社会主义奉为"圣旨",即便是第二次世界大战后,这种局面也没有得到根本的改观。所以,在那个时代,英国社会主义的未来在很大程度上受到英国社会主义者对新社会的理解与感受。这种新社会直指苏联式的社会主义。汤普森正是站在历史的机遇中,首先反思了苏联式的社会主义的问题,特别是斯大林式的社会主义的问题。他直截了当地进入主题,直指"斯大林的意识形态"问题。

在汤普森看来,"斯大林主义的一个主要谬误"是"试图从经济原因中直接推导出对所有政治现象的分析,以及藐视人的观念,道德态度在历史形成过程中所发挥的作用"②。"斯大林主义"在本质上讲是"一种意识形态。也就是说,是一种源于对现实之片面的、宗派性的认识的虚假意识形态,在一定程度上,它用马克思主义意义上的唯心主义思维方式建立了一种虚假的或部分虚假的观念体系。"③从本质上考察,汤普森的社会主义人道主义所表达的是"对斯大林主义的道德和政治拒绝"④。而事实上,认识"斯大林主义"不能脱离苏联式的社会主义的历史现实,它根植于俄国当时相对落后的社会发展现

---

① 张亮、熊婴编:《伦理、文化与社会主义:英国新左派早期思想读本》,江苏人民出版社 2013 年版,第 3 页。

② E.P.Thompson, "Socialist humanism", in *New Reasoner* 1, Summer 1957, p. 108.

③ 张亮、熊婴编:《伦理、文化与社会主义:英国新左派早期思想读本》,江苏人民出版社 2013 年版,第 5 页。

④ 张亮编:《英国新左派思想家》,江苏人民出版社 2010 年版,第 14—15 页。

状,是马克思主义在苏联当时国内外的条件下与集权主义官僚体制勾连在一起,而退化并演变而来的一种"政府官僚的革命精英的意识形态"。

在这种特定的历史条件下,汤普森认为,"斯大林主义"的意识形态具有三大特征:反智主义(anti-intellectualism)、道德虚无主义(moralnihilism)以及否定人类的历史主体作用。反智主义深深地扎根于所有的工人阶级运动中,表现为三个方面:首先是它产生于对政党或组织的忠诚;其次是它产生于革命者对占统治地位的统治阶级思想的敌意,以及对那些与统治阶级分享同样的特权和看法并为统治阶级炮制思想的知识分子的敌意;再次是它产生于在任何社会主义革命中集体主义价值观和个人主义价值观之间都存在一种张力。① 这种张力表现出集体主义价值观和个人主义价值观之间的矛盾和冲突。同时,经济基础与上层建筑之间"决定"与"被决定"的僵硬的、静态的、僵化的关系是产生道德虚无主义和抹杀人类的历史主体地位的缘由所在。

由此看来,这三大特征揭示出斯大林主义对历史唯物主义中有关经济基础与上层建筑之间"决定"与"被决定"的教条主义的本质性问题。这与马克思主义理想体系中有关"历史唯物主义"的基本原理完全背道而驰。汤普森看到了斯大林主义的本质,并由此批判斯大林主义对"历史唯物主义"机械式的或教条化的阐释,这极具危害性。

汤普森基于自身对英国社会的认知,他认识到历史唯物主义理论中"社会存在与社会意识"之间、"经济基础与上层建筑"之间的互动关系等是区别于"斯大林主义"意识形态的本质所在。社会存在与社会意识之间互动的关系只有通过人的主体性才能实现,它们之间的关系不是机械的、教条的决定与被决定的简单关系,这样一来,人的主体能动性才能在社会实践中得到展示。人的主体能动性最核心的表征就是人心智中拥有的"文化","文化"背后隐藏着深刻的"意义",在人实现主体的过程中,"文化"就成为了"社会存在与社会

———————

① 参见张亮、熊婴编:《伦理、文化与社会主义:英国新左派早期思想读本》,江苏人民出版社 2013 年版,第 9 页。

意识有机结合的综合体"①。而"经济基础与上层建筑"之间的关系也不是僵化的,教条式的一成不变的关系,也不是可以截然分开的关系。经典的马克思主义者在分析社会存在与社会意识的关系时,他们打上了建构一种虚假的模型:"作为'基础'的社会关系(生产关系),和矗立其上并对其产生反作用的由各种思想、制度等组成的'上层建筑'。事实上,这种'基础'和'上层建筑'从未存在过,它只是帮我们理解实际存在的事物——行动、经历、思考、再行动的人——的隐喻。"②汤普森对"社会存在决定社会意识""经济基础决定上层建筑"给予了有力的批判式回应,这种认识是正确的。因为,在马克思历史唯物主义看来,社会存在与社会意识之间是互动的、辩证的、有机的关系,同时经济基础与上层建筑之间也是一种互动的、辩证的关系。在复杂的现实语境中,经济基础并非总是凌驾于上层建筑之上的,或总是单方面、无条件地决定上层建筑。在实践中,在特定的历史语境中上层建筑同样也可以、也能发挥其决定性的作用,而上层建筑中的人以及人心智中的"文化"同样具有其主体地位或发挥主导性作用。这样一来,经济基础和文化等上层建筑之间的关系就变得越来越复杂,相互作用的影响也就越来越大。

汤普森批判性地阐释斯大林主义以及从斯大林主义本质中透视出马克思主义思想中有关历史唯物主义的正确和合理性解释,其目的是为了能在当时英国的语境中,借国内外各种"大事件",认清形势,为英国新左派运动制定符合英国本土特色的社会主义革命的"文化宣言",那就是"社会主义人道主义",这是一种非常具有英国特色的"道德标准",也是一种政治哲学,"它结合了自由传统对个人的关注以及社会主义社会的平等主义目标"③,这种认识强

① 刘炎:《斯大林主义、历史唯物主义与道德——汤普森的"社会主义的人道主义"及其当代评价》,《山东社会科学》2013 年第 6 期,第 34 页。
② 张亮、熊婴编:《伦理、文化与社会主义:英国新左派早期思想读本》,江苏人民出版社2013 年版,第 13 页。
③ Dennis Dworkin. *Cultural Marxism in Postwar Britain:History,the New Left,and the Origins of Cultural Studies*,Durham and London:Duke University Press,1997.p.52.

调了"社会主义人道主义"对人本真的回归,从抽象的、学院式的公式化表达到现实生活中活生生的人。由此,人在社会历史的发展中被赋予了主动性、自主性和创造性的特征。在汤普森看来,社会主义人道主义的内涵是,"说它是人道主义的,是因为它再一次将现实的男人和女人,而不是那些对斯大林主义来说弥足珍贵和广为传颂的抽象概念(党、马克思主义—列宁主义—斯大林主义、两大阵营,工人阶级先锋队)置于社会主义理论和抱负的中心位置。说它是社会主义的,是因为它重申了共产主义的革命前途和革命潜力中的信念——这不仅仅是人类或者无产阶级专政的信念,而且是现实的男人、女人的信念。"①

　　这种"社会主义人道主义"观念不是简单地把"社会主义"与"人道主义"拼凑在一起,而是通过男人和女人这种现实生活中的认知主体把社会主义与人道主义有机地结合在一起,男人和女人在实现社会主义的理论、价值和抱负中充当了主人翁的角色,同时,只有现实社会中活生生的主体才能实现社会主义、共产主义的革命前途,才能把握住社会主义的发展方向。另外,也只有现实社会中的男人和女人才能推动社会变革,特别是在非暴力的情况下用社会主义的道德观去取代资本主义的"虚伪性"。与"斯大林主义"意识形态中有关人是"生产工具"的附加物这种认识相比,在"社会主义人道主义"思想中,人处于劳动的核心地位,而不是抽象的概念,这样一来,人的主体地位就充分地得到了展示,它的历史主人翁地位和作用也就得到了凸显。

　　与此同时,社会主义人道主义之所以能够战胜斯大林主义的意识形态,其缘由主要在于斯大林主义中的"经济主义",它试图从经济和阶级结构的视角去诠释苏联式的社会主义和英国式的资本主义,而社会主义人道主义却凸显出这两种社会制度背后蕴涵的社会政治、道德准则、艺术、文化等理论问题。

---

① 张亮、熊婴编:《伦理、文化与社会主义:英国新左派早期思想读本》,江苏人民出版社2013年版,第8页。

"与这种简单地决定论相比,汤普森确立了人类能动性(human agency)在历史中的中心作用。"①在新左派的初期岁月中,汤普森就以他对历史唯物主义的认识,清楚地反思了人类在创造历史和改造社会中的"主体地位",从而实现了"人类在历史发展过程中把自身从物的奴役、驱逐性的奴役或'经济必然性'的奴役中解放出来"②。这样才能实现人存在的心智和道德的完美结合,才能有效地批判资本主义把人的劳动看成是商品,以及通过商品的生产和分配去满足他们"需要"的认识,以及批判斯大林主义将劳动看成满足经济—肉体需要的经济—肉体行为的这种认识。

值得一提的是,汤普森在新左派的初期岁月就已经对伯明翰学派的奠基人之一霍加特的作品中的观念产生了共鸣。汤普森与霍加特都对从美国输入的商业大众媒介文化产生了失落的情绪,甚至有抵触的心理。他们都希望制止这种精神污染,"这些污染在社会中四处蔓延,恰如河水裹挟着19世纪工业城市的污水和废物四处流淌一样"③。这种比喻深刻地反思了遭到美国文化浸染的英国工人阶级文化,它们已经变得越来越带有资本主义文化的"腐蚀性"和"虚伪性",这也深刻地表现出汤普森他们对实现社会主义主体的"工人阶级"文化的担忧。

汤普森的《社会主义人道主义》一经刊出,就引发了左派强力的关注,有表示反对的,如左翼社会民主主义者哈里·汉森(Harry Hanson)1957年秋在《新理性者》第2期上发表了《致爱德华·汤普森的公开信》④一文,全面否定了"社会主义人道主义"的合理性和现实性,他认为,汤普森的观点"以一种掺

---

① Dennis Dworkin.*Cultural Marxism in Postwar Britain:History,the New Left,and the Origins of Cultural Studies*,Durham and London:Duke University Press,1997.p.52.

② 张亮、熊婴编:《伦理、文化与社会主义:英国新左派早期思想读本》,江苏人民出版社2013年版,第48页。

③ 张亮、熊婴编:《伦理、文化与社会主义:英国新左派早期思想读本》,江苏人民出版社2013年版,第47页。

④ Harry Hanson,"An Open Letter to Edward Thompson",in *New Reasoner* 2(Autumn 1957),pp.79-92.

水的基督教酱汁来调你的马克思主义,而没有认识到你正在做一道非常奇怪的菜"①。有表示怀疑的,如第二代新左派查尔斯·泰勒在同期上发表的《马克思主义与人道主义》②一文,对汤普森的"社会主义人道主义"理论提出了质疑,怀疑"社会主义人道主义"的科学性;并质疑社会主义人道主义和马克思主义共产主义的兼容性,并强调指出,社会主义人道主义"最多是一种不完整的人道主义"③。不过,赞成的和支持的占了绝大多数,最重要的支持者是麦金太尔,他1958年冬和1959年春在《新理性者》刊物上连续发表了两篇文章④——《从道德荒原观察 I》和《从道德荒原观察 II》,充分肯定和支持了汤普森"社会主义人道主义"对改造社会,推进社会主义复兴的积极意义和价值。

汤普森在新左派的发展初期,就以实际行动积极思索英国社会主义的未来和出路,这是他对国际共产主义失去幻想之后的现实之举,也是符合英国特定的社会结构的。他站在历史的最前沿,站在历史的制高点,他把苏联式社会主义、马克思主义以及英国本土的马克思主义充分结合在一起,带着对英国共产党的失望,他看到了斯大林主义的不足,看清了斯大林主义意识形态对人类历史主体性的抵制,批判了"经济基础与上层建筑"的机械关系,把人类主体性放置在推动历史进步的"中心位置",同时把上层建筑中的"文化"和"意识形态"从经济基础中彻底解放出来,期待以非暴力的手段从"文化霸权"中去赢得社会主义的胜利。

汤普森的"社会主义人道主义"把马克思主义历史唯物主义合理地运用

---

① Harry Hanson, "An Open Letter to Edward Thompson", in *New Reasoner* 2 (Autumn 1957), p. 92.

② Charles Taylor, "Marxism and Humanism", in *New Reasoner* 2, (Autumn 1957), pp. 92-98.

③ Charles Taylor, "Marxism and Humanism", in *New Reasoner* 2, (Autumn 1957), p. 98.

④ Alasdair Maclntyre, "From the Moral Wilderness I", in *New Reasoner* 7, (Winter 1958-1959), pp. 90-100; Alasdair Maclntyre, "From the Moral Wilderness II", in *New Reasoner* 8, (Spring 1959), pp. 89-97.

到英国的现实语境中,从英国革命的具体实际出发,看到了英国人民主体的合法性,认识到工人阶级在历史发展中和社会变革中的主体性、自主性和能动性,这是极为重要的时刻。汤普森看清了以英国工人阶级为主体的劳动人民在建构社会主义复兴过程中的"潜力"。他认识到英国工人阶级完全有能力、有机会采取合法的斗争形式,通过对社会的改造,以满足人民的利益为驱动,去掌控英国的国家机器,从而和平地实现社会主义。他把社会主义的宏伟大业与工人阶级的"人道主义"的道德准则融为一体,既凸显了人民的历史创造性,又凸显了工人阶级用马克思主义历史唯物主义指导他们去推动社会前行的可行性。这是"文化马克思主义"对英国社会变革中所产生的影响,是伯明翰学派在史前期对英国社会现实最具体的实践,也是最具代表性的理论。尽管汤普森理论中的"文化马克思主义"思想还没有得到全面的表征,但是我们能隐约地感知到他在破除"经济决定论",凸显上层建筑中的"文化"和"意识形态"等方面所付出的心力。

随着新左派运动的发展,《新理性者》与《大学与左派评论》刊物于 1959 年年底合并成《新左派评论》,汤普森一如既往地关心马克思主义的发展、关心英国社会主义如何才能最终夺取政治的问题,实现工人阶级当家做主,实现人民的幸福。他于 1960 年 5—6 月和 11—12 月在《新左派评论》刊物第 3 期和第 6 期上分别刊发了《革命》(Revolution)和《再次革命》(Revolution Again)两篇文章,这是新左派为实现社会主义的革命理论性的导言。汤普森的革命理论不同于进化的和渐进式的理论或者说是正统的马克思主义的模式或者是剧变的模式,汤普森认为"渐进主义传统指,当国家对经济的控制比个人所有要多时,资本主义即将结束,社会主义即将出现"①,这种认识是狭隘的经济前提论,是经济决定论在英国社会结构中的具体表现。而另外一种是剧变的模式,这种模式更多受列宁主义、斯大林主义的影响,主张在资本主义或帝国主

---

① Dennis Dworkin.*Cultural Marxism in Postwar Britain*:*History*,*the New Left*,*and the Origins of Cultural Studies*,Durham and London:Duke University Press,1997.p.52.

义薄弱的环节用革命和武力的手段,推翻政权,去赢得社会主义的胜利。

　　同时,汤普森也认识到,在像英美等这样发达的资本主义国家,有成熟的民主政治,是可以通过和平手段去实现社会主义的。汤普森对社会主义的渴求,对英国社会的政治变革的愿望是美好的,但是事实是,第二次世界大战后,特别是进入 20 世纪 50 年代以后,英国消费资本主义取得了长足的进步,而英国是否处于社会主义变革的边缘,或是否到了革命的成熟期等,这些都值得深思。汤普森对社会变革理论的认识是建立在这种虚假的或错误判断的基础上的,那就是"发达资本主义社会的机构是不稳定的,他严重低估了再生产统治意识形态机制的能力——如像媒体——从而将对抗性力量专用化(appropriate)和中立化(neutralize)了,他没有考虑资本主义国家的霸权和压制性力量。"①这种思想反映了新左派运动最致命的弱点,那就是它顶多被看成是一种"社会运动、思想运动和文化运动",没有形成一套完整的国家理论体系,没有具体的施政方略。不过,从历史的进步意义上讲,尽管汤普森错误地估计了英国当时正处在革命的边缘,但是从对英国社会变革和政治斗争的贡献上讲,这是一个重大的理论突破,"它或许代表了成熟的(developed)文化马克思主义的第一个实际(tangible)证据,汤普森不知不觉地宣扬了葛兰西所谓的'阵地战'(a war of position),并且勾画了挑战资产阶级霸权的'民族—大众'(national-popular)政治"②。这是葛兰西影响汤普森的时刻,也反映出汤普森接纳外来理论开阔的视野和宽容的心境,这也

---

　　①　Dennis Dworkin.*Cultural Marxism in Postwar Britain：History，the New Left，and the Origins of Cultural Studies*，Durham and London：Duke University Press，1997.p.72.

　　②　Dennis Dworkin.*Cultural Marxism in Postwar Britain：History，the New Left，and the Origins of Cultural Studies*，Durham and London：Duke University Press，1997.p.72.尽管汤普森在这一点上对葛兰西有所理解,但是直到 20 世纪 70 年代,葛兰西的霸权理论才真正地对汤普森产生影响。因为汤普森于 1965 年在《英国人的特性》(*The Peculiarities of the English*)中外行地批判了佩里·安德森(Perry Anderson)对葛兰西的解释。总之,汤普森与安德森之间的辩论持续发生在 20 世纪 60 年代到 70 年代末,他们主要围绕英国本土资源和欧陆理论资源等主题发展辩论,这可以看成是汤普森对欧陆理论在某种程度上抵制的、不欢迎的状态。参见 E.P.Thompson，*The Poverty of Theory and Other Essays*，London：Merlin Press，1978.pp. 72-74。

表征出英国马克思主义文化批评思想萌芽时期汤普森思想中蕴涵的文化马克思主义理论。

第四节 "无阶级的意识"文化政治

在新左派文化政治的理论建构中,《大学与左派评论》的第一任主编霍尔直面英国现实问题,也提出了非常独到的见解,他于1958年秋在该刊物第5期上发表了《无阶级的意识》(A Sense of Classlessness)①,这篇文章是霍尔从事学术研究的处女作。当时的他从牛津大学毕业不久,刚刚步入社会,但是就文章所反映出来的思想和理论而言,它已经显示出了霍尔对英国现实社会的直接关切,凸显出他对马克思主义理论中"经济基础与上层建筑"关系的关注,也表现出他对葛兰西"文化霸权"理论的青睐。

在《无阶级的意识》一文中,霍尔传承了汤普森为代表的新左派文化理论家所持有的一贯立场,那就是"社会主义人道主义"道德立场。如霍尔在《无阶级的意识》文章末的注释部分给出了明确的答案,"十分清楚地是,在'我们创造的生活方式'与'我们看待我们自己的方式'之间存在着这样一些有机的关联——而且,如果没有这种理解框架,我们可以得出一系列光辉的社会主义规划,但是却得不出任何种类的社会主义人道主义。"②与此同时,霍尔于1960年在《新左派评论》第一期写了一篇评论性的文章,阐释了他对社会主义的看法,"我们确信,从狭义上讲,政治问题是英国社会主义衰落的主要缘由,原因之一是来自白人青年对社会主义的不满,社会主义人道主义理论——才

---

① Stuart Hall, "A Sense of Classlessness", in *Universities and Left Review* 5, (Autumn 1958), pp. 26-33.也参见张亮、熊婴编:《伦理、文化与社会主义:英国新左派早期思想读本》,江苏人民出版社2013年版,第153—171页。

② 张亮、熊婴编:《伦理、文化与社会主义:英国新左派早期思想读本》,江苏人民出版社2013年版,第169页。

真正是大众社会主义运动的基石——必须从文化、社会、甚至经济和政治上去培养"①。从这种意义上讲,新左派文化政治的思想是一个整体性一致的理论体系,反映出他们在批判现实资本主义社会中对实现社会主义的期待,以及在实现社会主义过程中所拥有的理论支撑和指导。该文章一经刊出,就引发了霍尔与第一代新左派的简短激烈的争论,提出了社会主义的一些基本问题,如阶级、意识、政治、文化等,需要对新左派政治规划与社会主义理论遗产进行重新界定和评价,包括霍尔在内的第二代新左派试图在现实社会和文化生活中去找寻实现社会主义的出路,不能只是以工党和共产党所思考的传统社会主义政治内涵去界定"社会主义"政治,这种认识"使霍尔以更具批判性的观点审视马克思主义"②。霍尔也曾指出,马克思著作的本身"就是一种分析概念的总体,而不是封闭的理论体系"。③

霍尔的这篇文章是在新左派运动开展得如火如荼的关键时刻写成的一篇重要文章。这篇文章关注的主要对象是第二次世界大战以来英国城市工人阶级在消费资本主义语境下面临的各种现实生存状况,揭示出工人阶级群体思想变迁的主要规律,着力从阶级的"身份价值"和"社会价值"去剖析工人阶级"无阶级的意识",在理论和实践维度上反映出消费资本主义社会中的"虚假意识"和"伪命题",其理论认知立足于"试图使用基础和上层建筑的相互渗透作为一个分析框架来讨论当代资本主义的一些趋势"④。霍尔承认,这篇文章的缘起受到霍加特《识字的用途》中所阐发的内容启发。而霍加特在著作中认为,传统的工人阶级生活方式正在受到以美国为主的"大众文化"的不断威胁。

---

① Stuart Hall, "Introduction", in *New Left Review* 1, (January-February 1960), p. 1.

② [英]迈克尔·肯尼:《第一代英国新左派》,李永新、陈剑译,江苏人民出版社 2010 年版,第 66 页。

③ Stuart Hall, "A Sense of Classlessness", in *Universities and Left Review* 5, 1958. p. 32. note 3.

④ 张亮、熊婴编:《伦理、文化与社会主义:英国新左派早期思想读本》,江苏人民出版社 2013 年版,第 169 页。

霍加特著作中的观点在《大学与左派评论》圈中引起了广泛的讨论,威廉斯对此也提出了他自己的看法,他对霍加特的观点表示了同情,但也给予了具有说服力的批判。威廉斯认为,"霍加特把工人阶级生活方式理想化了,并且高估了生活水平的提高和消费文化对这种生活方式的威胁。"①在威廉斯看来,"这些变化是在个人物品使用方面的变化,在任何真正意义上,它们都与成为'资产阶级'没有任何关系。"②霍尔对霍加特在著作中的观点和威廉斯所认为的保持一致。在英国当时整个大的背景下,英国工党支持者的大幅下降、新城镇的不断涌现、资本主义消费文化的不断扩张、人民生活的不断富足、大众消费时代的不断崛起、经济的迅猛发展等问题引起了霍尔等第二代左派学者的强力关注,他们开始不断地思考社会主义在这些浪潮中是否有所作为,社会主义的前途在哪里等深层次问题。与工党所力推的"中央集权主义"的社会主义相比,霍尔他们所主张的是"平民主义"的社会主义,这种社会主义要更多立足于富于变化的当代政治生活的现实,如《新左派评论》的创刊号所提出的:"社会主义的任务就是想人民之所想,关心他们的感受、痛苦、需要、沮丧和厌恶——提出一些不满,并且同时使社会主义运动对我们的……生存方式拥有直接感受。"③

《无阶级的意识》在结构框架上是一个严密的整体,从霍尔所观察到的英国现实社会的真实语境入手,从阶级意识、新的因素、消费习惯、身份价值、向上流动的阶梯、一系列生活风格以及战后繁荣、低等生活与高等理论、意识和重工业基础等方面深刻剖析消费主义对工人阶级的阶级身份的冲击,去探究马克思主义理论对英国现实问题的分析,去批判经典马克思主义理论中基础与上层建筑之间关系的机械建构,为"文化""大众文化",特别是"工人阶级文

---

① 张亮编:《英国新左派思想家》,江苏人民出版社 2010 年版,第 17 页。

② Raymond Williams, "Working-class Culture", in *Universities and Left Review* 2, Summer 1957, p. 30.

③ Editorial, in *New Left Review* 1, (January February 1960).p. 2.

化"对实现本群体价值和社会主义价值的重要作用和意义。

霍尔在文章的开篇就指出,"显然,英国的社会生活模式发生了一个极大的转变。这种转变有多深,究竟会不会改变我们原来的'阶级'概念现在还不能定论。"①霍尔在这里凸显的"我们"主要是指"英国工人阶级群体",而"工人阶级"本身拥有的阶级属性和特质是具体的,在面临英国战后不断繁荣和工人阶级不断"富足"的情况下,英国工人阶级此刻不仅仅是袖手旁观者,也不仅仅是见证者,还是亲历者和参与者。他们新的消费观念、新的消费习惯正在形成,他们的物质财富得到了极大的提升。在这种情况下,他们可以拥有一辆小汽车、家政服务、室内装修、房地产开发导致的新城镇的出现、分期付款、家具产品、电视等都不断地刺激和催生了工人阶级在消费行为中的"自觉与不自觉"。这些至关重要的变化还发生在工业劳动的节奏和性质上,它特别发生在重工业和采矿业,在这些领域存在着技术创新,工业劳动的模式在从事相应的工作中发生了巨大的变化。

这些新的消费模式和行为的变化与英国传统的"工人阶级"生活方式发生了巨大的冲突,这种认识在霍加特《识字的用途》中表现得淋漓尽致,一方面是鼓舞人心、兴奋;另一方面是惆怅、怀旧,它们在消费主义的浪潮中交织在一起,构织出一个生动但让人迷茫的情绪。这是霍尔思考问题的起点,也是问题的本质症结所在,在面临新的消费习惯的冲击时,工人阶级旧的生活模式和消费行为到底何去何从,工人阶级在面临新的形势和任务的情况下,他们如何能改变英国社会的结构属性,如何能实现社会主义,这是霍尔他们新左派的知识分子所思考的核心问题。

在这种新的消费习惯的指引下,工人阶级物质财富完全融入英国消费资本主义的各个方面,它正在改变着工人阶级与雇佣者阶级之间最重要的关系。事实上在这种关系网络中,工人阶级依然是消费的被动者,在整个产生和消费

---

① 张亮、熊婴编:《伦理、文化与社会主义:英国新左派早期思想读本》,江苏人民出版社2013年版,第153页。

关系中没有,也不可能充当主人翁的角色,这种现实处境在霍尔那里得到了深刻的阐释:"工人知道他自己更多地是消费者而不是生产者,价格现在视乎成为比工资更简洁的剥削形式,这是资本主义把一个阶级整个地同化于自身之内的功能,结果,工人阶级现在似乎比以前享有更高的消费水平,破坏生产体系似乎会使作为消费者的工人阶级勃然大怒。"①

由此可见,工人阶级不是命运的主宰者,只是命运的顺从者,在整个消费体系中,"工人阶级只会是为他的作为物的人,但是他们永远不能成为自为的人"②。这是霍尔对现实中的工人阶级的"阶级属性"最本质的把握,反映出消费资本主义的社会中,工人阶级的身份出现的"中产阶级化"只是一种"虚假意识",它恰好为主导社会的资产阶级所掌控,在实施统治和支配社会各种阶层中充分利用"文化霸权"的策略去规训广大的工人阶级及其文化。而工人阶级与中产阶级或资产阶级最核心的差异表现在生活方式的观念上,除了体现在各式各样的共享习惯以外,还体现在英国工人阶级独特的"工人阶级组织"中,这种工人阶级组织主要是以工会、友好的和合作性的协会而开展工作的。同时,这两大阶级最关键性的差异在于两种的社会观念之间的区别:资产阶级把社会看成是每个人通过自己的奋斗和竞争而努力实现"自我"的舞台;工人阶级则把社会看成一个联合的实体,"在这个实体里,最初是对家庭、然后是对邻里的爱和忠诚事实上就能够直接延伸到作为一个整个的社会关系之中去。这样,集体民主社会的思想即建立在直接经验的基础之上,并且对于其他想认同这种思想的人也是可以获得的。"③

---

① 张亮、熊婴编:《伦理、文化与社会主义:英国新左派早期思想读本》,江苏人民出版社 2013 年版,第 161 页。

② 张亮、熊婴编:《伦理、文化与社会主义:英国新左派早期思想读本》,江苏人民出版社 2013 年版,第 167 页。

③ Raymond Williams, "Working Class Culture," in *Universities and Left Review* 2, Summer 1957. p. 31.也可参见张亮、熊婴编:《伦理、文化与社会主义:英国新左派早期思想读本》,江苏人民出版社 2013 年版,第 336—345 页。

在霍尔看来,英国工人阶级在不断增长的商业和消费主义的趋势中,"无阶级意识"并没有在工人阶级文化中消失,而只是潜藏在深层的社会结构中,无阶级应该被视为是"一种意识形态的意识(sense),不而是一种基本的事实"①。事实上,消费品总量的增长或廉租房并没有把工人阶级转变为资产阶级。如威廉斯在《文化与社会》中所指出的那样,"工人阶级不会通过拥有新产品而成为资产阶级,正像资产阶级不会由于拥有的物的种类发生了变化而不再成为资产阶级一样。"②阶级与阶级之间要发生本质性的转化是极其困难的,从某些形式上看,在某些特殊的环境下,这种因物质富足而产生的"消费行为"已经成为社会嫉妒的一种形式,工人阶级要求并渴望在生活方式上成为或实现"中产阶级"。这是当时英国工人阶级的一种普遍的心态。但是,事实上,工人阶级的文化是在不断抵抗资本主义社会的侵蚀中不断成长起来的。在整个资本主义发展的过程中,工人阶级的"阶级意识"也在不断得以强化,主要表征在一些关键的问题上,如私有财产、资本的积累、对劳动的剥削,包括利润和工资、工人阶级自身与他们在"工作日"的劳动的异化、他们同期所生产的产品的异化等。这些都是工人阶级"阶级意识"形成的主要因素,如霍尔所言,"阶级意识使工业无产阶级成为活跃的自觉的政治运动的基础成为可能。"③这是新左派运动和社会主义复兴得以依赖的主体,他们终究会在通向社会主义的道路上贡献自身的力量。

工人阶级的"阶级意识"在显在的消费市场中隐形地积累了一种固有的"社会价值",它内化为工人阶级的"身份价值",越来越固化为工人阶级区别于其他阶级的"阶级和身份的标志"。尽管消费资本主义价值肆无忌惮地侵蚀工人阶级传统文化价值,工人阶级整体的生活方式正在发生改变,正在分解

①　James Procter, *Stuart Hall*.London:Routledge,2004.p. 86.
②　Raymond Williams, *Culture and Society*:*1780-1950*.London:Chatto & Windus,1958.p. 324.
③　张亮、熊婴编:《伦理、文化与社会主义:英国新左派早期思想读本》,江苏人民出版社2013 年版,第 157 页。

成很多种不同的生活风格(living style),这着实增加了阶级混淆的整体感觉,这些改变特别是对那些依然保留工人阶级文化价值取向的"奖学金男孩"影响深刻,他们"经常自己总结自我改进的正当动机(首先把他带到大学)和自我提供的虚假动机('上流社会')之间的区别,这是因为,文化、教育和学问像我们社会的其他'商品'一样已经使自身依附于身份象征的等级制中的一种社会价值。"①对那些"奖学金男孩"来说,他们是消费资本主义社会中受益的主体对象,在很大程度上,他们出身于工人阶级家庭的"文化身份"越来越变得模糊,工人阶级的"阶级意识"也在他们事业成长过程产生了分裂,像威廉斯和霍加特等这些典型的工人阶级知识分子通过上大学改变了他们的人生命运,成功跻身于"社会上层",感觉他们的人生很成功,实现了他们父辈没有实现的人生价值。但是,事实上,刻写在他们内心深处的工人阶级文化的特质永远都不会被抹去,也从未被泯灭。也就是说,尽管现实的英国社会在很多方面都发生了巨大的变化,这些变化甚至一度把工人阶级固有的阶级属性给抹杀掉了。但是,混淆的阶级观念并不意味着阶级本身就不存在了,工人阶级与资产阶级之间的鸿沟就彻底消失了。实际的情况是,一种根深蒂固的、真实的阶级图景依然还隐藏在工人阶级与资产阶级之间,现实表征出来的只不过是一种"伪装"和"虚假意识"罢了。如霍尔借 C.赖特·米尔斯(C.Wright Mills)在《权力精英》中所言:"一方面,它是由大量的互相渗透的精英或者狭隘的寡头统治集团组成的,他们在资本主义体系之内的功能不同,但通过法人私人财产的'相互照顾'而享有共同的'生活风格'、共同的意识形态和共同的经济利益;另一方面,它也由永远受剥削的、永远异化了的消费者'大众'(平等地消费商品和文化)构成。"②

---

① 张亮、熊婴编:《伦理、文化与社会主义:英国新左派早期思想读本》,江苏人民出版社2013年版,第163页。

② 张亮、熊婴编:《伦理、文化与社会主义:英国新左派早期思想读本》,江苏人民出版社2013年版,第165页。

霍尔认真思考英国现实生活"无阶级意识"的各种表征,其背后是想去突显工人阶级固有的"阶级意识"。工人阶级的"阶级意识"最终内化为"工人阶级文化",以及由文化彰显出来的工人阶级"文化的意义"。由此,他通篇使用马克思主义的理论去阐释他要建构的理论,这是一种必然和应有之义。在文章的结束处,霍尔着力指出,像广告、大众传媒等大众文化"它们对于'经济基础'来说不是次要的:它们就是经济基础的一部分"①。霍尔还指出,上层建筑对社会的变革同经济基础对社会的变革一样具有决定性的作用。这种认识在迈克尔·肯尼那里得到了进一步的阐释,"无阶级的意识是战后英国左派所经历的危机的核心构成部分。经典马克思主义所提出的阶级与意识之间的关系似乎越来越不真实。霍尔更多地从文化与意识形态领域解释了这种联系。"②这显示出霍尔与马克思主义决定论和庸俗性的彻底决裂,把工人阶级的"文化"从无声的状态变得有声,从后台推向前台,从幕后走向舞台的中央,显示出"工人阶级文化"的巨大价值,这是霍尔思考和写作这篇文章的主旨之一。

另外,他这样苦口婆心地为"工人阶级文化"呐喊助威,其最终动机和目的是聚焦于"英国现实社会中社会主义的建构和他所信奉的社会主义是什么样的之间的鸿沟"。认清了这种鸿沟,并为之奋斗,社会主义的理想才能在心中扎根,立足于现实和当下,从现实中工人阶级的"无阶级的意识"和工人阶级的"阶级意识"中去找寻答案。

这就是霍尔思考的社会主义,他坚定地把社会主义的希望和实现社会主义的伟业寄托在工人阶级的信念上。为了实现现实的社会主义,霍尔把理论的触角和核心问题放在并不完美的现在,而不是乌托邦式的理想化的未来。

---

① 张亮、熊婴编:《伦理、文化与社会主义:英国新左派早期思想读本》,江苏人民出版社2013年版,第166页。

② [英]迈克尔·肯尼:《第一代英国新左派》,李永新、陈剑译,江苏人民出版社2010年版,第80页。

而现实是,战后的繁荣摧毁了工人阶级的"阶级意识",抹杀了工人阶级的"阶级属性",导致了工人阶级的"中产阶级化"或"资产阶级化"。这只是问题的表象,霍尔正是要揭示出这些表象带给我们的"虚幻性"和"欺骗性"。不然的话,它会遮蔽工人阶级自身阶级的眼睛,遮挡致力于实现社会主义,并为之奋斗的那部分有社会担当的知识分子,甚至会迷惑工党和英国共产党的若干成员。这种境遇非常不利于新左派知识分子,因为他们担负着社会改造的历史使命,这是问题的实质和核心主旨。霍尔期待通过这篇文章让那些致力于社会主义事业的人们看到他们从事的事业是有希望的,而且是可能的,还是可行的。

与此同时,霍尔在文章的标题中就直截了当地指出了"阶级"在社会政治语境中的不可通约性,其实"无阶级"背后隐藏着"有阶级",而且工人阶级与资产阶级之间存在着不可逾越的鸿沟。工人阶级的"大众"一方面与"经济"关系密切,另一方面与"阶级"的关系也密不可分。阶级与阶级之间的矛盾和斗争是不可调和的,这势必提醒着工人阶级,提醒着工人阶级"文化"内涵中蕴涵的"政治意识"。

另外,《无阶级的意识》还有一个最大的亮点,就是霍尔在文章中为了论述他的观点,曾援引了霍加特、汤普森、威廉斯等英国马克思主义文化批评思想家的理论。他们三人的理论持有共同的价值和取向,那就是彰显出工人阶级的"文化"和"大众文化"的积极价值和作用,这从理论和实践上给予了霍尔无形的指导。霍尔在新左派时期深受他们思想理论的影响,以他们三人为榜样,持续关注"大众文化""大众媒介"以及"青年文化"等主题,这表现出霍尔与他们在思想上的一脉相承。

新左派文化政治深深感染着霍尔,也促使霍尔把其所思所想用于对现实社会的批判,这不仅秉承了新左派运动的政治宣言,还体现出新左派文化知识分子在"社会主义人道主义"理论基础的感召下,对实现社会主义理想的各种努力和探索,这对一个来自异乡的霍尔尤其是一种挑战。尽管霍尔在写作这篇文章时才 26 岁,但是他让我们体会到,他的这篇文章对问题分析得如此深刻,对问题思考得如此透彻,特别是对马克思主义理论思考的谙熟程度,这是青年时代的霍尔所表现出来的理论驾驭能力,以及分析问题、解决问题的能力。尽管他本人不承认自己是一位马克思主义理论学家,但是他承认自己总是与马克思主义保持着某种程度上的不可分割的关系,他曾指出:"60 年代的我显然不是马克思主义学家,那时人们按照经典马克思主义观点去分析判断问题,我曾经受到马克思主义的影响并且长期以来对马克思及马克思主义思想家观察经济、政治、社会、意识形态之间内部关系的方法感兴趣……我对文化的兴趣则总是意味着对于马克思主义的某些部分持批判态度,意识形态和文化在经典马克思主义那里从来没有得到合适的解释。因为这部分是我研究的领域,由此我就有可能毕生与马克思主义有一种争论不休的关系。"[1]

尽管霍尔到 20 世纪 60 年代都还不是真正意义上的马克思主义学家,但是他在 50 年代就已经把研究的视角深入到马克思主义思想的内部,他不赞同马克思主义的经典的"二元论"划分法。他与马克思主义的这种若即若离的关系可以让他以旁观者的视角,充分利用马克思主义的理论去审视当时的英国社会现实和社会结构,成就了他"不作保证的马克思主义大家"和英国马克思主义文化批评思想家的美名。他把理论与实践完美地结合在一起,演绎出"文化马克思主义"理论的又一乐章,为新左派文化政治注入了新的活力,为迎接英国文化研究和伯明翰当代文化研究中心的成立在思想认知上做好了准备。这篇文章自然就也就成为英国马克思主义文化批评思想萌芽时期最重要的文献了。

---

[1] Stuart Hall, Jacques Martin, "Cultural Revolution", in *New Statement*, 1997, Volume 126, p. 24.也可参见武桂杰:《霍尔与文化研究》,中央编译出版社 2009 年版,第 54 页。

第二章　文化批评思想建构时期的
文化马克思主义

第一节　文化与无政府状态①

　　发端于 20 世纪的英国新左派文化运动和文化政治给英国文化研究的崛起提供了一种思考和阐释的路径。它源于对苏联式社会主义和传统马克思主义的强烈批判,这是英国文化研究和伯明翰学派"文化马克思主义"勃兴的政治及学理土壤。同时,在英国本土的学术源流中,从 19 世纪以来就涌动着一股非常强大的学术认知,那就是以马修・阿诺德、F.R.利维斯和 Q.D.利维斯等为主要代表的英国精英文学和文化的守护者,"他们以文化的健康为旨归,坚决捍卫高雅/精英文学、批评与抵制低俗/大众文学,不但鼓励并推动了基于文化批评的文学批评,而且更重要的是,孕育了'几乎等同于我们的整个日常生活'的文化观念,从这个意义上讲,阿诺德与 F.R.利维斯等人可谓作为一门学科的文化研究的智识先驱。"②他们所主张的"文化与文明"传统对英国文

---

① 参见伏珊、邹威华:《马修・阿诺德与"文化与无政府状态"理论》,《电子科技大学学报》(社科版)2014 年第 5 期,第 95—98 页。
② 徐德林:《重返伯明翰:英国文化研究的系谱学考察》,北京大学出版社 2014 年版,第 86 页。

化研究的出现,特别是伯明翰学派"文化马克思主义"的"文化主义"范式的出现奠定了重要的思想基础。为此,思考他们的思想认知对我们理解和阐释"文化马克思主义"在伯明翰学派中的建构就成为应有之义,而阿诺德的思想是"文化与文明"传统表征的发端,研究阿诺德的思想就成为了思考"文化与无政府状态"理论的重要参照。

马修·阿诺德(Matthew Arnold,1822—1888)是英国维多利亚时代著名的诗人、文学评论家、英国文化研究的先驱。阿诺德出身的时代正是工业革命在英国迅猛发展的关键时期,阿诺德以超越常人的智慧看到了他所处时代的种种社会现实,于 1869 年完成了影响 19 世纪下半叶以来英国文学与文化发展的著作《文化与无政府状态:论政治与社会批判》(*Culture and Anarchy:An Essay in Political and Social Criticism*)。从作品的名称可以看出这不是一本纯粹的文学作品,而是一本文学批评著作,它深刻剖析英国社会当时的政治和社会问题和现实。他这本著作由"美好与光明""随心所欲,各行其是""野蛮人、非利士人和群氓""希伯来精神和希腊精神""但是不可少的只有一件""自由党的实干家"等主题内容构成。他深刻分析 19 世纪 60 年代英国社会的具体问题,涉及到了当时报刊杂志的报道和评论、宗教问题。阿诺德生活的那个时代正是工业革命和产业革命深入人心的阶段,此时的英国劳工阶级作为一种新的政治力量和文化理论在英国社会崛起,并不断地影响着英国社会的文化品位和文化鉴赏,这些对他写作本著作产生了巨大的影响:"它是一个国家的生产能力比世界上其他国家的总合还要多得多的国家,它成为全世界的加工厂,它庞大的远洋船队把数不尽的工业品运往世界各地,再把原材料运回国,加工成工业品,然后再运出去。1851 年,英国在伦敦市中心举办世界博览会……博览会向全世界宣告英国已进入工业时代,英国是世界上第一个工业国家,也是最强的国家。"[1]事实上,阐释《文化与无政府状态》的内涵必

---

[1]　钱乘旦等:《英国通史》,上海社会科学院出版社 2007 年版,第 221 页。

须要参照阿诺德一生中所撰写的其他著述,包括"向调查委员会提交的报告、会议记录、证据以及探讨教育问题的论文等等。"①具体地讲,英国工人运动对英国国会施加压力,通过了新的选举改革法,把选民的范围扩大到了英国工人阶级当中,这是工人运动的胜利,也是大众文化的胜利。阿诺德在《文化与无政府状态》一书中关注的核心主题是"文化问题"。《文化与无政府状态》中的"文化"是英国正统阶级和英国上流社会所信奉的文化,指"古希腊文化"和"希伯来文化",也就是拉丁文和希腊文的古典文化。与"希腊罗马文明相比,整个现代文明在很大的程度上是机器文明,是外部文明,而且这种趋势还在愈演愈烈。"②这种机器文明下的"机械崇拜"或"工具崇拜"是阿诺德生活的那个时代对英国传统价值构成的最大冲击。"无政府状态"包含的内容更为广泛,指非利士人和群氓等群体,他们所代表的文化是一种新兴的文化,为大多数人所分享的大众文化。它代表着"现代社会"和"民主"。在阿诺德生活的时代,英国统治阶级视他们为那个时代因工业化和城市化而敌对的对象,不断地加以批判和鞭策。这种变化随之而来的是,统治阶级难以掌控被统治阶级的文化,统治阶级开始失去绝对的领导权和权威。由此文化问题就成了统治阶级特别关注的现实问题,这也是阿诺德思考问题的真正动机和目的,从本质上讲,阿诺德的思想代表的是一种保守的英国传统的高雅文化,他思考问题的主要目的是如何在现实的英国社会中与无政府状态的下的非利士人和群氓等群体与统治阶级争夺"文化霸权"的问题,并有效地实现对英国社会的统治。在面对工业文明和机器文明和拜金主义对英国社会形成巨大冲击的情形下,阿诺德主张用文学、艺术和诗歌去替代宗教,引领社会各阶层去探究和追寻甜美和光明,以达到让有智慧的知识分子去支配整个社会的目的。

《文化与无政府状态》一书最大的亮点就是阿诺德对"文化"的界定。在他

---

① [英]雷蒙德·威廉斯:《文化与社会:1780—1950》,高晓玲译,吉林出版集团有限责任公司 2011 年版,第 131 页。

② [英]马修·阿诺德:《文化与无政府状态》,韩敏中译,三联书店 2002 年版,第 11 页。

看来,文化是"世界上最好的思想和言论"、是"对完美的研究"(a study of perfec-tion)、是"光明"、是"甜美",它是上帝的智慧和意志的广为传播。文化追求完美,就是追求美好和光明,那"为着美好与光明而奋斗的人,他做的事是让天道与神的意旨通行天下"①。同时,"真正的优雅和宁静属于古希腊和希腊艺术,从中能感到值得钦羡的完美理想,那种宁静来自有序的、达成了得和谐的思想。"②与此同时,阿诺德思考的"文化"背后所支撑的力量是希腊精神和希伯来精神,这两种精神都有着共同的终极目标,那就是"人类的完美或救赎",这是人类最高的审美追求和价值取向。这是神圣的、严肃的、充当着上帝的旨意。总括而言,阿诺德的文化观表征在"认知什么是最美好的能力;美好事物;心灵和精神上对美好的运用;对美好事物的追求"③。阿诺德的"文化"观并不是非常严谨的学术界定,更多的是充满了"一位诗人的浪漫色彩:文化是温文尔雅;文化是所思所言之精华;文化是彻底的无私;文化是对完美的研究;文化对人心是内在的,对整个社会是普遍的;文化是所有让人性产生美和价值的力量之和谐。"④

阿诺德在思考英国传统文化与现代文明之间的关联时,他把英国整个社会的人群划分为野蛮人、非利士人和群氓,或者称为贵族阶级、中产阶级和劳工阶级或人民大众。这三种人各自有不同的性格特征。贵族的突出特征是优雅的气质。这种气质最完美的表征为骑士风度,过度的表征为桀骜不驯,其缺陷表征为不够勇武高尚、过分的怯懦,逆来顺受。非利士人则表征为成就伟大业绩的力量,以及他们看待自身和成就时所沉浸在其中的自立精神,而缺陷表征为能力低下,无法战胜成就伟业的使命,可怜兮兮,缺乏自我满足感。而劳工阶级最大的特征是对社会生活的世俗化和大众化,其缺陷是缺乏最鲜明的

---

①　[英]马修·阿诺德:《文化与无政府状态》,韩敏中译,三联书店 2002 年版,第 30 页。

②　[英]马修·阿诺德:《文化与无政府状态》,韩敏中译,三联书店 2002 年版,第 52 页。

③　[英]约翰·斯道雷:《文化理论与通俗文化导论》,杨竹山等译,南京大学出版社 2002 年版,第 32 页。

④　萧俊明:《文化转向的由来》,社会科学文献出版社 2004 年版,第 106 页。

同情心、最迅速的行动力。① 在此基础上,阿诺德进一步指出,贵族阶级是统治阶级的守护神,是坚定的"高雅文化"的象征,代表着统治阶级的思想和意志。享有政治和阶级的特权,在文化上处于领导地位。阿诺德深深地维护着英国传统的贵族文化和价值。他是贵族的代表和化身,"与资产阶级争夺文化领导权,这才是阿诺德考虑的核心问题。这就使阿诺德成了一个意识形态家。"② 而"非利士意味着僵硬而乖巧地对抗光明与光明之子,而我们的中产阶级岂止不追求美好与光明,相反他们细化的就是工具,诸如生意啦、小教堂啦、茶话会啦等,我常提到,这些内容构成了他们阴郁沉闷、眼界狭隘的生活。"③ 而群氓中有少部分在价值和文化上与野蛮人、非利士人趋同,但是还有一个极为庞大的群体:"它粗野,羽毛未丰,从前长期陷在贫苦之中不见踪影,现在它从蛰居之地跑出来了,来讨论英国人随心所欲的天生特权了,并开始叫大家瞠目结舌了:它愿上哪儿游行就上哪儿游行,愿上哪儿集会就上哪儿集会,想叫嚷什么就叫嚷什么,想砸哪儿就砸哪儿。对于这人数甚众的社会底层我们可以起一个十分合适的名字,那就是群氓。"④

这就是阿诺德身处社会的现实,群氓按照今天的说法就是广大的人民大众,就是芸芸众生。他们依然处于社会的底层,日常的每一天都在消费他们的大众文化的价值观和人生观。在阿诺德眼中,群氓是被社会唾弃和抛弃的一个群体,不能主导并引领社会完美的理想和文化。同时,这三类人都很难担当起守护"文化"的重任和职责,他们"一味追求功名利禄和物质享受,对文化启蒙、文学艺术不感兴趣,并且盲目自满,胸无大志"⑤。只有每个阶级中有教养的"剩余民"(remnant)方可起到肩负文化重任的使命。换句话讲,按葛兰西

① 〔英〕马修·阿诺德:《文化与无政府状态》,韩敏中译,三联书店2002年版,第74—77页。
② 程巍:《中产阶级的孩子们:60年代与文化领导权》,三联书店2006年版,第180页。
③ 〔英〕马修·阿诺德:《文化与无政府状态》,韩敏中译,三联书店2002年版,第77页。
④ 〔英〕马修·阿诺德:《文化与无政府状态》,韩敏中译,三联书店2002年版,第80—81页。
⑤ 曹莉:《文学、批评与大学——从阿诺德、瑞恰慈和利维斯谈起》,《清华大学学报》(哲学社科版)2013年第1期,第110页。

的认识,这种剩余民就是所谓的"有机知识分子"。为了追寻完美的人生理想和甜美,文化被视为是一种精神生活,"它是通过求知来达成人格的完善,进一步达到社会的完善。所以它富有浓厚的理想主义启蒙色彩,或者说还有美学色彩。"①在英国的现实语境中,教育是通向文化的光明大道,对于劳工阶级而言,教育就是教化他们接受服从、差别和剥削。在约翰斯·道雷看来,"阿诺德除了说大众文化是深刻政治骚动的先兆外,作为第一位理论家,事实上他很少论及大众文化。文化不是阿诺德研究所关注的重点。他关注的是通过服从文化等级和文化差别,获得社会秩序和社会权威。"②在此,"文化"是阿诺德那个时代最重要的关键词,它指涉的是以贵族为代表的"精英"文化,这种文化对维系和掌控社会权威起着非常重要的作用。

　　站在阿诺德的立场上看,他持有"精英"文化的主张一点都不奇怪。这与他有学识、有社会地位、有高贵身份的家庭有着密切的关系,也与他复杂的人生经历有密切的关系。他一方面谙熟贵族的文化身份认知,同时又非常了解社会底层的真实生存状态,无疑他的思想也遭到了很多诟病,但是从更广博的历史和社会认知上去考察,阿诺德及其著作《文化与无政府状态》给英国文学研究,特别是英国文化研究和伯明翰学派的出现产生了重要的影响。他留给后来学者的遗产依然丰厚。首先,他主张通过教育去提高大众的教化能力,提升大众的识字的能力,辨别是非,并由此去消除无政府状态,推动了英国社会文化的整体实力,为统治阶级巩固阶级利益和固化"文化霸权"有着非常重要的价值和作用。其次,"尽管阿诺德是在毕其一生之功建构和拯救精英主义思想,但他对通俗文化的'关注'在客观上减弱了文化主义传统的精英色彩,拯救了通俗文化,开启了大众文化的教育与研究空间。"③换言之,在英国几千

---

① 陆扬主编:《文化研究导论》,高等教育出版社 2012 年版,第 3 页。

② [英]约翰·斯道雷:《文化理论与通俗文化导论》,杨竹山等译,南京大学出版社 2002 年版,第 35 页。

③ 徐德林:《重返伯明翰:英国文化研究的系谱学考察》,北京大学出版社 2014 年版,第 98 页。

年的历史长河中,都是精英阶级所代表的大主教、教皇、贵族在支配和掌控着整个社会秩序,包括大众阶级在内的社会底层是"失声的"、"无语的"、被剥夺并消失得无影无踪。而大众阶级及其所代表的大众文化在特定的历史阶段出现,并得到了蓬勃的发展,尽管精英贵族感到了文化危机,统治阶级也受到了威胁,遭到了唾弃和鄙视。但是毕竟"大众阶级"作为一支重要的力量已经出现在历史的发展进程中,不断地彰显出其强大的生命力,这是阿诺德带给我们的思考。意味深长的是,曾经对阿诺德持批评意见的雷蒙德·威廉斯在《文化与无政府状态一百年》文章中,他这样积极地评价阿诺德以及阿诺德对文化做出的贡献:"阿诺德对文化的强调,虽然用的是他自己的强调方式,是对他那个时代社会危机的直接反应。他视之为文化对立面的'无政府状态',某种意义上与近年来公共描述中层出不穷的示威抗议运动颇为相似。他没有将自己表述为一个反对派,而是自视为优雅和人文价值的护卫者。这便是他的魅力所在,过去是这样,今天也是这样。"[1]

这就是阿诺德,这就是《文化与无政府状态》给予我们的文化体念和认知,它所思考的"文化"已经在学术视野中产生了巨大的影响,并将持续不断地产生影响。从深层次上讲,阿诺德以其独到的学术研究视野把精英文学与大众文学、精英文化与大众文化巧妙地连接在一起,为后来的学者正面地思考大众文化的价值和意义提供了重要的参照。

第二节　大众文明与少数人文化[2]

F.R.利维斯(F.R.Leavis,1895—1978)是英国文学史上一位精英文学与高雅

---

① 参见陆扬主编:《文化研究导论》,高等教育出版社 2012 年版,第 4 页。也可参见 Raymond Williams.*Problems in Materialism and Culture*.London:Verso.1980.p.3。

② 参见伏珊、邹威华:《利维斯主义与"大众文明与少数人文化"》,《当代文坛》2014 年第 5 期,第 49—52 页。

文化的坚定守护者,利维斯的著作《大众文明与少数人文化》(*Mass Civilization and Minority Culture*)(1930),F.R.利维斯夫人(Q.D.Leavis,1906-1981)的著作《小说与阅读大众》(*Fiction and the Reading Public*)(1932),以及 F.R.利维斯与邓尼斯·汤普森(Denys Thompson)合著的《文化与环境:批评意识的养成》(*Culture and Environment:the Training of Critical Awareness*)(1933)所表征的思想构成利维斯主义(Leavisism)的核心内容。利维斯夫妇于 1932 年共同创办了文学批评季刊《细察》(*Scrutiny*,1932-1953)。他们以《细察》为阵地,培养了一大批追随他们的忠实读者,其主要的目的是培养读者的批评意识和对社会文化"良莠"的辨别力,这大大地拓展了严肃文学和精英文学在现代社会生活中的影响。

韦勒克(Rene Wellek)认为利维斯是"本世纪(20 世纪)继艾略特之后最具影响力的英国批评家"①,同时,他还是英国文化研究的开拓者之一。以 F.R.利维斯为代表的利维斯主义者"怀疑现代工业文明对社会'进步'与'幸福'的推动作用,坚信英国的救赎力量,坚持以英国文学为学校教育的道德核心,有意识地回避政治党派性,支持经验、具体性及根植于过去的有机社会。"②从更深处讲,这些人对现代工业文明不仅仅持怀疑态度,而且随着现代文明的不断深入和发展,他们还持仇视和鄙视的态度,其主要的目的和动机是"以维护语言和民族文化的健康为重任,以培养少数人的优雅感性为己任,保持文化和文化生活的活力,在他们的这种保持中,保持其特定的文学精英。"③

"文化是阿诺德和利维斯的共同信仰。"④与阿诺德相似的是,F.R.利维斯

---

① [美]勒内·韦勒克:《近代文学批评史》(第 5 卷),杨自伍译,上海译文出版社 2009 年版,第 398 页。

② 徐德林:《重返伯明翰:英国文化研究的系谱学考察》,北京大学出版社 2014 年版,第 101 页。

③ Stuart Hall, "The Emergence of Cultural Studies and the Crisis of the Humanities", in *October*, MIT Press. 1990.p. 13.

④ 陆建德:《序:弗雷利维斯和〈伟大的传统〉》,载[英]F.R.利维斯:《伟大的传统》,袁伟译,三联书店 2002 年版,第 7 页。

在《大众文明与少数人文化》这本小册子中用"大众文明"和"工业文明"去指代阿诺德思想中的"无政府状态",用"少数人文化"和"伟大的传统"去指代阿诺德思想中的"文化"。只不过阿诺德赞美的文化主要是希腊文化与希伯来文化,而利维斯赞美的文化主要是未被工业文明和资本主义文明和生产方式所破坏的"有机共同体"(organic community)。利维斯在《大众文明与少数人文化》开篇的引言中就引用了阿诺德《文化与无政府状态》中的一段文字,"文化的这种功能在我们现代社会尤其重要,与希腊和罗马文明相比较,整个现代文明在很大程度上都是机器文明,是外部文明,而且有趋势表明将会愈发如此。"①紧接着,利维斯在该小册子的开端就指出了"少数人"的文化内核:"在任何时代,常常只有极少数人才具有对艺术和文学欣赏的洞察力:也只有少数人才能作出不经提示的第一手的判断(除了那些简单的和大家熟悉的作品之外)。尽管他们今天在数量上有所增长,但依然是少数人,他们通过真本的个人反应能够获得第一手的判断……在特定的时期,这少数人不仅能够欣赏但丁、莎士比亚、多恩、波德莱尔、哈代(几个主要的例子),也同样能够认可构成民族(或一支)意识上的上述人物的最近传承者。这种能力不仅仅属于孤立的美学王国:它把敏感性应用到理论以及艺术,运用到科学以及哲学,只有它们能够影响到让他们对人类状况以及生命本质的感知。依靠这些少数人,我们就有能力从过去人类经验的精华得到益处;他们保留了传统中最精巧和最容易毁灭的那些部分。……在他们的保留中……是语言,是随着时代变化的习语(idiom),美好的生活是以它们为基础,没有这些语言和习语,精神的特性就会受到阻碍而变得不够连贯。由此,我说的'文化',就是对这样的一种语言的使用。"②这种"少数人"文化典型地表征为"精英文化"和"高雅文

① F.R.Leavis,"Mass Civilization and Minority Culture",in John Storey,ed.*Cultural Theory and Popular Culture*:*A Reader*,Prentice Hall. 1998.p. 13.
② F.R.Leavis,"Mass Civilization and Minority Culture",in John Storey,ed.*Cultural Theory and Popular Culture*:*A Reader*,Prentice Hall. 1998.pp. 13-14.

化",是以利维斯为代表的利维斯主义所一直坚守的。

在坚守英国传统文化的过程中,只有少数人、极少数的人才有能力在任何时候承担起拯救文学与艺术的鉴赏力。同时,也只有这部分极少数人才有能力保持语言的活力,这种语言就是活的、高雅的习惯用语的精华所在。这是少数人保留下来的传统文化中最精致和最容易被毁灭的部分。而利维斯写作的那个时代就正处于文化的危机阶段。这种高雅文化受到了至少三股势力的深刻影响:第一个方面是工人阶级文化崛起的影响;第二个方面是来自于工业文明中各种机器在变革社会过程中,给英国有机的社会形态带来了深重的灾难性影响;第三个方面是美国文化和商业文化侵入英国社会的影响。在英国社会"司空见惯的是我们正在被美国化"①。这正是利维斯生活时代的真实写照,这些时代背景深深地影响着利维斯主义的思想认知。

随着产业工人的不断壮大,为了满足社会劳动力对"识字"能力的需求,成人教育在战后蓬勃发展,他们的文化最接地气,最能看出社会的真本,并对不断涌现的大众报刊、广告、大众传媒、电影、广播、大众出版物、畅销书、流行小说等表现出强大的兴趣;而工业文明的表征对利维斯而言更是一种深重的灾难。"人类历史的现代阶段是前所未有的,要支持这种看法,只要指出使用机器这一点就足够了。首先,机器以一种我们无可匹敌的速度带来了习惯和生活环境的变化……(仅举一个例子)汽车在几年之内就已经从根本上改变了宗教、分裂了家庭,使社会风俗习惯发生了革命性的巨变。变化是如此的具有灾难性,以致不同代际的人觉得难以彼此适应。父母在与他们的孩子相处的过程中感到无助"②而英国文化的美国化令利维斯忧心忡忡,甚至"可能

---

① F.R.Leavis,"Mass Civilization and Minority Culture",in John Storey,ed.*Cultural Theory and Popular Culture:A Reader*,Prentice Hall.1998.p.15.

② F.R.Leavis,"Mass Civilization and Minority Culture",in John Storey,ed.*Cultural Theory and Popular Culture:A Reader*,Prentice Hall.1998.p.14.

导致我们丧失自治兄弟同胞的伟大结构,这种结构的共同存在对盎格鲁－撒克逊种族的未来延续无限重要,对我们现代文明中一切最优秀部分的发展至关重要"①。

作为严肃文学的守护者,利维斯对这些新兴文化的出现和不断对英国社会的渗透等现象表示出极大的忧虑和愤慨。在利维斯文学批评和文化批评的过程中,他不断地把严肃文学所承载的教化大众,精英文学所担负的拯救工业文明,机械文明腐蚀英国传统社会中的有机社会秩序等有机地连接在一起。他忠告人们要阅读经典文学作品,方可肩负起重振英国文化的历史使命。他于1948年出版的《伟大的传统》把乔治·艾略特、亨利·詹姆斯、约瑟夫·康拉德、狄更斯作为英国文学传统最优秀的代表,尽管受到了很多的质疑和批评,但是不难看出,利维斯在建构其精英文学的过程中所做出的努力和良苦用心。同时,"利维斯强调文学批评在解决20世纪危机中的极高地位和极大的重要性,他一辈子对此都表现得极为坚定、咄咄逼人。利维斯希望建立一种真正的方法,一种适用于一切英国文学的单一的、综合的标准,一种能实现真正价值的作品准则,生活的价值观(富有同情心、生命力、优雅、智慧、活力、细心、机智),而且同时又是文学的价值观。"②

同时,利维斯他们创办的刊物《细察》不仅培养了一批文学研究的追随者,更重要的是培养和影响了一大批致力于文学批评和文化研究的先驱。该刊物的思想及其学人为文学研究向文化研究的推进起到了重要的作用。如德沃金所言,"首先,《细察》的投稿者尽管主要关切文学、但是他们使用批判的方法更普遍地考察社会和文化实践,使对广告、流行音乐、大众传媒、消费主义的批判考察成为可能。其次,利维斯对社区、文化、语言、历史和传统的复杂关

---

① F.R.Leavis,"Mass Civilization and Minority Culture", in John Storey, ed. *Cultural Theory and Popular Culture:A Reader*, Prentice Hall. 1998.p. 15.

② [澳大利亚]约翰·多克:《后现代主义与大众文化》,吴松江、张天飞译,辽宁教育出版社2001年版,第24页。

系感兴趣……这种兴趣为某个领域开辟了道路,这个领域与更一般的文化问题有关。再次,《细察》致力于教育改革,尽管其主要的目标是创造启蒙的少数人,但是它为自己提供了向更民主方向发展的机会。教育民主化潜在地可能打破阻碍真正的共同文化的阶级壁障。"①

F.R.利维斯看到这些大众文化带给英国传统的有机社会不断冲击的同时,充分利用剑桥大学作为施展其人生事业的大舞台,把培养文学文化鉴别能力和批判意识作为教化"大众"的重要主旨,在教学实践过程中,利用英文系培育文化的批评素养为手段,与他的学生邓尼斯·汤普森一道于1933年出版了《文化与环境:批评意识的养成》一书,以期维护英国传统社会的生活方式和价值取向,以保持英国文学文化传统的连续性。自工业革命以来,英国社会发生了深刻的变革,人民抛弃了原本建构起来的英国有机社会共同体。对金钱和物质财富的追求成为那个时代的人民最大的梦想和人生目标,社会阶级的对立和矛盾日渐凸显。在利维斯他们看来,他们生活的时代的文化正处于危机之中,而工业文明和机器文明负有不可推卸的责任,他们期望大众直面这种危机,去培养人的两种意识,"一是对文明总体进程的意识;二是环境如何影响品位、习惯、成见、生活态度以及生活质量"②。

F.R.利维斯和汤普森在该书中主要从广告的吸引力、广告在现代经济中的地位、大规模生产、标准化、降低、阅读问题的供应、广告小说与国民生活的现状、进步与生活标准、闲暇时光的使用、传统、有机共同体、有机共同体失落、替代性生活、教育等主题全方位地阐释了对复兴英国传统社会的有机共同体事业的信心。他们在该书的开篇就指出,尽管其是为学院使用的,但是它并不局限于此,其使用范围是广泛的,其使用的方法是灵活多样的。该书主要针对

①　Dennis Dworkin.*Cultural Marxism in Postwar Britain:History,the New Left,and the Origins of Cultural Studies*,Durham and London:Duke University Press,1997.p.82.

②　F. R. Leavis and Denys Thompson, *Culture and Environment:The Training of Critical Awareness*,London:Chatto & Windus,1933.pp. 4-5.

学院里的教育工作者的文化素养的培养,它对教师培训学院的主任具有吸引力,尤其是对那些从事成人教育的人具有吸引力。如他们说言,"的确,写作本书的一大刺激源于在工人教育协会工作的体验。"①从该书的标题可以看出,"文化"一词在整本书中既是重点又是写作的目的,就是要通过教育去教化大众,使其成为有文化、有鉴赏、有批评意识的少数人。这里的"文化"主要指"精英文化",而"环境"主要是指英国社会生活中的各种大众文化现象,包括广告、电影、大众传媒、通俗小说、广播、报纸等。它们两者是辩证统一的。"那些对培养品位和情感(sensibility)可能性感兴趣的很多英文老师必定受到了很多质疑的困扰。这种培养品位对那些很多负面影响的电影、报纸、广告——确实,在教室以外的整个世界产生什么影响呢?"②在利维斯和汤普森他们生活的那个时代,正在经历生活的各种变革,大众文化对英国传统生活方式和有机社会的侵蚀,使他们诚惶诚恐、痛心疾首,他们时有无助感和缺乏信心,他们怀念那种有机共同体和"有机社会"带给他们的那种亲切和谙熟:"我们千万不能忘记,文学教育在很大程度上是一种替代物,我们已经失去的是那种活生生文化的有机共同体。民歌、民族舞蹈、科茨沃尔德(Cotswold)村舍,手工产品是这些有机共同体更多的符号和表达:生活艺术、生活方式、有序和成规模。它们涉及生活艺术、交际模式、反应性适应,源自于对自然环境和岁月刻写的韵律的远古的经验。"③Q.D.利维斯(Q.D.Leavis,1906-1981)的《小说与阅读大众》(*Fiction and the Reading Public*)也被视为是"利维斯主义"思想中最重要的一本著作。这本出版于1932年的专著实际上是她在瑞恰慈和F.R.利维斯的指导下完成的一篇博士论文,从这种意义上讲,Q.D.利维斯和F.R.利维斯在思想上具有传承性

---

① F. R. Leavis and Denys Thompson, *Culture and Environment*：*The Training of Critical Awareness*,London：Chatto & Windus,1933.p.vii.

② F. R. Leavis and Denys Thompson, *Culture and Environment*：*The Training of Critical Awareness*,London：Chatto & Windus,1933.p. 1.

③ F. R. Leavis and Denys Thompson, *Culture and Environment*：*The Training of Critical Awareness*,London：Chatto & Windus,1933.pp. 1-2.

和一致性。她在思想上追随 F.R.利维斯等"精英文学"学者,认识到少数人在文学与艺术等方面具有敏锐的洞察力和鉴赏力。

《小说与阅读大众》从社会学和人类学的角度去探究大众文学与文化现象,这在当时的英国文学界是一种"另类"。她采用人类学的研究方法走出书斋,走出去通过寄发调查等方式去考察英国的阅读大众是如何获得他们阅读的原始材料的。她大量采访其中的参与者,走访租书的图书馆和报刊中间人,获取第一手的资源。① 在这本专著中,她主要关注她所处时代的英国现实状况中的图书市场、中间商、作者与读者;过去时代中新闻业的诞生、清教徒良知、阅读大众的出现、阅读大众的瓦解(包括经济发展驱动瓦解,期刊杂志的反弹、低下身段)、畅销书出现的意义(包括小说、阅读能力、以小说家为代价的生存方式)等。这些内容集中反映了《小说与阅读大众》的主题思想。在这本书中,她集中思考了大众传媒的兴起和畅销书的泛滥对阅读大众的文学品位和文化水准产生了极为负面的影响。在她看来,英国传统文学中的诗歌和文学批评在大众读者眼中不屑一顾,而戏剧也已经死亡,唯独小说还在,还能苟延残喘。但是小说同样也会面临死亡的威胁。阅读经典在 20 世纪以前是人们认识社会,透视社会重要的思考参照,而 20 世纪的人们不太重视阅读,特别不喜欢经典的阅读。在消费主义大行其道之时,各种大众文化电影、流行小说、报纸、流行音乐、广告极大地刺激了人们的神经,深深地吸引着广大的读者。如 Q.D.利维斯所言,"20 世纪的英格兰不仅人人都能阅读,而且还可以补充说,人人都在阅读。"②那人人都在阅读些什么样的书呢? 他们阅读的书从经典材料中脱离出来,把视野扩展到整个英国社会:"一代一代的乡村人们为了某种目标而生活着,除了《圣经》以外就没有任何书籍可以相助。但是这些人拥有真正的社会生活,他们遵循着大自然节奏的生活方式,赋予他们真正的

---

① 这种方式对伯明翰学派"文化马克思主义"大家霍加特写作《识字的用途》产生了深刻的影响,这种人类学、民族志或人种志研究方法在伯明翰学派的研究中运用得非常广泛。

② Q.D.Leavis, *Fiction and the Reading Public*, London: Chatto & Windus, 1932, p. 3.

'创造性的'兴趣——乡村艺术、传统手工艺、游戏和歌唱,这些完全不是那些替代性(substitute)和消磨(kill)时间的兴趣,如像听收音机和留声机,浏览报纸和杂志,看电影和商业足球赛,以及与摩托车和自行车有关的活动,这是现代城市居民所著称的唯一消遣方式。"①

Q.D.利维斯对大众阅读的透视折射出她对高雅文学与艺术的怀念。她认为,16、17世纪的阅读大众也会去看像莎士比亚的名剧《哈姆雷特》,尽管他们对这样的戏剧理解尚存很多困难,但是他们毕竟生活在莎士比亚无韵诗的时代,那个时代是高雅文学的时代,阅读大众对这些名剧的鉴别力都会潜意识地受到熏陶。而18世纪的英国阅读大众是英国文化历史上的又一高峰,"一方面,有一个统一的读者公众,都生活在读者与作者共同剧透的同一精神世界与'同一个道德标准'之中,有可能阅读出版的每一本小说。这是一个拥有共同读者的时代。"②与此同时,18世纪的英国读者公众的成就还在于他们创造出了公共领域的事物。他们围绕在18世纪初由斯蒂尔和爱迪生合办的《闲谈者》和《旁观者》杂志的周围,他们的语言直接、简洁、易懂、温文尔雅、大方、高雅、建立了被精英阶层和阅读大众阶层共同分享的标准。在Q.D.利维斯看来,对19世纪以前的处于社会最底层的读者大众而言,他们更喜欢像那时的大多数人那样生活,那些有见识和有文化的高雅之人替他们制定行为的准则,为他们管理社会,维持社会的秩序。这种看法,对Q.D.利维斯那个时代,或者之前的时代而言,那是容易管理的时代,是统治阶级容易实施"文化霸权"的时代。那时的人们大多不会识字,还不会阅读。从很大程度上讲,那是时代的悲哀,更是阅读大众的悲哀。精英阶级从上而下统治着阅读大众,他们侃侃而谈,感觉无所不能,他们是上帝派来的"使者",替"上帝"引领着前行。即便是到了19世纪上半叶,"雇佣工、农民、商人依然在继续存在的清教徒传统的指

---

① Q.D.Leavis, *Fiction and the Reading Public*, London: Chatto & Windus, 1932, p. 209.

② [澳大利亚]约翰·多克:《后现代主义与大众文化》,吴松江、张天飞译,辽宁教育出版社2001年版,第37页。

导之下,阅读诗歌、小说、历史以及对严肃的目标的评论"①。

　　而时代的变迁发生在19世纪的后半叶。首先,与F.R.利维斯所历经的那样,Q.D.利维斯对通俗小说给予了无情的批评,包括狄更斯在小说中所描述的内容也受到了利维斯他们的无情的批判。其次,在通俗小说不断盛行的时代,19世纪后半叶出现的大众通俗报刊业加速了对英国有机共同体和清教徒传统的无限侵蚀。"1850年以前,通俗报刊的标准是由上层阶级制定的;那以后出现了一批新型的报人,他们更像商人,运用应用心理学来获得读者,而且引进了通俗小报的风格,不但影响了报纸,而且也影响了通俗小说。今天,要在通俗小说家、记者和广告文学撰稿人之间划一界限并非易事。"②最后,对英国精英文学产生严重破坏影响的是工业革命和消费资本主义。英国传统的有机共同体影响下的手工作坊式的生产方式,被工业革命时代的机器生产、大规模生产、标准化生产所取代,这是历史社会现实的极大改变,对那些像F.R.利维斯夫妇持有"保守"和"守旧"思想的人而言是根本无法容忍的。尽管如此,Q.D.利维斯虽然极力批驳19世纪下半叶以降的大众文化,但是在对待大众文化的态度上还是显示出了较为"暧昧"和"宽容"的一面,她支持高雅文化与大众文化之间的相互转化,"变得明显的是,在过去有教养的人认为值得欣赏的小说作品与那些娱乐没有文化的人的作品之间并不存在明显的二分(dichotomy)或者可以作为明显的二分。"③从这种意义上讲,Q.D.利维斯算是真正意义上的文化研究的先行者和先驱,她不仅认识到了大众文化在现代社会的崛起,更重要的是看到了大众文化并非是高雅文化的敌人和对立面,这是她最与众不同的地方,显示出她对大众文化的"非敌对"理念,这是最为难能

──────────

　　① 　[澳大利亚]约翰·多克:《后现代主义与大众文化》,吴松江、张天飞译,辽宁教育出版社2001年版,第39页。

　　② 　转引自[澳大利亚]约翰·多克:《后现代主义与大众文化》,吴松江、张天飞译,辽宁教育出版社2001年版,第41页。

　　③ 　Q.D.Leavis, *Fiction and the Reading Public*, London: Chatto & Windus, 1932, pp. 42-43.

可贵之处。

从本质上讲,Q.D.利维斯与F.R.利维斯他们在文化的价值取向上是一致的,"利维斯所主张的'少数人文化',表面上看它是一种精英主义的文化取向,但他同时强调了'大众意识'。其实所期望的是精英文化与大众文化的融合,只是因为在'大众文明'过度膨胀之后造成了精英文化的削弱甚至丧失,他才更加突出精英的'少数人文化'的重要性和引导力。所以他的'少数人文化'诚然是一种实际的文化立场,更是一种文化策略,利维斯试图通过它的介入,影响当代文化的建设内涵与发展方向,以便当代文化能够得到合理且整体的推进。"①这种解释是合理的,正是他们对"少数人文化"和大众文化的研究,拓展了文化在现实社会中的内涵,为当代英国文化研究和伯明翰学派的崛起指明了方向和路径。

总体而言,F.R.利维斯、邓尼斯·汤普森、Q.D.利维斯他们身处20世纪30年代那种特定的社会语境之中,他们以剑桥大学为避风港,以他们不同寻常的出身,与众不同的求学经历,以及对英国文学与艺术经典的充分认同和吸纳,并且借助《细察》聚焦文学批评这个良好的平台,在大学中布道,传播他们的"高雅文学"的思想,怀念19世纪上半叶以前的英国有机社会和有机共同体,他们以少数人自居,对现实社会出现的各种大众文化形式流露出无限的悲伤和忧虑。他们认为只有少数人才能够拯救英国这种正在被腐蚀的社会。这种社会正在走向堕落,被工业文明和机器文明所侵蚀、被美国"好莱坞大众文化"所侵蚀、被英国社会出现的商业资本主义和消费资本主义所侵蚀,这些都是他们所唾弃的。但是,问题是,历史的潮流不会随个人的意志的变化而发生改变。英国自20世纪30年代以来,英国有机共同体的消亡、技术主义,功利主义和消费主义的不断盛行、道德危机的不断加剧、左派运动的出现、人民阵线的形成、成人教育的兴起、英国马克思主义的不断勃兴、美国大众文化"入

---

① 孟祥春:《利维斯的文化理想研究》,《文艺理论研究》2012年第1期,第84页。

侵"英国本土、消费观念的更新、大众接受教育机会的增多、工人阶级文化意识的觉醒等,这些都预示着以利维斯主义为主线的英国"精英文学"和"文化"的逐渐衰落,也孕育着新左派的诞生、孕育着英国文化研究和伯明翰学派"文化马克思主义"的崛起、还孕育着工人阶级知识分子由此从历史的幕后不断走向舞台的中央。以霍加特、威廉斯、汤普森、霍尔为代表的新生力量,他们摒弃前辈所持有的主张,以他们工人阶级出身、或关注工人阶级文化为思考问题为主线,把英国大众文化研究从边缘推到了历史的前台,书写出大众文化研究动人的新篇章。

第三节　"成人教育"文化政治①

英国是世界上率先进入资本主义行列的国家、也是率先进入工业革命的国家,英国社会生活在激烈震荡的历史潮流中,总能带给人类需要不断思考和思索的问题。英国社会结构在资本主义阶级关系和工业革命的冲击下发生了深刻的变革。一方面,马修·阿诺德、F.R.利维斯、Q.D.利维斯、邓尼斯·汤普森、T.S.艾略特等社会精英,把在大学所学、所思和所想与现实社会紧密结合在一起,提出了建构完美社会、美好社会的愿景,从而达到促进英国社会良好的道德和文化秩序的目的。这种认识在文学与文化上的表征集中体现在提升全民的"文化素养"主旨中。他们非常看重"文化"对人的教化作用,着力培养能够担当社会责任和维持社会秩序的"少数人文化",这是他们在时代中得到的最真切的呼唤。另一方面,英国马克思主义文化批评思想家们从社会底层大众入手,站在新左派运动的最前沿,帮助工人阶级识字,通过培育和教化工

---

① 参见邹威华、伏珊:《伯明翰学派"成人教育"文化政治透视》,《中外文化与文论》第37辑,2017年12月,第330—341页;伏珊、邹威华:《雷蒙德·威廉斯与"成人教育"文化理论》,《成都师范学院学报》2014年第11期,第19—22页;伏珊、邹威华:《理查德·霍加特与"成人教育"文化政治理论》,《四川戏剧》2014年第10期,第26—29页。

人阶级的阶级意识,提升他们自我的文化价值认同,培养他们的批评素养能力和鉴赏能力。在英国宏大的社会舞台之中,"成人教育"和"新左派刊物"就成为了霍加特、汤普森、威廉斯、霍尔等思想家们施展才华,实现他们理想和抱负的载体和平台。他们在成人教育的课堂上宣扬工人阶级和社会主义的价值观和信仰,在新左派刊物上针砭时弊,对英国现实社会、文化、政治、经济等发出了他们的最强音,这些思想家的理论观念和价值取向对英国的芸芸众生产生了非常重要的影响,特别需要指出的是,这也深深地塑造了英国工人阶级的价值观,为提升"文化与社会"传统特质内涵提供了重要的舞台和语境。

伯明翰学派"文化政治"是英国马克思主义文化批评思想家在建构伯明翰学派的岁月中探究的核心问题。新左派思想家深深认识到新左派思想运动的最核心力量是广大的工人阶级和平民阶级,如何发动和激励这些广大的群众主体,并让新左派思想运动博兴和繁荣才是问题的核心和实质。这些新左派思想家一方面在理论上建构他们对新左派文化政治的贡献,另一方面,他们在现实社会中带着最大的激情,把理论思想和对社会的认知用于培育、培养,并提升工人阶级的"识字的能力""读写的能力"以及"文化素养的能力",他们从事新左派运动的主要场域是"成人教育",它凝聚着第一代新左派和第二代新左派最重要的心血。新左派的"成人教育"从本质上讲是新左派思想家实现其文化政治抱负的舞台。新左派最杰出的思想家霍加特、汤普森、威廉斯、霍尔都身先垂范、身先士卒,把成人教育完全纳入他们的认知视野,把它看成是实现其文化政治的主战场,在成人教育教学实践中对广大的工人阶级实施文化教化,教授他们知识,把文学、社会学、政治学、历史、民族志等方面的内容和研究方法纳入他们的教育教学实践中,培育了他们对"文化"的认知,提升了他们对"大众文化"的甄别能力,提升了他们认识和辨别社会的能力,增强了他们广泛参与新左派运动的辨识能力。事实上,成人教育也构成为新左派思想运动最重要的内核,为复兴英国社会主义作出了积极的贡献。它孕育了英国文化研究的诞生,为文化马克思主义在伯明翰学派的出现提供了实践支撑。由此,"成人教育"教学已经成为英国新左派通过大学课外教学介入现实社会,实现对社会批判最重要的场域和载体。与此同时,伯明翰学派"成人教育"文化政治本身就内化为英国马克思主义文化批评的关键内涵,彰显出该文化政治具有的文化特征、文化诉求。伯明翰学派大家们所持有的观念、理念,他们所处的"边缘书写"和"边缘意识",他们对自身身份问题的反思,对"后殖民理论"的深入思考,都是我们探究他们"成人教育"文化政治中重要的文化遗产,值得当下的学者借鉴。

英国的"成人教育"最早可以追溯到 18 世纪末 19 世纪初在工人阶级群体中组织的"职工讲习所"。这种讲习所所开展的成人教育"一直是充满对话与协商的批评场域",一方面努力实现英国现代化的各种力量,另一方面为正在出现的社会运动,特别是劳工运动或工人阶级运动做好准备。① 这种成人教育在那个时代就已经兼有"社会慈善和政治宣传的双重功能"②。英国率先进入资本主义社会,工业革命是英国社会发展的必然产物,为适应工业革命的人才需求,急需对社会上占绝大多数的工人阶级全体进行培训和教育。由此,英国当局极力推动成人教育的发展,其目的是为了让技术工人更快、更早地就业,推动工业革命的大发展。英国成人教育的大规模发展真正始于 20 世纪初的前 10 年。随着 1902 年教育法的实施及大学资助委员会在 1911 年的成立,英国教育部与地方当局开始拨款资助各大学开设校外教学部,以夜校等形式的成人补习学校为工人、14 岁至 16 岁的辍学少年提供教育服务,学校开设培训的商业、技术甚至家政等课程。在星火燎原般出现的成人教育机构中,最引人注目的是牛津大学的老师阿尔伯特·曼斯布列齐(Albert Mansbridge)于 1903 年组织的英国工人阶级教育协会(Worker's Educational Association),该协会的宗旨主要是提高工人阶级人民受教育的程度:"其教育目标是:对社会

---

① Tom Steele, *The Emergence of Cultural Studies 1945-1965:Cultural Politics,Adult Education and the English Question*, London:Lawrence & Wishart,1997.p. 2.

② 赵国新:《英国新左派的思想画像》,《读书》2006 年第 8 期,第 43 页。

而言,是要训练良好的公民;对个人而言,是要使他获得精神的愉快。其主要活动形式是:同各大学合作创办导师班;开展读书、演讲活动;做成人教育的宣传工作,并鼓励工人求学的兴趣。自 1903 年后,工人教育协会在与英国工人运动相结合的过程中获得了迅猛发展。"①

在第一次世界大战以后的 20 多年时间内,成人教育因"国家奖学金制度的重新实施、对培养专门职业人才的强调等因素恢复了活力。而其中的一个重要因素,是英国财政部通过大学资助委员会提供的大学经费并不足以保证各大学的收支平衡,大多数老师的薪金等级因此低于博纳姆教师薪金级别(Burnham Scale)的规定;地方大学人文学科的情况尤其如此。为了'补贴大学老师比较菲薄的固定薪金',各大学纷纷效仿牛津大学,在校外设立可以给老师提供较优厚报酬的成人进修部。"②事实上,霍加特、汤普森、威廉斯,乃至霍尔在大学毕业后,介入成人教育,"成人教育"在很大程度上是他们立足社会、认识社会,甄别"文化"问题的原点。他们把宝贵的人生青春奉献给"成人教育"研究和教学实践,其缘由和功能是多方面的。第一,可以在成人教育大舞台中磨砺他们自身,丰富人生阅历,为最后走向体制化内的大学提供了前期准备。第二,他们可以通过成人教育实践,积累学识和知识,优化其知识结构,这些对他们日后在大学讲堂上游刃有余地驾驭课堂教学和研究,都起到了积

---

① 张亮:《阶级、文化与民族传统:爱德华·P.汤普森的历史唯物主义思想研究》,江苏人民出版社 2008 年版,第 10—11 页。同时参见伏珊、邹威华:《雷蒙德·威廉斯与"成人教育"文化理论》,《成都师范学院学报》2014 年第 11 期,第 19—20 页。

② 特别值得一提的是,博纳姆教师薪金级别,英国政府于 1924 年开始在英格兰及威尔士地区公立学校执行的工资标准:男教师最低工资为 475 镑,最高工资为 900 镑,级差为 27 镑 10 便士;女教师最低工资为 430 镑,最高工资为 720 镑,级差为 22 镑。现在,已经被多次修改的博纳姆教师薪金级别仍在发挥作用。转引自张泰金:《英国的高等教育:历史·现状》,上海外语教育出版社 1994 年版,第 45—46 页。也可参见徐德林:《重返伯明翰:英国文化研究的系谱学考察》,北京大学出版社 2014 年版,第 71 页。事实上,霍加特、汤普森、威廉斯,乃至霍尔在大学毕业后,介入成人教育,很大程度上都与较高丰厚的待遇有密切的关系,一方面可以改善全家的生活,另一方面也可以在成人教育大舞台中磨砺他们自身,丰富人生阅历,为最后走向体制化内的大学提供前期准备。

极的作用。第三,成人教育是现实社会生活的具象化表征舞台,可以汇聚众多新左派学者和新左派的强力支持者,这对他们日后从事写作和新左派文化政治实践起到了决定性的作用。第四,与体制内的大学教育相比,大学外的成人教育相对宽松,尤其在教学过程中"没有考试,没有规定的教学大纲,对学生而言没有官方的任务,而是为他们提供最适合于他们的需求的任务"①。第五,他们基于对家庭出身的认同,对家庭的遭遇不幸而产生的"反抗"。第六,他们想借成人教育实现对工人阶级人们的教化,为他们从事新左派文化政治提供能动性和人力保障。第七,他们真正想通过成人教育的教学和实践去培育工人阶级的"阶级意识""政治意识""文化意识",通过教育要大力提高他们对社会的感悟能力、辨别能力,这就是"批评素养意识"的全部,进而培养工人阶级的社会主义立场。

与此同时,牛津大学的校外成人教育部给当时的大学毕业生或者大学老师提供了"养家糊口"的平台,对那些出身于工人阶级家庭的大学毕业生或研究生更是如此,特别是对那些学习人文社科科目的人,其初衷是在成人教育中可以得到丰厚的"物质"和"学术"回报。这是两全其美的事情,所以,对那些关切工人阶级运动,新左派运动的出身于工人阶级家庭或中产阶级家庭的霍加特、威廉斯、汤普森以及霍尔来说这是千载难逢的机遇。从心底讲,也许在当初他们选择从事成人教育还并非一定是希望在新左派运动中有所作为,更多的、更现实的想法是先找到一份收入不菲的工作,既稳定,还可以在成人教育实践中把他们从事的被后来人视为"崇高事业"的新左派运动的思想播下种子,在工人阶级的思想中扎根,期待改变英国既有的社会现实和政治结构。对工人阶级而言,他们通过在成人补习班和课堂中收获了知识,获得了见识,还开阔了眼界,不仅感知到战争的危害,还深知苏联式的社会主义与英法式的资本主义具有同样的"侵略性",以及美国式"大众文化"对英国传统文化的腐

---

① Richard Hoggart, *Speaking to Each Other*, *Volume II*, *About Literature*. New York, Oxford University Press. 1970. p. 225.

蚀,致使英国工人阶级意识和文化的严重衰落。

特别是第二次世界大战以后,英国国内的成人教育不断勃兴,受到了当时英国工人阶级全体的强力关注,并积极参与其中,他们如饥似渴地学习,增长了才干,得到了教化。同时,在英国工人教育协会内部至少有两股以上的新左派文化政治的力量在发挥影响。一种是较为保守的费边社改良主义,它以消除愚昧无知和文化匮乏为建立合理社会的有力措施,这种成人教育观在老左派中较为盛行;第二种是比较激进的社会主义人道主义和人文主义,其目的是"把成人教育当成交流思想的论坛,想通过启蒙式学习和不带功利色彩的教学,让未来的人们变得更加完善"①。这是第一代和第二代新左派所期待的,他们认识到成人教育中工人阶级的巨大能量,以及对社会的影响力。他们通过工人教育协会为那些无缘接受正规大学教育的平民弟子提供较为基础的人文素养的训练,帮助他们认识现实世界的"真善美"、帮助他们提高对社会的理解,提升他们对社会的批判能力,期待他们在新左派思想家的指引下改造既有的英国社会结构,实现新左派文化政治的目标。

具体到新左派知识分子和英国马克思主义文化批评杰出的思想家,霍加特、汤普森、威廉斯,以及霍尔他们在特定的历史时期,不约而同地在他们年轻的岁月中积极投身成人教育运动,以各自不同的出身来源为基础,把大学学习和对现实社会认知融入成人教学中去,把具体的教学方法、教学体验、教学认知融入到他们的写作中,他们曾相继完成了《识字的用途》(1957 年)、《文化与社会》(1958 年)、《漫长的革命》(1961 年)、《英国工人阶级的形成》(1963年)、《通俗艺术》(1964 年)等著作。这些著作具有强烈的一致性,它们都是新左派思想家从事成人教育的产物,都是对英国工人阶级"文化"的分析和思考,都体现出文化马克思主义"文化主义"范式的特质,是伯明翰学派在建构"文化马克思主义"发展史上最重要的成果,被视为英国文化研究的奠基之作。

---

① 赵国新:《英国新左派的思想画像》,《读书》2006 年第 8 期,第 43 页。

　　威廉斯早在创办《政治与文学》时期就把该刊物的作者群和读者群界定在成人教育的教师和学生们当中。而事实上,在威廉斯他们那个年代,工人教育协会的所有教师都是这样那样的社会主义者。他们都是在独自从事成人教育,恰好《政治与文学》刊物被看成是一种非常重要的,令人鼓舞的联系网络形式,它把全英国的工人阶级运动联系在一起。这对威廉斯来说是极其重要的,《政治与文学》刊物的创办被看成是威廉斯实现其人生抱负,并试图去努力培育工人阶级的文化内涵和文化素养,而成人教育正好为威廉斯开拓了疆域和平台。不可否认,成人教育业为威廉斯带来了不菲的经济回报,威廉斯在接受《新左派评论》编辑访谈时,谈到了他在大学毕业后介入成人教育的时代背景:"我所有的时间都在进行学位考试的准备,把大量情感投入到学术研究是不切实际的,它不值得致力到那种程度。另外我也认为自己无论如何都必须工作了,因为我当时已经有了一个女儿——当她出生的时候我还在诺曼底,1946 年 9 月我又添了一个儿子。你可能会说我不得不为他们提供支撑,但是实际上在各种各样的危机之后,还不如说是他们支撑了我。三一学院愿意为我提供一份高级奖学金,每年 200 英镑,连续提供三年。但是我在牛津看到成人教育工作的广告愿意付 300 英镑,因而是经济上的因素促成了我的决定。"①

　　生活是现实的,生活也是具体的,对于一个即将要踏入社会的青年人来说,成人教育确实具有非同凡响的吸引力。同时,威廉斯在当时打算拍一部电影并创办一份刊物,与写一些论文从事学术研究相比,这些看上去会更令人兴奋,他想通过接受工人教育协会的课程用以维系自己在当时的社会所需。

　　就成人教育的教学内容而言,威廉斯谈道,他在牛津远程教育代表团得到了他的第一份从事成人教育的工作。其从北到南掌控着从斯塔福德到苏塞克斯的分散地区,他当时任职在苏塞克斯东部,生活在希福德。成人教育的课程

---

　　①　[英]雷蒙德·威廉斯:《政治与文学》,樊柯、王卫芬译,河南大学出版社 2010 年版,第46 页。

性质极为混杂。他在哈斯汀主要为商会开的课程是公共表达,内容是公共写作和公共演讲的专门训练。教作文看上去没有什么特别的地方,他教学生如何写作报告、备忘录、契约书以及进行委托发言和口头报告,那都是与他们工作有关的技能。另外,他在哈沃西斯有一班学生是家庭主妇,她们想读点文学作品。她们的学习兴趣完全是认真的,但是其社会内涵全然不同。后来他有了一些兼具两种因素的学生,其中当然包括了一些能够工作挣钱的人,她们在第三次或第四次课就写出了自己的小说或自传、短篇故事或诗歌,她们不断写出大量文体不明的作品,那是一种文体杂糅的东西,但是他可以接受。① 在牛津的远程教育代表团中,托马斯·霍奇金(Thomas Hodgkin)是掌门人,他深刻地认识到从事这种成人教育的人本质上都是忠实的社会主义者,在课堂上教师有权利明确表达自己的政治立场,不过要保证课程的开放性,教师的立场是可以挑战的,允许反对和谈论。牛津的整个远程教育代表团被视为是一个共产主义小单位,受到了越来越多的攻击和批判。

威廉斯在他十多年的成人教育实践中,从当初最简单地只是为了获得物质回报,到以后他渐入佳境,这段看似平常的教育教学实践凝聚着他对成人教育深入的思考。他并不认同无党派社会主义者 G.D.H.Cole 曾经认为的,"成人教育对他没有多大的兴趣,他的兴趣在于工人教育"。以此为基点,威廉斯深刻地剖析了那段书写"成人教育"的历史。成人教育在第一次世界大战之前伴随着著名的"罗斯金"大罢工而产生了分裂。一方面,成人教育走向了全国劳动院校理事会,另一方面,成人教育走向了工人教育协会。就这两种成人教育形式来看,全国劳动院校理事会在威尔士南部培养出了更多受过教育的成功者,在很大程度上体现为"更为重要的工人阶级运动倾向"②。而工人教

① 参见[英]雷蒙德·威廉斯:《政治与文学》,樊柯、王卫芬译,河南大学出版社 2010 年版,第 62 页;伏珊、邹威华:《雷蒙德·威廉斯与"成人教育"文化理论》,《成都师范学院学报》2014 年第 11 期,第 20—21 页。
② [英]雷蒙德·威廉斯:《政治与文学》,樊柯、王卫芬译,河南大学出版社 2010 年版,第63 页。

育协会是依托各个大学,在大学开办校外成人教学班,努力培养成人学生的工人阶级倾向。但是,意外的是,在威廉斯看来,"工人教育最终会被大学收编,以学院标准和良好学识的名义进行的教学不会是社会主义教育,另一方面,那种明确与阶级立场相关的教育无疑在某些重要方面造成了风险,使其在特定时期屈从于特定的党的路线,真正失去它的某些教育性质。"①在践行成人教育的实践中,威廉斯与其他的成人教育教师一样,内心是矛盾的,在当时也不知道谁优谁劣,但是,他们坚信,他们所从事的成人教育一定想要一个"开放的定位",其目标是培育工人阶级的文化政治。威廉斯坚信,在"成人教育"文化政治实践中必须要亮出自己持有的阶级立场,在成人教育课题中不声明自己的立场是完全不适当的;在课程开始的时候假定你与学生不共享课程科目以外的任何兴趣也是完全不适当的。但是在现实的教学过程中,来自于工人教学协会被中产阶级当成为一种休闲和教育形式的大量运用的压力,还来自于大学教学需求的压力,如像成人教育的教师必须要提供学生标准,必须留书面作业,不得跨学科边界,政府的这种做法在很大程度上与实际的成人教育脱节。但是为了确保大学和政治批准并资助课程,成人教育的教师有时候也不得不妥协,这是现实的写照,是威廉斯在从事成人教育过程中历经的尴尬与无奈。但是,客观地讲,不管是何种形式的成人教育,它们在践行提升工人阶级素养、文化素养上起到了重要的作用,让工人阶级深刻地感知到他们天然拥有的"阶级认知"和"阶级属性",从而把"身份认同"和"文化认同"以及"文化身份"等有机地结合在一起,从内心深处接受威廉斯等伯明翰学派大家在"成人教育"文化政治实践中对工人阶级的教化作用和孕育的启蒙价值。

1960年至1964年,威廉斯在牛津大学担任成人教育讲师,曾任教于英格兰东南部地区,远离大都市,他在实际的成年教育过程中把"文学与写作研究变为一种政治活动,清晰地视其为交流的一个方面,由此他不但属于最早意识到电

---

① [英]雷蒙德·威廉斯:《政治与文学》,樊柯、王卫芬译,河南大学出版社2010年版,第63页。

影及电视作为研究对象的意义的人之列,而且率先在成人班中把电影与电视作为教学文本。另外,威廉斯还通过重建对 19 世纪资本主义的浪漫主义批评,暗示如果把工人阶级运动的目标和斗争置于更广泛的斗争之中,便可以找到一种充实的、有创造性的、正确的生活方式。"①威廉斯的这种成人教育经历和体验形式丰富多彩,充分以电影、电视等媒介为载体,生动形象地教学,深入浅出地把属于工人阶级的"文化认同"与他本人的认知体验有机地结合在一起。同时,他把在新左派文化政治实践中的所思所想、把学到的关涉工人阶级的人文社科知识和技能传授给广大的工人阶级群体,并以此为基点把工人阶级的生活体验和认知镌刻在威廉斯的著作之中,促成了英国文化研究的建立。在英国文化研究体制化的过程中,工人阶级文化又成为其研究的主要主题。同时,威廉斯曾回忆道:"我可以告诉你们,我这代人中有很多人所做的工作,并不亚于我们任何人所做的,现在在教文化研究的人们完全不知道他们的姓名,他们做这种事的场合正好被选择来替代利维斯小组。应当予以强调的是,它是一种选择:加入成人教育显然是作为一项使命,而不是作为一种职业——爱德华·汤普森、霍加特和我自己,以及其姓名不为人知的其他许多人。"②这种使命就是文化政治,也是新左派文化政治所开创的英国马克思主义文化批评传统或英国"文化马克思主义"传统,它无不镌刻着这批学者对"成人教育"文化政治所承载的学术价值和现实关照。

与威廉斯、霍加特出身于工人阶级家庭相比,汤普森出身于中产阶级家庭之中,他深受其哥哥弗兰克·汤普森的影响,1942 年还是大学生的汤普森就在剑桥大学加入了英国共产党,同时被选为大学社会主义俱乐部的主席,这是汤普森思想的重要转折,1945 年秋季,因第二次世界大战入伍后回到剑桥大

---

① Tom Steele, *The Emergence of Cultural Studies 1945–1965: Cultural Politics, Adult Education and the English Question*, London: Lawrence & Wishart, 1997. p. 6.

② [英]雷蒙德·威廉斯:《现代主义的政治》,阎嘉译,商务印书馆 2002 年版,第 219 页。也参见徐德林:《重返伯明翰:英国文化研究的系谱学考察》,北京大学出版社 2014 年版,第 75 页。

学,1948 年大学毕业后,汤普森和他妻子一起到英格兰北部的工人阶级聚集区去从事成人工作。他和他妻子都是新左派的坚定组织者、倡导者、领导者,还是激进的参与者。在 1948 年至 1965 年的 17 年间,他一直作为当时规模最大的利兹大学约克郡校外辅导班的一名老师奔波在各个成人教学班上,过着非常充实的生活,这段时间的成人教育实践体验和经历①,促使他深刻反思英国工人阶级的疾苦,于 1963 年完成了他基于成人教育实践的巨著《英国工人阶级的形成》。1965 年汤普森接受华威大学邀请,成为该校的一名大学老师。

汤普森曾指出,他从事成人教育的目的就是为了"创造革命",具体地讲,就是通过成人教育的教学与实践,去启发和激励工人阶级,"使之成为推动社会进步的主体"②。这种认识反映了汤普森所具有的社会主义和共产主义情结,更重要的是,他期待把这种实践中的成人教育用于实现他的梦想之中,汤普森曾指出,"我之所以参加成人教育工作,是因为对我而言这是一个能够了解工业化的英格兰、能够与学生教学相长的领域。"③这段人生经历带给他丰厚的学术回报,对其思想中的"文化马克思主义"的启蒙和形成具有重要的里程碑式的意义:"首先,在与工人阶级的朝夕相处过程中,他与工人阶级教学相长,从而对英国以及英国工人阶级的历史、现状有了真切的认识,这为他后来的社会史研究提供了别的历史学家所无法比拟的经验基础。其次,他牢固树立了工人阶级是历史发展的能动主体的观念,并把证明这一点作为自己全部社会史研究的现实归宿。最后,他坚信,虽然发达资本主义时代的工人阶级

---

①　有关 E.P.汤普森的成人教育经历可参见 Bryan D.Palmer,*E. P. Thompson:Objections and Oppositions*,Verso,1994,pp. 52–86;Peter Searby and the Editors,"Edward Thompson as a Teacher:Yorkshire and Warwick",in John Rule and Robert Malcolmson,ed.,*Protest and Survival:Essays for E. P.Thompson*,The Merlin Press,1993,pp. 1–23.

②　张亮:《阶级、文化与民族传统:爱德华·P.汤普森的历史唯物主义思想研究》,江苏人民出版社 2008 年版,第 11 页。

③　Henry Abelove,ed.,*Visions of History*,Manchester University Press,1983.p. 13.

视乎已经失去了革命性,但这种革命性的丧失是短暂的,工人阶级终究会觉醒并重新担负起推动社会主义的历史重任。"①

这些认识是中肯的,成人教育的主题核心要素就是工人阶级,英国工人阶级是像汤普森这样的英国历史学家和伯明翰学派"文化马克思主义"思想大学所关注对象,汤普森看到了工人阶级巨大的文化政治潜能,并坚信工人阶级在推动历史进步的过程中所起到的积极的作用。工人阶级本身只是作为一个对立于资产阶级而存在的一个阶级或阶层,工人阶级在资本主义社会最核心的关切是工人阶级所拥有的"工人阶级文化",以及"工人阶级文化"背后所指涉的"意指实践"或"表征意义"。在英国资本主义的历史长河中,以工人阶级为主题进行研究的学者很多,但是把工人阶级以及工人阶级文化放在成人教育的背景中去思考是开先河的、是创造性的。这样一来,工人阶级文化就会得到更好的突显,工人阶级对历史的贡献,工人阶级在历史中的主动性和创造性就显现出来了。

汤普森在成人教育的过程中,不断思考社会历史变迁与成人教育的关系,认识到了成人教育对工人阶级的教化和培育所起到的作用,以及对推动社会变革的重要性。1968年,汤普森受邀到利兹大学成人继续教育系发表了题为"教育与经验"的演讲,在论述社会历史变迁和成人教育的关系时,他指出,"在大学历史院系里长期被人忽视的研究领域,而且在某些地方仍在被人忽视,在过去的几十年中在大学辅导班里得到了探讨:人们现在仍可看到社会历史的衍生物——在地方史中、在工业考古学中、在工业关系史中、在由理查德·霍加特在本国开拓出来的文化研究者以领域中;这些开创性行为往往是'自下而上'地形成的、出自成人教育班级成教老师,而不是出自学术性的院系。"②汤

① 张亮:《阶级、文化与民族传统:爱德华·E.P.汤普森的历史唯物主义思想研究》,江苏人民出版社2008年版,第11页。
② Tom Steele, *The Emergence of Cultural Studies 1945-1965:Cultural Politics, Adult Education and the English Question*,London:Lawrence & Wishart,1997.p. 16.

普森的这种认识一语中的,他非常认同威廉斯、霍加特他们从事成人教育的价值追求。同时,他也看到了"成人教育"文化政治实践的实质,阐释了成人教育的出处,成人教育教化的对象,这些都是"成人教育"文化政治中非常重要的内核。

与威廉斯一样,1918 年霍加特出身于贫苦的工人阶级家庭,他对英国工人阶级有着天然的、特殊的感情,并熟悉这种文化蕴涵的特质。霍加特源于工人阶级家庭,把工人阶级所接受的成人教育完全纳入其认知的视野之中,完成了他对英国文化研究的奠基性著述《识字的用途》,并开创性地与来自牙买加的"奖学金男孩"霍尔因"工人阶级文化""大众文化"等而结缘,于 1964 年在伯明翰大学成立了当代文化研究中心,这被视为是他们从事成人教育的连锁反应和成果的结晶。多年以后,霍加特于 1994 年在记录其青年时代社会的自传《像小丑一般》(*A Sort of Clowning*)中详细论述了他从利兹大学英语系大学毕业,成为一名从事成人教育工作的人生经历。

霍加特因成绩优异,作为"奖学金男孩"求学于英国的利兹大学,1940 年年满 22 岁的霍加特从利兹大学毕业,因学业突出,原本可以选择到牛津大学攻读硕士学位,但因第二次世界大战的硝烟弥漫整个欧洲,霍加特受他在利兹大学的导师的影响,决定投身到革命中去,在英国的现实社会中去实践他的人生理想和目标。他在国民自卫队服役 6 个月,继续写作并完成了以斯威夫特为研究对象的硕士论文。1941 年到 1945 年间他先进入驻扎在肯特的重型对空部队,接受到国外的预备军官训练,然后转战到北非,再到意大利战场。随着第二次世界大战的结束,霍加特回到英国国内,在"军队事务处"为培训复原军人担任了一段时间的"成人教育"的教师。这是他对"成人教育"的最初感知,尽管印象还不太深刻,但是这些是霍加特亲自参与"成人教育"文化政治的重要时刻,刻写着他对英国工人阶级文化和"成人教育"文化政治不朽烙印。

1946 年 6 月,拥有硕士学位的霍加特在人生的道路上迎来了决定性的时刻,他被胡尔大学录用,开始在胡尔大学的成人教育部教授文学课程,这段成人教育的经历一直持续到 1959 年,整整 13 年的时间。霍加特写于 1959 年的文章《给成人学生教授文学》中深入细致地讨论了大学校外成人教育中的课程建设、教学大纲制定、教学过程监控和实施手段等。他以其教授成人教育的文学为主要内容,为我们诠释出成人教育在他生活的那个时代的极度的重要性。成人学生愿意到成人教育的课堂上学习,主要是因为"他们感觉到在道德上和政治上产生了混淆"①。就个体而言,他们参与成人教育的学习有不同的目的和诉求所在:"有些是为了进一步的职业培训,有些是因为他们认为,一个贴上'文化的人'(cultured person)的符号意味着有能力去谈论书中的内容,有些是因为他们怀疑他们能够从阅读中获得愉悦,这种愉悦正是他们当前所否认的。但是,或许最重要的缘由是……他们中的每个人在某种程度上不满意于他们的生活,为批判,或许为行动找寻一种基石(basis)。他们感受到文学可以述说他们的生活处境。……正是这些缘由,学生们乐意参与这种成人教育对生活的巨大需求。"②

与威廉斯和汤普森一样,霍加特在"成人教育"文化政治实践中采用了形式多样、学员参与度最高的小型讲座(seminar),在那个时代,这种教学方式是一种创新,学生们都非常乐意参与其中。这样做的最重要的目的是试图帮助学生能够更好地阅读,增加他们的阅读"理解力"和"感悟力",培养他们在文学感悟中所分享的"智力和情感训练"(discipline of intelligence and sensibility)。在具体的教学实践活动中,霍加特也特别关注这些工人阶级的子弟在文学文本中聚焦活生生的生活认知,通过海量的文学文本素材提升他们对文学学科的感知能力、赏析能力、辨别能力,"总之,我们思考的全部

---

① Richard Hoggart,*Speaking to Each Other*,*Volume II*,*About Literature*.New York,Oxford University Press.1970.p. 218.

② Richard Hoggart,*Speaking to Each Other*,*Volume II*,*About Literature*.New York,Oxford University Press.1970.pp. 218—219.

是为了鼓励我们的学生更加具有积极,更加具有辨别性(discriminating)的同情之心"①。具体到文学中的诗歌课程,霍加特等精心谋划,从教学的选材、教学方式的采用、对问题设置的合适时间、以小组讨论的方式、教学大纲的制定、成人教育班级的小型会议准备、背景阅读、泛读、批判性阅读等、小型会议讨论、书面作业等教学过程的各个环节鼓励学生对诗歌的理解和认知,在诗歌的知识海洋中与英国的现实社会接轨,增长学生的知识才干,提升他们的聪明才智。一方面,学生在成人教育的实践中学到了知识;另一方面,霍加特本人也在成人教育的实践中磨砺了自己,把所学、所思、所想用有效的成人教育这种手段去实现他对英国社会的知识分子的担当。

霍加特在第二次世界大战的战场上目睹了法西斯的残暴,感知了战争时期的军人对知识的渴求,感受到英国工人阶级在战争中,在英国消费资本主义兴盛的20世纪40、50年代的"无知",他们甚至不识字,不会读,不会写,严重地阻碍了新左派政治带给工人阶级的机遇。对霍加特而言,成人教育的教学实践一方面是把自己的所思所想所学教授给那些成人教育的学生,另一方面要激励参加成人教育学习的成人们把热情投入到广阔的社会生活,要培育他们对文化政治和意识形态的广泛兴趣。②

霍加特在实践成人教育的过程中,不断调整教学方法、教学内容、教学认知,不断丰富和提升他对"成人教育"文化政治的价值诉求:"在现代发达的世界,所有人都在强调文化的重要性,但是他们仅仅是鼓励人们保持一种低层次的文化,只有当我们试着从说服构成的茧壳里挣扎出来的时候,我们才能认识到几乎所有我们从日常生活中读到的东西都是一种特殊的诉求,是刻意让自己显得有趣,一切都是为了将我们引向某一个特定的目

---

①　Richard Hoggart, *Speaking to Each Other*, *Volume II*, *About Literature*. New York, Oxford University Press. 1970. p. 224.

②　伏珊、邹威华:《理查德·霍加特与"成人教育"文化政治理论》,《四川戏剧》(当代艺术观察)2014年第10期,第28页。

的,无论它的作者是广告商还是其他的商业骗子,或者是某些政治家,或者是任何想要劝说我们接受一堆观点而不是给我们得出自己的观点的机会的人。"①

霍加特批判的是那些低估"文化"价值和作用的人,他着力从我们所有人日常生活中可以触摸到的那一切真实的,活生生的诉求,要让自己变得有知识、有文化,归根结底,霍加特说这番话的目的是要求我们重视文化的价值和作用,重视成人教育所蕴藏的意义。"成人教育的目的不是仅仅让学生能够读书识字,而是要使他们通过学习培养起一种批评素养"②,这种批评素养(critical literacy)最重要的是要对社会有甄别能力,能识别和判断社会的价值。

从源头上审视,英国整个人文社科的发展,特别是文学学科的发展,历经了从贵族文化和基督教文化、到少数人文化、再到利维斯主义的"文化",这些文化无不折射出英国文化,特别是精英文化对社会的支配作用,工人阶级在过去几百年的历史中,尤其在自工业革命以来的这几百年的历史中,工人阶级作为一个新兴阶级一直处于被压抑、被剥削的被动局面之中,英国的达官贵人视"工人阶级文化"和"大众文化"为"洪水猛兽""野蛮一族"等等。时光转到霍加特他们那一代人身上,他们以其工人阶级自身的身份现身说法,充分认识到"工人阶级"在那个时代所处生活状态的宁静,"工人阶级"对社会政治生活参与的严重缺乏,"工人阶级"对读写能力的诉求。

霍加特与威廉斯、汤普森相比较,威廉斯和汤普森都是新左派激进的知识分子,他们直接参与了新左派运动的建构,在对待英国当时的社会政治运动,威廉斯和汤普森表现得更激进和踊跃,这源于他们的人生轨迹与霍加特有很

---

① Richard Hoggart, *A Sort of Clowning*:*1940-1959*,*in A Measured Life*:*The Times and Places of an Orphaned Intellectual*,Transaction Publishers. 1994.p. 127.还参见周丹:《理查德·霍加特与早期英国文化研究》,四川大学博士学位论文,2008 年,第 21 页。

② 周丹:《理查德·霍加特与早期英国文化研究》,四川大学博士学位论文,2008 年,第 21 页。

大的差别。威廉斯从他的家庭中感知到工人阶级"奖学金男孩"的不易,汤普森从他的哥哥那里感知到社会主义和共产主义对"工人阶级"的机遇,他们在介入成人教育时对"工人阶级"怀有极大的期望,具有的政治动机更强烈。这种认识在新左派的文化政治中体现得明显,威廉斯和汤普森以及霍尔都在新左派文化政治中刻写着深深地文化烙印,而霍加特在新左派文化政治中顶多就是一个积极的参与者而已,他从事文化研究的政治动机更少一些。"他更多地专注于对工人阶级社区、家庭和工人阶级价值观的衰落以及自己与自己成长其中的群体脱离的焦虑。"[1]这种认识在《识字的用途》中充分地反映出来:"霍加特认为,许多出身工人阶级家庭的人通过接受教育脱离了自己原来所属的阶级,进入了更高的社会阶层,但是他们中的许多人在思想上却缺乏独立判断和批判意识,这使他们很容易受制于主导阶级的意识形态,并且被商业机器所利用。在霍加特看来,成人教育的最高目的并不是为人们提供谋生的工具,而是帮助人们提高'批评素养'。"[2]

霍尔在英国从事成人教育的目的也不例外,他于1990年在《文化研究的兴起与人文科学的危机》一文中谈到了伯明翰学派"文化马克思主义"思想大家他们与成人教育结缘时,说到,"霍加特写作《识字的用途》时根本还不是大学的英语系教授,而是列斯特(Leicester 系英格兰列斯特郡的首府)的大学校外课程活动上给工人阶级成年人学生当老师;威廉斯写作《文化与社会》时在英国南部做校外课程导师;汤普森写作《英国工人阶级的形成》是在利兹当校外课程的老师。"[3]应该说,与霍加特、威廉斯、汤普森他们相比,霍尔算是较为年轻的一代新左派,但是他从牙买加边缘地带来到世界帝国的中心——英国

---

① Tom Steele, *The Emergence of Cultural Studies 1945–1965: Cultural Politics, Adult Education and the English Question*, London: Lawrence & Wishart, 1997. p. 16.

② 周丹:《理查德·霍加特与早期英国文化研究》,四川大学博士学位论文,2008年,第17页。

③ Stuart Hall, "The Emergence of Cultural Studies and the Crisis of the Humanities", in *October*. MIT Press, 1990. p. 12.

牛津大学攻读文学学士、硕士学位,正打算写作博士论文之时①,带着对殖民主义的痛心、带着"反帝国主义"的情绪,在牛津上大学期间就阅读过马克思的著作,并受其影响。批判经典马克思主义的机械主义和还原主义,并在更广阔的领域批判斯大林主义,带着对社会主义和资本主义失望之后,他在政治上开始关注殖民问题,关注新左派问题,也开始关注英国的成人教育问题。

这是霍尔从事成人教育的各种语境,这种"成人教育"文化政治意识与霍尔拥有的"双重身份"在很大程度上具有高度的结合性,霍尔在成人教育的实践中对工人阶级"边缘身份"与他本人作为"熟悉陌生人"的身份具有一致性,从这个角度上讲,"成人教育"是霍尔在学术生涯后期聚焦"后殖民理论"的前奏和原点,也可以看成是重要的启蒙。这或间接或直接地影响了霍尔以及他的学生吉罗伊为伯明翰学派"后殖民理论"做出的杰出贡献,这也被看成是英国马克思主义文化批评思想对英国本土研究向海外延伸和拓展的重要理论基石,具有重要的意义和价值。

霍尔于1956—1960年离开牛津来到伦敦布里斯顿和欧华区的一所中学当代课老师,那所学校实际上就是一所英国的中等现代学校,英国的中学在当时一般可分为贵族学校、文法学校、现代学校和技术学校等四种类型。其中现代学校的学生多为工人阶级家庭的子弟。在那里,霍尔边教书,边做编辑工作,过着非常忙碌的单身生活。其办公地址为伦敦的索霍区(Soho)。霍尔于1961—1964年共4年时间内在伦敦大学查尔西(Chelsea)学院担任成人教育

---

① 霍尔写博士论文的对象是美国小说家亨利·詹姆斯(Henry James),主题是关于詹姆斯小说中跨文化问题,即美国和欧洲之间关于文化与道德对比性的主题。霍尔认为,"用纯文学的角度去思考文化层面的问题并不是正确的做法"。(Stuart Hall, Kuan-Hsing Chen, "The Formation of a Diasporic Intellectual", in Stuart Hall: Critical Dialogues in Cultural Studies, eds. David Morley and Kuan-Hsing Chen, London: Routledge, 1996, p. 498.)同时,"他发现自己对文化问题更感兴趣,并决定专攻文化研究这条研究路线。霍尔花了大量的时间在罗德图书馆(Rhodes House)阅读人类学的文献,饱览非洲人在加勒比海与新世界文化中的'生存'现状及变化状况。他那时没有离开英国,就是因为他已经开始以一种新的方式介入英国社会及其政治环境。"(武桂杰:《霍尔与文化研究》,中央编译出版社2009年版,第57页)

的大众媒体、电影与流行文化方面的教学。这些教学内容在当时的英国国内是稀缺资源,很难能引起学界的兴趣。霍尔与韦纳尔在1962—1964年期间受英国电影学院(British Film Institute)资助,于1964年完成并出版了《通俗艺术》著作,这本有关大众文化的著作是他们从事成人教育的结果,他们写作该书的最终目的就是要教教师如何处理青年文化并提供建议和意见。这是凝聚着霍尔他们对英国成人教育的思考,被视为英国文化研究中"文化主义"范式的代表作,在价值上与霍加特、汤普森、威廉斯对英国文化研究贡献的一样,是进入到英国文化研究和英国马克思主义文化批评思想的奠基性著作。

霍尔在从事学术研究的40多年时间内,他时刻与工人阶级文化、大众文化、青年亚文化等问题保持密切的关系,与伯明翰学派的硕士、博士一道把霍尔早些年从事成人教育的经历和体验化为建构英国马克思主义文化批评思想的行动,为英国文化研究的纵深发展做出了杰出的贡献。即便是霍尔于1979年离开了伯明翰大学当代文化研究中心,前往英国开放大学去任教,其中一个最重要的缘由是开放大学以成人教育教学特色而闻名于世。开放大学主要招收成人学生,教育上的开放式的平民主义倾向为霍尔所喜爱,他亲身经历并实践着"大众文化"的成人教育和教学。

新左派运动、新左派文化政治、新左派刊物、英国成人教育都构成为伯明翰学派、英国马克思主义文化批评思想成长的学术轨迹。霍加特、汤普森、威廉斯、霍尔源于相似的人生经历、"流散的文化身份"、教授的成人教育"课程内容边缘""教师身份边缘""关注问题边缘"等。但是他们其实都是从完全边缘的阶层走入英国文化学术中心的,这种身份便于他们观察社会,也是这种身份更容易引起别人的注意,受到更多的关注。他们在新左派的岁月中并肩战斗,有激烈的争吵和辩论,有共同分享的"新左派刊物"和成人教育的教育教学经历以及培育工人阶级的"批评素养",造就了他们共同的学术追求和一致的新左派"文化政治"。他们成名的代表作已经成为后来学者研究英国文化研究和英国马克思主义文化批评思想的必读书目。他们的成长环境、所受的教育、以及大学毕业后踏入社会的人生经历都刻写着他们从事成人教育实践教学的烙印。如本·卡琳顿(Ben Carrington)所说,"纪念霍加特、威廉斯和汤普森的主要意义与其说他们在特定时刻写出了著作,不如说他们都是处在正规高等教育部门边缘或外部,参与了这一政治过程的成人教育家。斯图亚特·霍尔在一段时间里也是大学校外教师,而且他将自己的大段职业生涯奉献给了开放大学的成人学生,这不是偶然的事情;他在这个地方可以教授那些没有优越出身的学生并与他们相互交流,从而保持了文化研究教育实践的精神……,文化研究的形成首先是一项为了工人阶级成人的大众教育而进行的政治事业。"[1]

从这种意义上讲,"成人教育"文化政治成就了英国马克思主义文化批评的思想大家。因为"成人教育"文化政治所承载的使命是要培育工人阶级的"阶级意识""政治意识"以及"批评素养意识",同时,"成人教育'运动'是残酷的意识形态论争的场域"[2],这些认知与新左派文化政治在本质上是一致的,它们一起为培育和孕育英国马克思主义文化批评思想提供了学术的土壤。这个时期他们写作和创作的文本被视为英国马克思主义文化批评思想的启蒙读本,它突出其重要的学术价值,对推动英国马克思主义文化批评的蓬勃发展、伯明翰学派"后殖民理论"崛起具有重要的现实价值和意义。

第四节　"奖学金男孩"文化政治[3]

英国在完成资本主义革命、工业革命之后,于20世纪已经变成一个老牌

---

[1]　[英]本·卡琳顿:《解构中心:英国文化研究及其遗产》,孟登迎译,载陶东风主编:《文化研究精粹读本》,中国人民大学出版社2006年版,第14页。

[2]　Tom Steele, *The Emergence of Cultural Studies 1945-1965: Cultural Politics, Adult Education and the English Question*, London: Lawrence & Wishart, 1997.p. 119.

[3]　参见邹威华、伏珊:《英国"奖学金男孩"文化政治研究》,《当代文坛》2015年第6期,第158—162页。

的帝国主义国家,独霸世界几个世纪。若干世纪以来,英国在文化上的优势也展示得非常明显,但是经过 20 世纪两次世界大战的洗礼,英国在政治、经济、文化等方面的霸主地位越来越受到其他国家的挑战,美国在第二次世界大战后完全赶上并超越了英国,成为了名副其实的头号霸主。美国大众文化不断向海外扩散,也深刻地影响着英国。而社会主义的苏联问题不断,世界各地的社会主义和共产主义团体却还在不断地效仿苏联模式,苏联入侵匈牙利、英法攻占"苏伊士运河"危机等事件促使了英国新左派的诞生。在这种重要的历史关头,以霍加特、汤普森、威廉斯、霍尔等为代表的英国马克思主义文化批评思想家站在时代的前沿,身体力行,积极参与新左派文化政治运动,并借助新左派刊物这些重要载体,充分利用"成人教育"这种教化人的舞台,书写出英国文化研究系谱学上重要的篇章。他们在"文化与文明"传统的指引下,不断开拓和延伸了"文化"在社会实践中的价值和作用,他们积极以自身的"文化身份"和"奖学金男孩"为参照,结合国内外的社会现实,开创了"文化与社会"传统,他们立足于社会底层,把他们的文化认知、思想内核完全融入这种传统之中,在 20 世纪 50 年代至 60 年代创作出了《识字的用途》《文化与社会》《漫长的革命》《英国工人阶级的形成》等"文化主义"范式的杰作。他们都关注英国社会底层的文化、关切英国工人阶级的文化诉求、着力思考"文化"带给他们的重要价值,以及"文化"背后蕴涵的真正意义。他们在扬弃利维斯主义的同时,在整个大的趋同的"文化"认识中,在各自的学术研究和思想养分中又产生一些分野。从宏观上讲,霍加特的"文化"表征为一种"批评素养"、威廉斯的"文化"表征为一种"整体的生活方式"、汤普森的"文化"表征为一种"整体的斗争方式"等。所有这些著述都是"英国文化研究"和英国马克思主义文化批评思想的奠基之作,它们已经成为人们研究该研究领域必读的书目。同时,他们的思想也是伯明翰学派重要的内核表征,也是英国马克思主义文化批评思想的重要内涵,被视为是英国文化研究和英国马克思主义文化批评思想的建构阶段。

同时,新左派文化政治为英国文化马克思主义和英国马克思主义文化批评提供了重要的语境和参照,"文化马克思主义"理论的产生和建构源于对战后英国国内社会主义的理解、源于对英国当代社会生活中工人阶级的富足、消费资本主义、大众文化、大众传媒飞速发展的把握。而英国马克思主义文化批评思想家站在历史的拐点处,试图从自身的人生经历和体验中阐释英国复杂社会领域中的结构、重新界定社会斗争,透视"文化"在整个社会磁场中扮演的角色,他们着力从民族志和人类学意义上去看待"文化"及"文化"表征出来的"意义",将"文化"视为是日常生活和经验的具体表征,它凸显出英国本土文化在 20 世纪 30 年代至 60 年代之间的文化生存状态。而霍加特、汤普森、威廉斯、霍尔思想中的内核部分正是英国马克思主义文化批评思想的集中体现和表征。

"奖学金男孩"文化政治是英国马克思主义文化批评奠基人和创建者霍加特、威廉斯和霍尔共有的文化特质。"奖学金男孩"以其独特的"文化身份"和"阶级意识"对英国社会产生了极富深远意义的影响。他们在建构其文化理论和批判现实世界的过程中,借助"阶梯"和"阶梯观念"的文化认知去实现对现实生活改造的人生抱负。"奖学金男孩"文化政治已经内化为英国马克思主义文化批评思想所考量的主题,它对我们探究英国文化研究、英国"文化马克思主义"、英国新左派文化政治都具有重要的价值和意义,这正是"奖学金男孩"文化政治留给我们的最重要的宝贵遗产。

英国工人阶级的价值诉求随着第二次世界大战的结束而变得更加清晰,随着整个英国经济的不断复苏、福利待遇的不断扩大、人们生活水平的不断提升、人们受教育机会的不断均等,这些使工人阶级的子弟能够有机会从他们世世代代较为"封闭""落后""萧条"的乡村中"离家出走"。加之这部分人通过有缘人搭建平台,凭借自身的努力,能够在众多人群中杀出重围,获得"奖学金",实现他们的求学梦、升学梦,并在不懈的发奋图强中获得进入大学学习的机会,这是他们的父辈未曾想过的。这批人以霍加特、威廉斯和霍尔为代表,他们都不约而同地获得了"奖学金",分别进入了利兹大学、剑桥大学和牛津大学学习,他们都带有"奖学金男孩"的无限荣耀的光环,在各自的成长道路上都刻写着重要的文化政治,并促使后人去思考他们成功背后的文化特质以及这些特质所蕴涵的"文化身份",为反思工人阶级作为阶级属性的"阶级"和"根"的问题意识。霍加特、威廉斯和霍尔都是英国马克思主义文化批评思想的奠基人和开拓者,他们在英国马克思主义文化理论的启蒙、建构和发展的过程中发挥了重要的作用。他们在成就自我的过程中,有很多人生的交集和相似之处,他们都因成绩优异从乡村走向城市,从边缘走向中心,他们都源于英国当时对英国本土和所属殖民地人们接受教育的"恩惠"政策。霍加特、威廉斯和霍尔是英国当时教育政策的"受益者",他们因共同的志趣和人生价值聚集在一起,他们的成功被刻写着"奖学金男孩"的文化特质,这种文化特质所形成的认知就是文化政治。

"奖学金男孩"(Scholarship Boy)最早出现在霍加特《识字的用途》一书中,他以其自身为思考和研究的对象,充分刻画出他作为时代的幸运儿,能够获得"奖学金",并成功顺利地进入大学学习,这是充满奇迹的时刻。但是,在这成功的背后,他使用了这样的表述:"奖学金男孩是被连根拔起(uprooted)的一代"①,充满着无限的焦虑(anxiety)和忧伤。霍加特曾这样说明他写作这一部分内心的真实想法,他认为,"尽管这一章应该要写,但是它是最难写的一个部分。"②从这里可以大致判断霍加特写作这部分内容时其内心是非常纠结的,甚至是充满焦虑的。与其说是他在刻写他自己,不如说是他想借他自己这种"名分"去刻写"奖学金男孩"这部分群体在英国现实社会面临的处境和尴尬,有希冀、有好奇、有渴求、有期盼、有痛楚、有彷徨、有怀疑、有焦虑等,这些都是"身份的错位",他们在人生成长的道路上无数次的扮演"熟悉的陌生人"(familiar stranger)的角色,不断地转变着他们各自的角色,这一路都充满

---

① Richard Hoggart, *The Uses of Literacy*, New Brunswick: Transaction Publisher, 1998. p. 224.

② Richard Hoggart, *The Uses of Literacy*, New Brunswick: Transaction Publisher, 1998. p. 224.

着无限的凄凉,但是也有美景相伴。

霍加特的童年在很大程度上是不幸的,早年丧父母。从小就懂事的霍加特勤奋好学,聪明过人,在他 11 岁那一年,受到汉斯雷特(Hunslet)地区的杰克雷恩初级学校(Jack Lane elementary School)校长的青睐,在大力推荐下,成为了该校第一个参加 11 岁以上考试的学生,并最终进入到利兹最漂亮的文法学校(Grammar School)"库克伯恩高中"(Cockburn High School)。这是霍加特人生的第一次重要转折,也是充满传奇的转折,就是在这所文法学校里,他不断感知到大学对他来说是如此迟早的事情。不过,这所文法学校的学生像霍加特来自工人阶级家庭出身的人本身就不算太多,而他们的直接目标不是高中毕业就走入社会,而是要参加 15—16 岁的那一场最重要的考试,这直接决定他们能否继续接受高等教育,这对工人阶级出身家庭的孩子而言具有莫大的诱惑,也定给霍加特带来了足够的动力。为了人生的前途,他曾这样描述他在文法学校所承受的精神压力:"这段时间我已经没有了生活的乐趣,每天都坐在卧室的书桌前,精神却不能集中,有时半天也没写出一个字。接下来是服药和被家人送到海边疗养。在这难得的间隙之中,终于从阅读中找到一条出路,一种精神支撑。我终于知道……能有自己的发现是多么重要,应该在老师的教导之外找到自己感兴趣的东西。"①

这是 10 多岁孩子对他生活那个时代教育的直观感受,他希望能够摆脱当时英国陈旧的教育思想和观念。霍加特认为他们那个时代接受的教育几乎都是灌输式的、填鸭式的、被动式的。学生只是被动学习的机器,没机会参与课堂讨论。大量地扼杀了个人的创造性和独立思考的能力。如赫伯特斯宾塞(Herbert Spencer)曾指出的那样,这种教育制度"鼓励的是驯服的接受(sub-

---

① Richard Hoggart,"A Local Habitation:1918-1940",in *A Measured Life:The Times and Places of an Orphaned Intellectual*.New Brunswick,NJ:Transaction Publishers,1994.pp. 156-179.也可以参见周丹:《理查德·霍加特与早期英国文化研究》,四川大学博士学位论文,2008 年,第 78 页。

missive receptivity)而不是独立的行动(independent activity)"①。而教育中问题最大的是教育机会不均,尤其对那些出身于工人阶级家庭的学生而言,要想在求学和读书的道路上改变人生的命运实在是极为艰难的,也难怪霍加特用"奖学金男孩"去指代像他那种能从工人阶级万人之众"脱颖而出"的佼佼者,这其中的酸甜苦辣等各种滋味只有"奖学金男孩"他们自己才能最真切地体会到。

霍加特足够幸运,作为工人阶级子弟的杰出代表,他在他18岁那年,因成绩优异,获得了利兹大学的奖学金,成为了该大学英文系的一名名副其实的"奖学金男孩",他无疑是幸运的。当然,作为一名"奖学金男孩"带有无限的光环和荣耀,但是在大学学习中有所成就,并能在以后的人生道路上立足,走出自己的人生特色,这才是最重要的。事实证明,霍加特是英国工人阶级子弟学习的榜样。他最终不仅在大学谋得了职位,更重要的是他还利用"大学"这种神圣的平台传播他的思想,并践行他作为英国工人阶级知识分子和"有机公共知识分子"的担当,成就了英国知识生产领域中的"英国文化研究"和英国马克思主义文化批评思想。与霍加特一样,威廉斯和霍尔他们都以"奖学金男孩"为身份特质,在不断践行英国工人阶级文化批判的过程中,积极参与社会政治运动,利用新左派、成人教育、新左派文化刊物等各种载体和平台去实现"奖学金男孩"文化政治的诉求,最终在英国马克思主义文化批评思想的创建和发展中起到了奠基性的作用。无疑,霍加特成为了英国文化研究中"奖学金男孩"的首要文化符号和身份符号。

霍加特对英国教育思想的忧虑随着1944年的巴特勒教育法案(*Butler's Education Act*)和1963年的关于高等教育的罗宾斯报告(*Robins Report*)的出笼逐渐得到好转。对工人阶级接受教育最直接的影响源于巴特勒教育法案,它是英国教育发展中带有里程碑式的法案,它结束了第二次世界大战前英国教

---

① Richard Hoggart,*The Uses of Literacy*,New Brunswick:Transaction Publisher,1998.p. 229.

育制度发展不平衡和均衡的现状,形成了初等教育、中等教育和继续教育相互衔接的国民教育制度。该法案中规定实施 5—15 岁儿童的义务教育,11 岁考试后,按照成绩和兴趣分流接受不同类型的中等教育,最重要的是为继续教育和高等教育的学生提供"奖学金",去满足那些学习成绩好但上不起学的工人阶级子弟的需求,这大大地改变了英国工人阶级的受教育状况。霍加特无疑是幸运儿,他于巴特勒教育法案颁布前就通过"奖学金"实现了他的大学梦,这完全说明他是幸运儿中的幸运儿。按道理说,他本应该高兴才是。但是,他以他自身求学的经历,自身的感悟,自身对本阶级"共同体"的认知为底本,不断地在反思他所属的"阶级属性"认同,工人阶级的"心理属性"认同和"文化属性"认同。这些"奖学金男孩"的认同汇聚在一起就形成为"《识字的用途》一书中特别指涉的男性、白人、英国人、工人阶级属性等。……一方面,奖学金男孩有其工人阶级出身背景,同时他试图通过不懈的努力攀登到中产阶级的行列之中。"①这种认知正是那个时代具有工人阶级文化属性和工人阶级立场的学者们的真实写照。他们挂念他们赖以成长的那片热土,牢记他们拥有的天然的工人阶级的"身份特质",在通向人生成功的过程中,借助"奖学金男孩"这种别样的人生选择,踏入了一条可以实现他们人生价值的康庄大道。从这种意义上讲,包括霍加特、威廉斯和霍尔等在内的英国马克思主义文化批评的著名学者都是以"奖学金男孩"文化意向为事业发展的起点,去开创属于他们人生价值的文化旅程。

霍加特是那个时代"奖学金男孩"最优秀的代表,蕴涵着工人阶级出身的子弟和知识分子在面对接受教育上的困惑、无助和忧虑。但是,只要你足够聪明、懂事,能够在时代中找准属于自己的人生坐标和位置,那就一定有机会能够杀出重围,走向一条康庄大道,去实现自己既定的人生目标。无疑,英国的"奖学金男孩"是这群人在实现自己人生志向过程中具有的"象征"和"化

---

① Grant Farred, *What's My Name? Black Vernacular Intellectuals*, University of Minnesota Press: Minneapolis.London, 2003. p. 162.

身",已经变成了一个时代的符号,为工人阶级子弟的出路指明了光明的道路。霍加特发明了"奖学金男孩"这个富有时代特色的"术语",而新左派文化政治中的诸多工人阶级知识分子也是通过这种方式实现对自我人生的超越,实现对社会的改造,实现对社会的人生抱负。威廉斯也是最杰出的人物。他出身于工人阶级家庭,1932年获得郡奖学金,进入阿伯加文尼的亨利八世文法学校,1937年8月获得威尔士国联协会奖学金,赴日内瓦参见青年大会,1938年7月获得高中毕业证书(英语、法语、拉丁语科目)、政府奖学金,于1939年10月顺利进入剑桥大学三一学院攻读大学本科,1946年6月参见英国文学荣誉学位考试,获得三一学院高级奖学金。而英国新左派文化政治的代表人物霍尔也是小时候就展露出优秀的才华,深受老师的喜欢,博览群书,于1951年获得罗德奖学金,从加勒比海的牙买加启程,赴英国牛津大学攻读文学专业。这些都无疑不彰显出"奖学金男孩"在那个时代对社会、文化都刻写着深深地烙印。毫不夸张地讲,"奖学金制度"成就了这批有良知的知识分子,成就了他们对英国社会赋予的历史重任,赋予了他们对社会的担当。从历史的维度看,作为"奖学金男孩"的他们对社会怀有独特的情感,持有独到的认知,拥有独立的见解,一路走来,为英国新左派文化政治、英国文化研究、英国马克思主义文化批评思想的建构都做出了不可磨灭的贡献。

霍加特曾指出,奖学金男孩"正在受到考察的态度影响——'焦虑与无根'(the anxious and the uprooted)——被认为主要是失去了平衡(lack of poise),带有不确定性(uncertainty)。"①从本质上讲,霍加特看得更深入、更透彻,他探究到了"奖学金男孩"背后蕴涵的"文化身份认同""价值观"和"人生观"等,诠释的是作为工人阶级文化的"根"在教育制度和社会历史变迁的冲击中该何去何从的问题。"奖学金男孩"与工人阶级文化的男孩最大的不同在于"奖学

① Richard Hoggart, *The Uses of Literacy*, New Brunswick: Transaction Publisher, 1998. pp. 224-225.

金男孩"在社会的认知中不断地被多重文化身份和多重文化意识所困扰,他
们在工人阶级文化与资产阶级文化之间博弈、在边缘文化与主流文化中挣扎、
在霍加特本人与同龄人中矛盾、在霍加特与家人中矛盾、在霍加特与外面的新
世界之间的向往和指责。所有这些都是"奖学金男孩"内心最真实的写照。
艾伦洛弗尔曾深刻地阐释出像霍加特这样的"奖学金男孩"所具有的内心世
界和文化特质:"从霍加特身上来看,奖学金男孩最典型的特征便是不确定
性;他所处的位置——两种文化的摩擦点造就了这种不确定性。霍加特进入
大学后,他的学历将他带离工人阶级却没有让他进入其他阶级。这个过程始
于霍加特的小学时期,那时他能力出众;在当地文法学校中成为最有出息的孩
子让他更加与众不同。在文法学校时,他渐渐从同学中脱颖而出。霍加特和
同龄人分开,因为他们进入了不同的学校,而且霍加特需要利用晚上的时间完
成作业,而不是和伙伴们在街上玩耍。他还因为需要安静的学校环境(霍加
特先生曾说过,他常常得不到安静的环境,被迫在吵闹的客厅学习),以及家
庭男性成员的缺乏,而与他的家人分开。当霍加特离开家乡去上大学的时候,
他进入了完全不同的世界,一个不再严格训练他的世界。他不再需要为了持
续的考试而费神。新世界的价值观让他感到不自在。霍加特内心中的一部分
是欣赏他在这个新世界所发现的事物的:智慧的游戏,宽阔的视野,某种风格。
他想成为这个由成功而智慧的中产阶级分子建成的亮晶晶、繁荣、冷静、摆满
书籍和充满学术讨论氛围世界的一员,他曾透过门缝窥见这个世界,在简短的
访问中感到自己的笨拙。意识到自己指甲的肮脏。霍加特内心的另外一部分
又是对那个世界感到不平;他对这个新世界嗤之以鼻,它的自满、认真的社会
关切、它的知识分子的咖啡聚会、它在牛津大学里文雅的子孙,以及它的米尼
弗夫人式或拉姆齐夫人式的贵夫人(Mrs.Miniverish or Mrs.Ramseyish)在文化
上的自负。霍加特已经发现这个新世界中最自负和稀奇的事物了,这些事物
让他明白,这个世界中的人根本不知道真实的生活是什么样的。没有明确的
自然抱负和缺乏等待完全认识新世界的耐心,这个"奖学金男孩"因为教育体

系的不确定性和含糊性而被抛弃了。"①

很大程度上,这种认识和分析是中肯的,深刻地洞察出霍加特在"奖学金男孩"背后具有的多面人生观念,在现实生活中,因面对不同文化和身份的碰撞,而产生出内心的不确定性、焦虑性。面对新的生存环境,他既好奇,又排斥,既想拥有,又表现冷漠。只要换位思考,站在"奖学金男孩"这些学者的立场中去感知,不难发现,他们看似光鲜的背后其实处处都是险滩,处处都处于困惑和焦虑之中,他们在"身份错位"的认知状态中不断地与他们本人、与时代、与社会、与现实语境博弈和斗争,去实现他们矛盾生存环境下的人生价值和意义。

霍加特从出生开始,每前进一步,都势必于他内心最冲突的地方,写满了矛盾和痛苦。他与家乡的分离、与同伴的分离、与家庭的分离、与文法学校的分离、与他熟悉的环境的分离等都足以让他的身份不断地错位,在此基础上,带着对新世界的向往又一次与大学这种陌生的环境产生了冲突和隔阂。他思念他故土的乡土文化和工人阶级文化,但是现实是他眼前面对的却是"光怪陆离"的现代世界,嗅到了中产阶级的学术气息,霍加特在比较和对比中陷入了无限的阵痛之中,内心充满了无限的矛盾。因为奖学金男孩始终处于"两种文化":他们原来的文化(original culture)和知识武装起来的文化(intellectual equipment)以及"两个世界":学校与家庭的交点,而这两种文化、两个世界之间"几乎没有共同点"。② 这种没有共同点的认知从本质上指向了工人阶级文化和根背后的"阶级意识"问题。

这些"奖学金男孩"在求学的人生历练之中,不断转换他们的社会角色,他们的根和文化身份变得"飘逸",成了被连根拔起的群体,霍加特曾指出:"我记得,很多年了,或许很长的时间,他们不再具有真正属于任何群体中的一员的意识,我们都知道,很多人确实在他们新环境中找到了一种平

① 张亮、熊婴编:《伦理、文化与社会主义:英国新左派早期思想读本》,江苏人民出版社2013年版,第323—324页。

② Richard Hoggart,*The Uses of Literacy*,New Brunswick:Transaction Publisher,1998.p. 225.

衡,他们成为了'去阶级化'(declassed)的专家,通过一段漫长的奖学金攀登只有获得博士学位进入了他们自身的发展圈,那些优秀的人才成为了优秀的管理者和公务员,并能自由发挥。"①还有一部分"奖学金男孩"就稍显平庸,从事一些低级职员或高级工的工作。但是,所有这些"奖学金男孩"都属于"无阶级的知识阶层"(classless intelligentsia),他们生活在社会的夹缝层之中,身心疲惫。霍加特曾入木三分地刻画出他们内心深处的矛盾形象:"他不能直面他自身的工人阶级身份,……有时,他为他的出身感到羞愧;他已经学会了对工人阶级举手投足的不屑一顾,甚至还显高傲。他还常常清晰地说起自己出生时对自己外貌特质显得不自在;当他意识到工人阶级的很多言语和举手投足每天都离他远去时,他的内心充满了不确定性或愤怒。"②

　　这就是现实中的大多数"奖学金男孩"的文化特质,他们在阶级认同上出现了无限的摇摆和动摇。在思想观念上他崇尚传统的工人阶级的意识,但是对中产阶级的生活既充满敌意、鄙视,又充满了无限的向往。在这种无形的张力磁场之中,有一个不断诱惑和引诱"奖学金男孩"攀登的"阶梯"(ladder),这是一种形象的比喻,预示着人的成长和发展就得像爬梯子,这种爬梯子的过程虽然充满艰辛,但是它也是通向光明前途的梯子,这种梯子更形象地表达工人阶级文化阶层在实现人生梦想的过程中存在有一种"阶级的阶梯观念"。这是被政府规训的"奖学金男孩",霍加特的用意是希望借"奖学金男孩"去改变现有的世界,但是毕竟富有这种批判精神和责任感的"奖学金男孩"知识分子还是少之又少的。这是霍加特最为忧虑的。这种想法与威廉斯和霍尔是一脉相承的,这种"奖学金男孩"不是一般意义而言的意义,而是指"奖学金男孩"具有的批判意识、独立思考意识、有责任担当意识,这是研究和思考"奖学金男孩"文化政治不可回避的理论问题和

---

① Richard Hoggart, *The Uses of Literacy*, New Brunswick:Transaction Publisher,1998.p. 225.

② Richard Hoggart, *The Uses of Literacy*, New Brunswick:Transaction Publisher,1998.p. 232.

现实问题。事实上,他们这些"奖学金男孩"在建构起文化理论和改造现实世界时言行一致,这是他们为世界瞩目和为后来学者敬仰的真本缘由所在。

同时,工人阶级文化的共同体观念内化为对本阶级的"团结观念",在英国现实生活中表征为"阶梯"观念,它是工人阶级的整体生活方式的另一种表现形式或替代性观念。在工人阶级文化圈中有非常大的影响,被视为是走向成功的一种标记。但是威廉斯并不认同"阶梯观念"带给工人阶级文化变革性影响,在他看来,"阶梯是资产阶级社会观念的完美象征,因为尽管它无疑提供了向上爬的机会,但同时也只能为个体使用:你只能独自顺着阶梯向上爬。这种个体性攀登当然是资产阶级的模式:应该允许一个人改善自己的境况。"①在威廉斯看来,这种阶梯观念只是个体行为、少数人行为,不构成为工人阶级整体的生活和行为方式,作为工人阶级家庭的孩子,要能够根据自己的具体实际情况和能力去找寻一种适合本人的工作,而不是一味地去追求向上爬的"阶梯"观念。由此,威廉斯曾严肃地指出:"阶梯观念引发了工人阶级内部的真正价值冲突,我个人认为,可以从两种相互关联的方面反驳这个社会阶梯说:首先,它削弱了共同改善这一项本应是绝对价值的原则;其次,它把等级制度变成了裹着糖衣的毒药,特别是它提供了一种美德等级制,依次在本质上区别于金钱等级制或出身等级制。"②这种认识指出了威廉斯对"阶梯"观念持有的态度,用人为对"阶梯"的认识从主观上把工人阶级共同文化割裂开来,由此,威廉斯进而指出,"阶梯是所有这些东西的替代品,我们必须理解其所有含义;重要的是,带有阶梯标志的人们越来越多,他们应该向自己、也向自己的人民诠释阶梯的含义:因为阶梯可能会对这些人造成极大伤

---

① [英]雷蒙德·威廉斯:《文化与社会:1780—1950》,高晓玲译,吉林出版集团有限责任公司 2011 年版,第 342 页。

② [英]雷蒙德·威廉斯:《文化与社会:1780—1950》,高晓玲译,吉林出版集团有限责任公司 2011 年版,第 342 页。

害。无论怎么看,阶梯最终还是不顶用;它是一个分裂社会的产物,将会随着这种社会一起消亡。"①平心而论,"阶梯"观念本身没有好与不好之说,只是学者们人为地赋予了工人阶级群体攀登"阶梯"这种文化符号。从这种意义上讲,威廉斯所反对的"阶梯"观念与他认知的"文化是整体的生活方式"是背道而驰的,也是他极力反对的。

不过,话又说回来,像威廉斯、霍加特、霍尔等这些英国马克思主义文化批评的卓越领导人,他们大都天然具有工人阶级的文化特质,天资聪慧,后天勤奋,是英国教育体制改革的受益者,他们通过不懈努力,以"奖学金男孩"这种特有的名分达到了常人难以企及的高度,在工人阶级群体"阶梯"观念的攀登中他们是佼佼者,是那个群体的少数精英。其实,在他们内心世界涌动着很多的矛盾情绪,一方面他们站在工人阶级的立场上,为工人阶级呐喊,为工人阶级自身的发展找寻出路,表现出对"阶梯"观念带来的负面情绪的无限忧虑;另一方面,他们本身确实是通过"阶梯"观念实现其人生价值的杰出代表,他们肩负工人阶级族群的文化使命,利用其独有的学术平台,在较为有利的学术生态中为工人阶级文化的"整体生活方式"出谋划策。从另一个侧面讲,他们在通向成功的道路上,确实借助"奖学金"这种制度以及"奖学金男孩"背后的"阶梯"观念这些文化认知把他们自身与工人阶级族群无形地割裂开来,这也不是他们愿意看到的,这或许只有他们自己方能解读"高处不胜寒"带给他们本人和整个工人阶级的文化意向。总之,像霍加特、威廉斯和霍尔等这批英国马克思主义文化学者从出生的那一刻开始,就被刻上了"双重文化认知""双重文化身份""双重文化焦虑""双重文化断裂"等烙印,这些就是英国马克思主义文化批评思想家和文化研究大家最真实的内心写照。

归根到底,霍加特"谈奖学金男孩"的文化特质只是问题的一个方面,

---

① [英]雷蒙德·威廉斯:《文化与社会:1780—1950》,高晓玲译,吉林出版集团有限责任公司 2011 年版,第 343 页。

而另一方面是想借"奖学金男孩"中的"重要的少数"（earnest minority）不仅要传承好工人阶级的文化，体现真本的工人阶级的文化本质，还要更多地提升工人阶级对社会的辨别能力和鉴赏能力，提高工人阶级的文化整体实力。霍加特进而指出："对这些少数派来说，现在最重要的是对现状重新认识，并认识到他们的前辈所为之努力的思想现在正面临被遗弃的危险，物质进步会促使工人阶级在内体上倾向于将一种卑贱的物质主义作为一种社会哲学。"[1]"重要的少数"所承载的历史使命就是"通过思想上的启迪和教育作用，将人们从物质享受和令人麻痹的大众文化中觉醒，共同去建设一个真正民主和平等的社会"[2]。这些"重要的少数"就是以霍加特、威廉斯以及霍尔他们为代表的一批学业成绩优异的"奖学金男孩"，他们在勤奋好学的基础上，以政府兴办高等教育为契机，把人生的命运紧紧掌握在自己的手中，实现了"奖学金男孩"对个人成长的贡献，以及"奖学金男孩"对国家做出的贡献。这也深深地刻写着"文化身份"和"阶级文化"的烙印，因为对"奖学金男孩"来说，这确实是对他们成长和事业的发展极为重要的，也是里程碑式的文化政治。这不断地激励着这些"奖学金男孩"在英国社会的大舞台中乘风破浪，积极利用他们作为"边缘群体"的优势能量，践行对社会的批判和考问，积极参与新左派文化政治，与社会对话、与草根为伍，不断展示出"奖学金男孩"所具有的非同一般的过人才华。他们都为英国马克思主义文化理论在英国的崛起、发展、拓展付出了巨大的心力，受到了后来学人的高度赞许和评价，这就是"奖学金男孩"留给我们最重要的宝贵遗产。

---

[1]　Richard Hoggart, *The Uses of Literacy*, New Brunswick：Transaction Publisher, 1998. pp. 249-250.

[2]　周丹：《理查德·霍加特与早期英国文化研究》，四川大学博士学位论文，2008 年，第82 页。

第五节 "批评素养"文化政治①

霍加特是新左派文化政治和英国马克思主义文化批评的参与者、见证者，是英国文化研究的奠基人和创建者。他在英国新左派文化政治中书写的《识字的用途》被视为是文化研究史书中的"经典"。该书的思想建构源于霍加特得天独厚的"工人阶级文化身份"、源于他对英国高雅文化的批判、源于他对美国大众文化的忧虑、源于他对英国福利资本主义的考量。霍加特"大众文化"的本质性特征在于借助"成人教育"文化政治，去审视《识字的用途》的内核，去培育工人阶级的"阶级属性"，由此增强对社会真本的辨识、认知及审美，实现对社会文化问题的关切，这正是《识字的用途》的价值和意义之所在。

他出生于第一次世界大战之中，来自于英格兰北部的一个工人阶级家庭。他在家中排行第二，上有一个哥哥、下有一个妹妹。父亲出身于工人阶级家庭，母亲出身于商店主家庭，父亲在霍加特刚满 1 岁半时就去世，他的母亲在他七八岁时也去世了。霍加特他们三兄妹被分别送到三个不同的家庭收养。而年幼的霍加特可怜地与祖母、姑姑和姑父一起生活在利兹南边的汉斯雷特（Hunslet）。霍加特在《识字的用途》一书中用了很多的篇幅追忆他生活的童年，以及童年时期在利兹乡村的所见所闻，这段人生的经历铸就了他写作《识字的用途》中的重要素材，并构成为他书中的重要内容。

天资聪慧的霍加特于 1936 年在文法学校库克伯恩中学毕业后作为一等奖学金获得者被利兹大学英语系录取，1939 年获得学士学位、1940 年获得文

---

① 参见伏珊、邹威华：《文化研究史书中的"经典"：霍加特〈识字的用途〉》，《四川戏剧》（当代艺术观察）2014 年第 12 期；伏珊、邹威华：《理查德·霍加特与"批判素养"文化政治》，载《四川戏剧》（当代艺术观察）2015 年第 8 期，第 41—43 页。

学硕士学位。他于1940年至1946年服役于英国皇家海军,并在那不勒斯大学给士兵授课,奠定了他日后从事成人教育的基础。霍加特于1946年任教于英国胡尔大学,成为该大学校外培训部的成人教育部的一名讲师,他的成人教育生涯一直持续到他被任命为英国莱斯特大学高级讲师(Senior Lecturer)时,整整坚持了13年的时间,一直持续到了1959年。这段成人教育刻写着他人生成长中最重要的烙印,一方面,他以其独特和不平凡的人生经历把英国工人阶级的"文化意识"内化为他自身的行动体验;另一方面,他把成人教育作为实现他"文化抱负"的试验田,教授成人学生"文学知识",并把成人教育的实践整理成文,于1957年出版了英国版的《识字的用途:工人阶级生活面面观》(*The Uses of Literacy*:*Aspects of Working-class Life*)和美国版的《识字的用途:英国大众文化变迁模式》(*The Uses of Literacy*:*Changing Patterns in English Mass Culture*)①。从英国版和美国版的书名中可以看出一些差异,英国版的书名侧重于读者对"工人阶级文化"的共同认知和感受,而美国版的更强调英国大众文化的变迁,更凸显出20世纪30—50年代英国大众文化演变的系谱学,而隐藏了"工人阶级"这一具有英国特色的专有用法。事实上,这两个版本的内容并无二致,但是对不同的受众群体会产生不同的反应,这值得后来的学者深思。

---

①　目前在中文语境中,书名中的"literacy"有不同的阐释和翻译。有译为"文化知识的""文化的""素养的""基于教养的""识字的"等。到底如何翻译更能准确地表明霍加特的用意,这值得考究。霍加特曾接受访谈时谈道:"我觉得应该现在的文化知识状况恰好不妙。不是我一个人,而是很多人这样说。你知道这个数目,大约七分之一的成人在某种程度上是半文盲。比如,他们看不懂一张公共汽车时刻表,情况很糟糕。现在有一些希望,因为新的劳动党政府宣布把教育放在首位,但是谈何容易。"([英]马克·吉普森、约翰·哈特雷:《文化研究四十年——理查霍加特访谈录》,胡谱中译,《现代传播》2002年第5期,第82页)从这种阐释看,"literacy"翻译成"识字的"更符合霍加特的本意,同时,"识字"还有一个功能,除了扫盲以外,还有要提升国民的教育水平,他的最终目的是要让国民不仅仅具备"基本的识字的文化",还需具备"功能性的文化",或者"批评素养的文化",这种文化要求国民要对社会的变迁和发展有自己的甄别的能力,达到对社会要有批判意识,一种批判性的文化知识。与此同时,霍加特在他80岁时写的《信守承诺:老年思绪》(*Promises to Keep*:*Thoughts in Old Age*)一书中还特别提到,"甚至到今天,还有很多人16岁离开学校时还不能正确地拼写或计算,那些半文盲在社会中所占的比率估计是在12%到16%;而且很多更老的人们还依然维持在那个水平。"(Richard Hoggart,*Promises to Keep*:*Thoughts in Old Age*,Continuum,2005,p.31)

霍加特的《识字的用途》是文化研究的奠基之作,在书中他深深地受到阿诺德"文化与无政府状态"、利维斯夫妇、邓尼斯汤普森等"文明与少数人文化"的影响,特别从《细察》刊物中"文本细读"和 Q.D.利维斯《小说与阅读大众》中"人类学研究方法"中汲取养料。霍加特曾指出:"当然,我阅读过,并崇尚 Q.D.利维斯的《小说与阅读大众》,也认可《细察》以及相关出版物中相似的材料。尽管崇尚,但是总体上与它们保持适当的警惕,它们中的一些内容漏掉了,这足足花了我很多年去探寻它们,当时,我正处于写作《识字的用途》一书的艰难过程之中,这本书对利维斯夫人从事的工作表达敬意,这是一种真正的感谢。但是对我而言,最重要的是我写作时在利维斯夫人方法上的调整——与她写作中的内容保持距离,并整体上拒绝了她写作中的内容。"①但是,有意思的是,利维斯夫人在她弥留之际曾说过,雷蒙德·威廉斯和理查德·霍加特"是站在她的肩上成就了他们的名声",霍加特对此毫不回避地谈道:"我们确实从她那里学到了很多,我们也得感激她,但是我们也扎根于我们自身的土壤之中。"②20 世纪 50 年代英国工人阶级文化在美国大众文化"入侵"的情况下,他深入思考如何保持工人阶级文化的纯洁性和正统性等问题,这是霍加特通过获得"奖学金"在大学攻读完学士学位和硕士学位之后清楚认识到的最棘手的问题,这引起了他的警觉,这不是一般性的常识问题,而是深层次的社会和文化问题。这种大众文化问题与他历经的童年记忆中的 20 世纪 20—30 年代形成了绝大的反差,这是问题的关键所在。他在这两种文化的持续紧张张力中不断地挣扎着,如他在接受访谈时说道:"这似乎存在着一个悖论,它仅仅似乎是无奈,其实它值得深究,当我开始写作《识字的用途》时,我受 F.R.利维斯和 Q.D.利维斯的影响很深,我从写一本书开始,这本

---

① Richard Hoggart, *A Sort of Clowning*: *Life and Times*, *Volume II*:*1940-59*, London:Chatto and Windus,1990.pp. 134-135.

② Richard Hoggart, *A Sort of Clowning*: *Life and Times*, *Volume II*:*1940-59*, London:Chatto and Windus,1990.p. 135.

书用作成人教育教师的入门书,涉及报纸、通俗小说等(还没有电视)。我的确写了那些章节,但越写越难受,特别是写到 Q.D.利维斯《小说与阅读大众》时。她机智的谈论通俗小说,但通俗小说总是离她远远的,好像她的鼻子上顶了一根撑碟杆(peg on the nose),所以我对此书不满意。随后我开始描述我已熟知的工人阶级及其阶级文化的背景。那成了我这本书的前半部分。所以,这本书的第二部分才是开头,前半部分只是容纳这些事情的背景。许多人没有注意到其中的连接,尽管它们确实存在。"①

　　这不仅阐释出霍加特写作本书的思考路径,还探究了影响他写作的各种要素。这里面至少蕴涵着四种相互交织在一起的要素,第一是受到利维斯主义等前辈的深刻影响;第二是受到了美国大众文化的深刻影响,当美国大众文化大举入侵英国工人阶级文化时,霍加特显得有些手脚无措,有些失落和伤感;第三是受到他本人出身于工人阶级文化的深刻影响,这种影响是潜意识的,非显性的;第四是受到了他教授成人教育的影响,成人教育是包括霍加特他们在内的新左派知识分子从事"文化政治"的大舞台,他们崇尚"社会主义"价值观。霍加特在回忆出版《识字的用途》后周围人的反应时说道:"我们遇到的英文系的许多老师对此书保持沉默,好像议政厅的边门跑出一只讨厌的老鼠带来了奇怪——甚至难闻气味的东西",②这些遭遇非常能说明该书在选材、内容上与传统文学作品有很大不同,也注定了霍加特在"异类"中突出重围,成就了他作为文化研究奠基人的美名。

　　霍加特在写作《识字的用途》一书时,他关注的重点不是工人阶级文化本身,而是立足他从事成人教育的当下,结合在消费主义盛行的时代特征,把流行小说、广告、杂志、电影、流行文化等新兴的大众文化纳入其批判的视野,这

---

　　①　[英]马克·吉普森、约翰·哈特雷:《文化研究四十年——理查·霍加特访谈录》,胡谱中译,《现代传播》2002 年第 5 期,第 83 页。

　　②　Richard Hoggart, *A Sort of Clowning*: *Life and Times*, Volume II:*1940-59*, London:Chatto and Windus,1990.p. 143.

些大众文化被人们视为是"粗制滥造""低俗"的形象标识,它们正在侵蚀着工人阶级文化。这是霍加特生活的时代特征,为了帮助工人阶级提升文化素养,他最初给本书起的书名为《识字的滥用》(*The Abuse of Literacy*),期待猛烈地批评大众文化,这种想法是美好的。但是现实是,在霍加特给出版社交付书稿时,却面临着出版商的巨大压力,究其原因是他在书中所列举的事例都是针对市面上最热销的种种大众刊物,包括《世界新闻报》《雷诺新闻》《每日镜报》等。如果以《识字的滥用》出版的话,必然会遭到出版商的联合施压,这事关利益大事。所以,霍加特非常无奈地删除了那些对刊物不利的批评,而且还把书名更名为现在所看到的《识字的用途》,这是一种折中的思考,这本书"将重点放在了战后工人阶级的文化转型上,这样的转变反而成就了一部独一无二的英国工人阶级的近景描述,不仅将工人阶级这一被普遍忽视的群体置于文化研究的舞台之上,也为后来的文化研究提供了重要的方法论上的参照。"①这或许是霍加特当初始料未及的,真是无心插柳柳成荫。正是这部描写工人阶级文化和大众文化的书成就了一代大师。他研究的内容、研究的思路、研究的方法等独具特色,这些为英国马克思主义文化批评和英国文化研究的发展提供了学理上的土壤。

霍加特在《识字的用途》一书中把他自身的工人阶级"文化身份"与20世纪20—30年代的英国工人阶级文化和50年代受美国深刻影响的大众文化放置在一个问题空间,通过"新的时代"和"更旧的秩序"生动描述,透视出大众文化对英国工人阶级文化发展变化的深刻影响,凸显出由此带来的严峻挑战。在《识字的用途》的开篇霍加特清楚地指出了该书的写作目的:"这是一本有关过去30年或40年工人阶级变化的书,而他们的变化在很大程度上是由大众出版物(mass productions)所引发的。"②这样一来,他把"新的时代"和"更旧的秩序"两者联系在一起,这是一种联动反应,成为一种张力的互动。

---

① 张咏华、沈度:《理查·霍加特的文化研究理路》,《现代传播》2011年第1期,第51页。

② Richard Hoggart, *The Uses of Literacy*, New Brunswick: Transaction Publisher, 1998. p. xii.

　　《识字的用途》全书分为了两个大的部分,第一部分关注"更旧的"秩序(An"Older"Order)。涉及工人阶级们(The Working-Classes)的属性问题;场景中的人物风景画,如头口传统:抵制与适应;这种正规的生活方式:"没有像家的地方"、母亲、父亲、邻里关系;"他们"与"我们",包括了"他们":自尊、"我们"——最好和最差、"宽容大度":"活着和让人活着";人们生活的"真实的"世界,包括了个人的与具体的、原初宗教、通俗艺术举例——《派格报》(Peg's Paper);充实富足的生活:即刻,当下,愉悦:命运和幸运、"世界上最大型蜘蛛抱蛋属植物"(Aspidistra),"游览巴洛克"、通俗艺术举例——俱乐部歌唱。第一部分主要关切霍加特生活的那个时代工人阶级的一些基本特征,如通过《派格报》的分析,霍加特认为工人阶级的艺术仅仅是一种展示,而非探索,是对已知事物的表现。它探究工人阶级普通人的日常生活和写照,工人阶级的故事也是忠于日常生活。关注工人阶级家庭之间的这种和谐的、浪漫的家庭关系和邻里关系。工人阶级在俱乐部所歌唱的都是些爱情、亲情和友情的伤感和怀旧的内容和素材。工人阶级文化总体上立足于霍加特生活的那个时代的乡村共同体以及由此阐发的道德准则和单纯朴质的生活模式。

　　在霍加特看来,工人阶级文化可以表征在很多方面,诸如"宗教"。"宗教"原本是统治阶级对被统治阶级实施"文化霸权"统治最有效的策略,但是在工人阶级文化形态中"宗教"的意义被出人意料地改造了。在工人阶级看来,"宗教"意味着:"做好事""起码的礼貌""救助瘸腿的小狗""待人和善""像你期望受到的对待那样去对待别人""我们应当帮助其他人""帮助你的邻居""从错误中学到正确的东西""过体面的生活"等。"这就是家长们长久以来一直给孩子报名参加主日学校(Sunday school)的主要原因。次要原因我们也不陌生:父母们期望有一个属于他们的宁静的周日下午,有时间他们会用命令孩子在课后到下午茶的这段时间里出去跑步的方式来延长这份宁静时光;或者妈妈已经辛勤地做了一上午的饭之后小打个盹。不过,所有这些背后都有一个意识,即主日学校能提供一种熏陶,避免孩子'走上邪路'。"①同时,霍加特非常认同他所处的乡村工人阶级拥有的本朴的阶级属性和道德共同体。他认为,各种社群常常会通过"他者"去获得自我认同,最好的方式就是去区分"他们"与"我们"。"他们"指的是那些老板们、公职人员、警察,还有那些被当地政府雇佣的人员,"他们"是"上层的人们",那些更高级别的人们,施与你救济的人们,召唤你的人们,号召你去上战场的人们,惩罚你的人们,等等。当然,这种划分也不是一成不变的,可以随着特定的时空在"他们"与"我们"之间转化。"这一点在后来反对斯大林主义的僵化阶级论的新左派读者来说,自然具有非同一般的意义。"②值得一提的是,霍加特的《识字的用途》文本在新左派读者圈中引起了广泛的关注和热议,绝大多数人持"肯定"和"赞成"的观点,表示这对新左派运动的支持,更是对英国工人阶级文化"阶级意识"的支持。

第二部分关注"让位给新时代"(Yielding Place to New)。涉及失去张力(Unbending the springs of action),包括了宽容与自由、"人人现在都在行动"或者"所有的帮都在此":群体意识和民主平均主义、活在当下和激进主义(progressivism)、冷淡主义(indifferentism):"个人化"(personalisation)和"碎片化"(fragmentation);对无实质内容世界的引诱:更新些的大众艺术(Invitation to A Candy-Floss world:The Newer Mass Art)、举例一:家庭周刊杂志、举例二:商业的流行歌曲;更新些的大众艺术:光鲜裤兜中的性,包括了电唱机男孩(the Juke-box Boys)、"火辣的"杂志、性与暴力小说;失去张力:毫无张力怀疑主义的注解,包括了从怀疑主义(scepticism)到犬儒主义(cynicism)、一些寓言人物;失去张力:连根拔起和焦虑的注解;奖学金男孩、文化的栖息之地:对理想

---

① Richard Hoggart,*The Uses of Literacy*,New Brunswick:Transaction Publisher,1998.p. 84.也参见程祥钰:《经验与历史——论霍加特的〈识字的用途〉》,《文艺理论研究》2012 年第 4 期,第139 页。

② 程祥钰:《经验与历史——论霍加特的〈识字的用途〉》,《文艺理论研究》2012 年第 4 期,第 140 页。

的怀旧（nostalgia）；以及恢复力（resilience）：当前大众文化趋势；等等。

对霍加特而言，在英国工人阶级族群中盛行着两种倾向，工人阶级中的一种人认为对他们的工作与其他事情都缺乏生活的热情和激情，一心只为能够赚取钱财，养家糊口。还有一种人漂在残酷的现实社会，无事可做，游手好闲，在酒吧和电唱机世界中虚度光阴，消磨人生意志。在霍加特看来，英国工人阶级的文化与生活主要体现出独特的带有消极的文化特质。第一个特质体现在容忍和自由之中。容忍是英国工人阶级对待生活和现实世界的普遍认知态度。而"自由不是一种哲学、一种抽象的追求，而是一种建立在丰富的物质基础上的随心所欲，一种感观享受上的欢乐满足。人们常常从物质享受中感受到自下而上的自由（freedom from），而不是追求一种抽象的、这些意义上的源于何处的自由（freedom for）。"①第二个特质"每个人都在齐心协力"或"所有人都参与其中"：群体意识和民主的平均主义（Democratic Egalitarianism），这是英国社会现实中工人阶级感最强烈的表征。群体性特质是工人阶级团结和联合在一起的重要保障。但是其缺陷是工人阶级本身群体性对社会的辨识度不高，不够敏锐，消减了它价值的认可度。现实生活中的大众媒介作为背后推手，出于利益的驱动，积极迎合并满足工人阶级群体的口味，积极催生出一种"民主的平均主义"，其目的是为了打破工人阶级自己独立的个人价值判断，在对待现实世界时，总是得过且过，缺乏主见，要么全盘接受、要么全盘否定带有普遍性的观点。第三个特质是活在当下（living in the present）和"激进主义"（progressivism）。在霍加特看来，活在当下是工人阶级最现实和最直接的价值取向，他们认为当下的东西是最时髦的，最新的就是最好的，这种认识与对生活态度持有的激进主义保持一致的认知，英国大众社会正是被大众媒介和广告商充分利用，来自美国的商品通过上好的包装一跃成为英国的时髦货。这种认识态度反映出英国工人阶级对现实大众文化的"趋之若鹜"。第四个

①　Richard Hoggart，*The Uses of Literacy*，New Brunswick：Transaction Publisher，1998．p. 133.

特质是冷淡主义(indifferentism):"个人化"(personalisation)和"碎片化"(frag-
mentation)。他们在很大程度上把自身与外界社会分割开来,对自身以外的世
界漠不关心,一直陶醉于自身认知的"共同体"世界之中。这四个特质是霍加
特对现实英国社会透视的个人化的认知体念,在一定程度上反映出工人阶级
文化在面对多种"价值"诱惑的处境中面临的艰难抉择,有些反映出工人阶级
对现实世界主动积极的态度,而有些是他们内在的、根深蒂固的文化劣根性。
这也是最令他忧虑的。

　　从第二部分可以看出美国大众文化对英国工人阶级文化的影响是非常巨
大的。这部分重点分析了流行音乐、通俗杂志、大众小说、性与暴力小说等在
内的各式各样的新的大众文化形式。那么大众文化的庸俗化和粗制滥造具体
表现在哪里呢? 在霍加特看来,第一,美国式的大众文化具体强烈的个人主义
色彩,对工人阶级赖以生存的乡村有机共同体报以冷淡主义的态度。这是美
国式大众文化最鲜明的特色,个人主义抛弃了应有的道德和价值认同,以追逐
利益和金钱为至高的法则。第二,大众文化内容和素材上绝大多数都"缺乏
生活的真情实意",这些内容是碎片化的和分离的,是断层式的。第三,大众
文化,特别是大众出版商试图把读者严格控制在一种只许接受的被动的状态
之中,"我们必须牢牢抓住流行出版物的本质特征——它们是大规模的商业
组织的产物,它们不属于严格意义上的新闻史,也不属于商业、政治,而是属于
娱乐。"①

　　同时,这些家庭周刊杂志中大都与"性"有关,它们摆放在工人阶级购
物区的报刊亭和杂志店中,这些"火辣"的杂志主要刊登犯罪小说、科幻小说、
中篇性爱小说等。这些种类的小说最突出的不是因性而受到青睐,而是性挑
逗中流露出来的轻浮。还有一种非常重要的大众小说:性与暴力小说,这种小
说最俗气,对工人阶级群体,特别是工人阶级的青少年群体产生不良的影响,

---

① Richard Hoggart,*The Uses of Literacy*,New Brunswick:Transaction Publisher,1998.p. 186.

这是霍加特最为批判的。与此同时,霍加特也非常关切商业化的电影、广播以及广告等大众文化类型。这些大众文化同样是值得批判的,因为这些不符合工人阶级的文化品位,有可能摧毁工人阶级文化的道德观和价值取向。霍加特认为:"新式流行出版物的失败不是因为它们难以代替《泰晤士报》(*The Times*),而是因为它们只是苍白地(bloodless)去模仿它们想要成为的杂志,因为它们是苍白的(pallid),但却巧妙地拓展了19世纪追求感观主义(sensationalism)的风气,一种源自于伊丽莎白时代本土作家强烈的感观主义的巨大衰落。它们备受指责并不是因为它们不能使人成为高眉(highbrow,有知识),而是因为它们不是真正的具体化的和个人化的。"①

这就是真实的美国式大众文化的写照,霍加特在《识字的用途》中批判大众文化只是一个开始,之后他一直不断地关注大众文化问题,如他发表的一篇文章《文化:死的与活的》收录在他的文集《相互言说》之中②。在这篇文章中,霍加特用活的文化指代"工人阶级的文化"、用死的文化指代"大众文化"。当然,他有关大众文化的最新思考集中反映在他于1995年出版的著作《我们现在的生活方式》(*The Way We Live Now*)③中,在霍加特看来,大众文化的文化特质有:第一是它充满天赋和活力。第二是它必须要展示自己在智慧、想象力和道德上的水平状态(horizontality),以求吸引更广大的读者群。第三是它的寄生性(parasitic),这种充满大众文化机器复制时代的各种元素充斥着整个消费市场。第四是它越来越缺乏实质性的内容和东西,越来越充满性和暴力。④ 总体上看,霍加特对待大众文化是持批判立场的,这与《识字的用途》在

---

① Richard Hoggart, *The Uses of Literacy*, New Brunswick: Transaction Publisher, 1998. pp. 262-263.

② Richard Hoggart, "Culture and Alive" in *Speaking to Each Other: Volume 1, About Society*, New York: Oxford University Press, 1970.

③ 该专著在美国出版时使用的书名为: *The Tyranny of Relativism: Culture and Politics in Contemporary English Society*, New Brunswick: Transaction Publishers, 1998。

④ 转引自周丹:《理查德·霍加特与早期英国文化研究》,四川大学博士学位论文,2008年,第44—45页。

观点和立场上是一致的。他之所以有这样的执着,其根源源自他的工人阶级的文化属性。霍加特立足于英国现实语境,从工人阶级属性本身出发,去思考工人阶级中的"阶级"属性。

霍加特在《识字的用途》开篇就谈到了"谁是工人阶级们?",他在此用了复数的阶级(classes)去取代单数的(class),表现出了霍加特对工人阶级本身阶级属性持有的观念,而不是只是去关注作为"一个阶级"的工人阶级属性,而是去关注较低层中产阶级(lower middle-classes)①。这是霍加特对工人阶级文化持有的固有立场。并且他着力指出,"经常有人说,现在英国已经没有工人阶级了,'不流血的革命'(bloodless revolution)已经发生了。"②在《识字的用途》结尾部分,霍加特依然无不遗憾地认为,"我们可以理性地看到,我们的确正在变成无阶级的——换句话讲,我们中的绝大多数人正在被整合成一个阶级。我们正在成为文化上的无阶级(culturally classless)。"③这种"文化上的无阶级"在现实的英国社会"与统治阶级意识形态共谋使工人阶级遭受的不仅仅是经济上的'收编',而且是文化上的'收编',后者比前者更隐蔽、更可怕。"④这种认识充分体现出葛兰西"文化霸权"在建构统治意识形态上的成功,是英国马克思主义文化批评思想在霍加特著作中最有效的阐释,也是最为重要的论点。

第二次世界大战以来的英国社会现状确实给人们带来了很大的欺骗性和蛊惑性。霍尔也曾经撰文指出"无阶级的意识"文化政治学问题,他也深刻地剖析了工人阶级文化在消费主义、大众文化盛行的英国,人们生活富足、收入增多、福利国家的建立等让人民对现实的英国产生了"含混的状态"的认知。从表层上讲,工人阶级的阶级属性消失了,已经资产阶级化了(bourgeoisifica-

---

① Richard Hoggart, *The Uses of Literacy*, New Brunswick: Transaction Publisher, 1998. p. 5.

② Richard Hoggart, *The Uses of Literacy*, New Brunswick: Transaction Publisher, 1998. p. 1.

③ Richard Hoggart, *The Uses of Literacy*, New Brunswick: Transaction Publisher, 1998. p. 265.

④ 周丹:《理查德·霍加特与早期英国文化研究》,四川大学博士学位论文,2008 年,第77 页。

tion），社会已经变得没有"阶级了"，这是新左派文化政治思考的重要问题。同时，威廉斯也曾中肯地指出："有人争辩说工人阶级现在正在变成'资产阶级'……但是拥有实用的物品，或者享受高度的物质生活水平，并非就是'资产阶级'。……资产阶级文化与工人阶级文化的首要区分应该是整个生活方式的区分，而且，我们区分整个生活方式，一定不能有囿于居室、衣着与安逸模式之类的证据。工业生产造成了居室、衣着与安逸模式一致化的趋势，而最重要的区别在于一个不同的层次上。……重要的区别因素在于有关社会关系的性质的各种观念。"①

由此看出，包括霍加特在内的那批新左派知识分子都非常关注工人阶级的"阶级身份"和"文化身份"状况。霍加特并不担忧战后工人阶级与其他阶级，尤其是资产阶级的社会差距缩小，甚至消失，而是担心在消费主义、资本主义与大众文化的侵蚀下，英国工人阶级文化的失落，再也找寻不到工人阶级文化的特征和属性，这是最可悲之处。不然的话，工人阶级文化就会沦为消费文化、大众文化的奴隶和牺牲品，这是工人阶级"恶化"下的下场和"悲惨命运"。霍加特曾中肯地指出，"显然，没有人不喜欢看到大部分工人在所有方面得到改善。有更好的居住条件、健康、消费品和教育机会，我所描绘的是：随着文化变迁的接踵而至，不总是改善，在一些更重要的方面带来了更加恶化的情形。"②这种解决"恶化"的办法最有效的就是通过教育提升工人阶级甄别是非、好坏的能力，这也就是霍加特他们要持之以恒地开展"成人教育"的真正动机和目的，这也是为什么他对"文化"感兴趣的真正意图。正是这些缘由激励着霍加特坚持不懈地参与英国新左派文化政治运动、去为工人阶级呐喊助威，去书写工人阶级文化研究的壮丽篇章了。这正是霍加特的独特之处，铸就了他对英国文化研究的杰出贡献，也使得《识字的用途》成为了文化研究史书

---

① ［英］雷蒙德·威廉斯：《文化与社会》，吴松江、张文定译，北京大学出版社 1991 年版，第 403—404 页。

② Richard Hoggart, *The Uses of Literacy*, New Brunswick: Transaction Publisher, 1998. p. 129.

中的"经典",成为后来学者研究英国新左派文化政治、英国文化研究、英国马克思主义文化批评、英国"文化马克思主义"不可或缺的参照。

霍加特是 20 世纪英国学术界最令人敬仰的一位老师、文化研究的思想家和社会活动家。他出身于英国工人阶级的家庭,这种人生境遇给他提供了认识和观察世界最朴素的视角,以及最本色的特质。20 世纪中叶发生在英国的新左派文化政治运动给英国立志于改造英国现实社会、有责任担当的学者和有机知识分子提供了施展能力的舞台,霍加特就是其中最杰出的代表之一。他心系英国工人阶级群体,站在英国工人阶级的立场上,设身处地地思考问题,为现实的英国社会找寻出路,为复兴英国的社会主义探究机理的缘由。他因"奖学金男孩"文化政治而成为那个时代一颗冉冉升起的星星。他广泛参与英国新左派文化政治,参与英国新左派读书俱乐部的"学术活动",参与英国"成人教育"文化政治的活动实践,探究英国工人阶级文化的生存语境和未来的出路。作为英国利兹大学的高材生,他对英国现实社会有其自己独到的见解和认知,在现实社会和生活活动中,他以新左派文化政治为出发点,以英国"成人教育"文化政治为突破口,站在英国传统"精英文学"和"精英文化"的对立面,从英国国内国外的现实语境出发,深刻剖析英国现实"大众文化"和"精英文化",诠释苏联式的社会主义和英法式的资本主义存在的"侵略性",为英国工人阶级文化的发展和诉求提出了重要的见解和认识。通过培育和教化英国工人阶级的识字能力、阅读能力、创造性理解能力,以期达到提升他们对现实英国的"批判能力",这是霍加特思考问题的重要主题和核心问题,也是霍加特从事文学创作和文化研究的真本诉求,凸显出他对英国新左派文化政治、英国"成人教育"文化政治,以及英国文化研究做出的杰出贡献和学术价值。

霍加特在英国新左派文化政治的实践中,积极参与社会实践,参与新左派读书俱乐部的文化政治活动,充分利用新左派期刊《理性者》《新理性者》《大学与左派评论》《新左派评论》这些向学术界发声的阵地,在英国"成人教育"

的文化政治舞台上广泛传播他的思想。他自由地游走在大学校内外和学术界,把其所学、所思和所想广泛地与社会文化政治运动紧密地结合在一起,把文学、政治学、社会学、历史学、民族志等学科知识和种族、阶级、亚文化、青年文化等主题有机地结合在一起,实践他对英国工人阶级群体"文化"的认知,提升他们对"大众文化"的鉴别能力,培育他们对现实社会的批判能力,这是霍加特对英国工人阶级文化做出的杰出贡献。

　　"成人教育"文化政治伴随着英国工业革命而不断得到壮大,技术工人和产业工人在英国工业革命和现代化实现的过程中起到了不可替代的作用。"成人教育"文化政治在促进英国社会不断发展和进步的过程中扮演着非常重要的角色。一方面,它对"精英文化"群体和"统治阶级"群体产生了巨大的冲击,这使得"成人教育"文化政治在现实社会中面临"两难"和"尴尬"的境地,但是这又是不可阻挡的一股洪流,在历史的长河中不断地推动着英国社会的进步。另一方面,它对英国现实社会生活中的"底层社会"和边缘群体有着强烈的吸引力,在推动和提升英国工人阶级文化政治启蒙的过程中起到了决定性的作用。因为工人阶级群体可以充分利用"成人教育"这种平台,可以冲破统治阶级千百年来压制和束缚的禁区,把自身充分解放出来。他们也可以像英国上层社会和精英阶层群体那样,可以读书,识字,阅读小说,认识科学知识等,增加了他们对英国现实社会的具体感悟和直观感受,从而唤醒他们对英国现实社会的参与能力,并由此增强他们对现实世界的改造能力,提升英国工人阶级的整体文化水平,从英国现代教育中获得应有的地位。纵观近代以来的英国教育制度改革,英国工人阶级出身的大批知识分子都与"成人教育"文化政治有非常密切的关切。"奖学金男孩"文化政治正是这种"成人教育"文化政治启蒙的直接产物,英国文化研究的精神领袖威廉斯、霍尔、汤普森都是"成人教育"文化政治直接的参与者和受益者。霍加特把青春和热血全力投入到"成人教育"文化教育运动中,采用多种形式的教育方法和教学策略,把大学学习和对现实社会的认知体悟有机地融入到成人教学的实践之中,结出了丰硕的成果。

霍加特的《识字的用途》就是这种成人教育实践活动中最成功的范例,他通过对他生活时代的详细观察,认识到以阿诺德、利维斯为首的那批学者所坚守的"精英文化"阵地,越来越多地受到了现实社会的挑战,这在直觉上与他们保持了相当的距离,甚至在很大程度上与他们的思想完全割裂开来。同时,霍加特基于对英国现实的消费资本主义的认识,他把流行的小说、广告、杂志、电影、流行文化等新兴的大众文化统统纳入到他的写作和思考之中,他对这些"大众文化"现象做出了深刻的批判,他直接唤醒了对英国工人阶级对"有机社会"和英国工人阶级文化的无限思念。这些文化现象与他生活的英国传统的文化生活产生了直接的冲突和对抗,这是霍加特最为失落的,也是极为失望的地方。这些现实生活中活生生的素材给霍加特和"成人教育"学员产生了巨大的冲击,通过课堂教学、课外调研和教学探讨等多种形式把现实的英国文化生活所面临的处境和问题直观地呈现在他们的面前,通过霍加特这批学者的有意识的引导,增强了"成人教育"学生对现实问题的深入认识,不仅增长了知识和才干,还提升了他们对复杂现实社会的甄别能力,对提升英国工人阶级的整体文化认知起到了不可或缺的作用。这种对现实世界的批判能力是"成人教育"文化政治和新左派文化政治最直接的硕果,也是包括霍加特在内的新左派知识分子当初万万没有想到的地方。换句话讲,"成人教育"文化政治在很大程度上讲就是"批判素养"(critical literacy)文化政治,它对我们认识英国新左派文化政治、英国文化研究的勃兴,伯明翰学派的文化理论、英国马克思主义文化批评思想的茁壮成长起着重要的作用。

霍加特的《识字的用途》为我们展示了 20 世纪 20—50 年代这 30 多年的时间内,英国工人阶级因面临的生存境遇而提出的文化思考。他一方面批判利维斯主义的文化价值取向,另一方面也批判美国式的大众文化,同时他还透视工人阶级自身在消费文化和资本主义,其真正的用意和目的是为了找到如何解决工人阶级所处的困境,更进一步发展工人阶级文化自身在现实语境中生存的"能动性"和"自觉性",并借助"成人教育"这个大舞台,去培养和提升工人阶级的"批评素养",为他们在社会中有良好的生存占有一席之地,这是霍加特的夙愿,也是他一直所牵挂的。"当然,批判素养是霍加特著述中《识字的用途》到《两个世界之间》(*Between Two Worlds*)中激动人心的中心议题"。① 多年以后,霍加特在《识字还不足够》的文章中非常清晰地诠释出他对"批评素养"的界定,并为工人阶级的生存出路找到了一条可行的路径。在他看来,"这是一种具备批判性意识(critically aware)的素养,它不随意拿来(take in),这种需求能够'读出'(read)存在于语气、选择、仅凭喜好而定(ad hominem)的错误主张和其他东西中的欺骗性。"②也就是说,英国工人阶级在接受教育的过程中,学习文化知识,能够识字只是最基本的,是基础性文化。其次是阅读,识字与阅读两者相互交织在一起,"识字是基础性的,必要的入门,是初始的工具;没有识字我们就不可能阅读,即或是拥有了它并通过了官方的识字能力,我们也只能是在最肤浅意义上能够阅读。我们可能理解这些词汇的字面意义,我们可能阐释那些词汇的在句子和段落中的意义。"③同时,还要对文化有甄别能力,形成自己对社会问题的"批判意识"。由此,霍加特进而指出,这种在阅读中去培养工人阶级的批判意识和评判素养:"它意味着要把识字的培养结合起来,教会他们在通向民主的公共社会中生活会面临的困难、挑战和利益所得。意味着揭露(blowing the gaff)那些猖獗的大小腐败,揭穿谎言(humbugging)和那些自以为是(smart-alec)的说服者;意味着学会怎样才能阅读印在保险单上的内容,确保大多数买卖;意味着告诉门口的门童各种方法去清除邮件,并把废弃的邮件秘密地扔进放废纸的篮子里;意味着模仿

---

① Graeme Turner, "Critical Literacy, Cultural Literacy, and the English School Curriculum in Australia", in *Richard Hoggart and Cultural Studies*, Edited by Sue Owen, Palgrave Macmillan, 2008. p. 24.

② Richard Hoggart, "Literacy is Not Enough: Critical Literacy and Creative Reading", in *Between Two Worlds*, London: Aurum Press, 2001. p. 195.

③ Richard Hoggart, *Between Two Worlds: Essays*, Aurum Press, 2001. pp. 192-193.

电视广告(一切都很简单)——尤其是攻击下垂的下腹部的那些广告;意味着认真仔细地探究各种政治表征,以及关切生活窘困的受过良好教育的很多的其他的东西。"①

霍加特为"成人教育"学生和工人阶级群体提供了非常详尽的认字技能,以及在现实的英国社会从生活点滴入手,培育他们从"文化人"和"有教养人"的角度去了解社会、认识社会,进而辨别社会哪些是好的,哪些是不好的,由此可见霍加特在"成人教育"文化政治上所倾注的热情和良苦用心。

由此,教会工人阶级识字只是最为基础的,在此基础上要学会阅读,这种阅读不是简单地读懂字面涵义,最重要的是要在简单阅读的基础上培养创造性阅读(creative reading),并由此去提升批判性意识。它意味着要思想敏锐,更仔细地观察社会,提出疑问。霍加特曾举例指出这种批判性意识和批判素养提升的重要性:"我的小儿子早渥维奇在继续教育学院工作,讲授英国文学和文化研究,是个兢兢业业的老师。学生们都十八九岁,许多是黑人。他做了一个能说明我观点的简单的观察。他注意到学生们走进教室时,大都带了一个大音响。所以他买了最近一期 *Which*(《消费指南》杂志),是对大音响的调查。这期杂志提供了关于音质、外形、音量等信息,上面还有图表。他给每个学生一份复印件,说:'好好看看,我会对你们想知道的都进行解释'。他们以前从未看到图表,也从未想过比较商品质量。他们仅仅是跟同伴赶时髦,并非出于压力,而是随波逐流。要不就是听从广告,或看橱窗而动心。所以这种教育是一种启示,在一个到处都是巧色如簧的公关人员的社会,你可以做决定。一个男孩站起来说,'见鬼,我受骗了。'这就是活生生的批判性文化知识,它刚刚开始。"②

这是霍加特心目中的"批判素养"提升的鲜活的事例,这不仅仅对工人阶级有用,还对工人阶级追求和提升教育的社会责任有用。这也是典型的英国

---

① Richard Hoggart, *Between Two Worlds: Essays*, Aurum Press, 2001. p. 196.

② [英]马克·吉普森、约翰·哈特雷:《文化研究四十年——理查霍加特访谈录》,胡谱中译,《现代传播》2002年第5期,第82页。

现实生活中活生生的"文化"现象,这是工人阶级青年文化的大众表征。这种"文化"并非被动的,而是通过一定的教育策略唤醒他们对社会的批评意识,这种认识在霍尔那里得到了有力的佐证:"《识字的用途》中所暗含的一个主张认为,工人阶级受众并非中产阶级和大众媒介可以加以规划的空洞容器——一张白板(tabula rasa)——无论他们想要什么。他们并不仅仅是虚假意识(false consciousness)或'文化傻瓜'(cultural dopes)。他们有其自身的'文化',尽管它可能缺少由文学传统所提供的圆滑世故(sophistication)和权威性,同时,这种文化也并不确定连为一个整体。这种'文化'以其自身的方式、与有教养阶层的文化一样厚重(dense)、复杂,得到了充分地表达(articulated)并且具有道德属性。由此,文化产品的作用不能被'读尽'(read off),或直接从为他们消费而产生出的产品内容来推断,因为,为了具备一切深层的'社会效果'(social effects),它们必须进入已经得到充分阐释的社会文化世界并积极地得到协商。在此意义上,阅读是一种文化实践。"①

霍加特所崇尚的"文化"是工人阶级所思、所言和所想的东西,它具有实实在在的意义,在现实社会中规范和约束工人阶级的一言一行。在信奉工人阶级价值观的过程中他们使用了属于他们阶级的道德规范,从而对他们自身的行为和他人行为做出价值判断。这样一来,工人阶级的文化就变得有意义(make sense),突出它本身的主动性和能动性。这其中蕴含了一种非常深刻的洞见,它对传统的"文化"价值提出了批判性的挑战。"它让文化分析不可逆转地反对任何还原论(reductionism)趋势——无论是向纯粹的意识形态,'经济'还是'阶级利益'还原——不过,它并没有否认社会利益影响到意识形态和文化如何发展,也没有否认社会定位对哪种观念得到采纳并获得实施具

---

① Stuart Hall, "Richard Hoggart, The Uses of Literacy and the Cultural Turn", in *Richard Hoggart and Cultural Studies*, Edited by Sue Owen, Palgrave Macmillan, 2008. p. 24.也参见[英]斯图亚特·霍尔:《理查德·霍加特、〈识字的用途〉及文化转向》,载张亮编:《英国新左派思想家》,江苏人民出版社 2010 年版,第 42 页。

有重要意义。当然,这对其理论工作产生了影响。文化与社会之间的关系不能被假定,并且,因为它不能机械的操作——就像马克思曾说思想领域之内对经济的'反映'(reflex)那样——所以,它不得不在自己所有的具体性和历史特殊性中重新概念化。文化不是由自由流动的观念所组成的,它不得不被理解为是嵌入在社会实践中的。但它并不是更为决定性的'基础'在某种依赖性的'上层建筑'中的反映。"①

事实上,霍加特对"文化"的认识与新左派文化政治对"文化"的认识在内核上是一致的。霍加特《识字的用途》的出版在新左派文化政治圈中产生了重要的影响。首先对此作出回应的是牛津大学的各种新左派学生,他们以《识字用途》为研究对象,深入讨论了战后苏联式的社会主义的性质、英国式的资本主义的性质、美国式的消费大众文化的社会特征、冷战的冲击、帝国主义的复活,尤其是马克思主义的当代价值以及在这些新的历史条件下新左派运动的前景等问题。由霍尔发起,在他主编的《大学与左派评论》1958年第2期上组织了一组重要的专题论文集,去讨论《识字的用途》,这其中就包含了威廉斯极为重要的评论性的文章。这使霍加特以及《识字的用途》等在新左派文化政治圈得到了极为广泛的传播,并不断地拓展了霍加特及其思想的影响范围,也增强了霍加特在实践文化政治的过程中对英国"成人教育"学生的培养、培育和教化的效果,这是他梦寐以求的,也是他从事学术研究和民族志研究最核心的主题和问题关切。

很大程度上,霍加特为后来者思考"文化"的价值和意义提供了重要的范本,也是重要的参照。在《识字的用途》出版后,他一方面积极地参与到新左派文化政治的理论建构中,同时他集合他对"文化"和"社会"问题的复杂思

① Stuart Hall,"Richard Hoggart,The Uses of Literacy and the Cultural Turn",in *Richard Hoggart and Cultural Studies*,Edited by Sue Owen,Palgrave Macmillan,2008.p. 25.也参见斯图亚特·霍尔:《理查德·霍加特、〈识字的用途〉及文化转向》,载张亮编:《英国新左派思想家》,江苏人民出版社2010年版,第43—44页。

考,不管是他于1964年与霍尔在伯明翰大学建立当代文化研究中心,还是他前往联合国教科文组织赴任,以及后来回到英国,再到英国任伦敦大学金史密斯学院(Goldsmith College)等经历,都可以看成是他对"文化"批判性"素养"的实践,所有这些都倾注了他对"文化"的批评性认知。同时,他也是英国文化研究勃兴的开拓者和领路人,他为英国的学术研究开辟了一条崭新的道路,他把自己所思、所想与他本人的工人阶级属性的"文化身份"有机地结合在一起,从英国学术的本土中找寻资源,通过体验、感悟,在成人教育中播撒"文化"教化的种子,把思考问题的触角延伸到社会的底层,从人民日常生活的点点滴滴中去培育工人阶级的"文化素养",以"他者"和"边缘"的视角去审视社会中存在的现实问题,为文化研究和伯明翰学派的文化理论在英国的发展做出了杰出的贡献。

毋庸置疑,霍加特是英国那个特定时代从事社会批判和文化理论研究的杰出代表,他在继承先人文学文化知识素养的基础上,着力把他自身"边缘"的出身、从军的难忘经历、成人教育的体验、新左派文化运动、工人阶级的疾苦、面对美国大众文化的彷徨以及他所坚持和信奉的社会主义等有机的结合起来,从"奖学金男孩"独特的书写视野中去探究他对"成人教育"的深刻认知,诠释他对英国工人阶级群体"批评素养"文化政治的培育,这对提升和整体推动英国社会的向前发展起到了不可估量的作用,与此同时,还为英国文化研究的最终体制化的形成打下了坚实的思想和认知基础,这对思考霍加特"批评素养"文化政治带给我们的遗产,对我们研究霍加特的文化理论思想,研究《识字的用途》、研究英国文化研究中工人阶级的文化都具有重要的价值和意义。

第六节 文化是整体的斗争方式

E.P.汤普森是20世纪英国最具有影响力的马克思主义历史学家、文化研究的奠基人、英国马克思主义文化批评思想的建构者。他是第二次世界大战以来对英国社会、政治、经济和文化影响最重要的关键性人物。一方面,他是英国共产党阵营中最早退党的人员之一,也是最早批判苏联式马克思主义、英国教条式马克思主义的杰出学者。他最早发起英国的新左派文化政治运动,并身先士卒,一马当先,驰骋在英国文化政治运动的最前沿,为英国的社会变革和社会主义发展找寻出路。另一方面,他把其父辈、兄辈丰富的人生阅历和对社会深刻的理解完全纳入他认知社会的版图之中,不仅指导着英国新左派文化政治运动的蓬勃开展,还亲自参与社会实践,利用成人教育这种"教化"人的有利平台,全面透视英国工人阶级的生产现状和文化、历史传承,注重工人阶级的文化主体性、主动性和创造性,与英国新左派运动和英国马克思主义文化批评思想家霍加特、威廉斯、霍尔、安德森等一道不断书写出英国工人阶级壮丽的诗篇。他们在新左派刊物的带动下,不断地在交流、交锋中促进理论思想的更新,为英国文化研究和英国马克思主义文化批评思想在英国的建构和发展做出了杰出的贡献。在谈到成人教育对他的影响时,汤普森不无动情地说道:"我之所以参加成人教育工作,是因为对我而言这是一个能够了解工业化的英格兰、能够与学生教学相长的领域,而事实也的确如此……(成人教育和基层党组织工作)是两个我随时随地能够向人民学习的领域。"[1]这里的人们显然是指涉英国工人阶级,这是他深入工人阶级群体最有效的办法,也是最重要的途径,他在向英国工人阶级学习的同时,从历史中不断挖掘和思考,不断地把英国工人阶级的文化属性展示在公众面前,呈现出英国工人阶级的文化本色和它对现实社会的积极主动的建构能力和作用。

与霍加特、威廉斯、霍尔等新左派学者一样,汤普森一以贯之地把研究的主题聚焦在英国工人阶级的分析之中。尽管他出身于英国的中产阶级家庭,但是他对英国工人阶级的文化政治情有独钟,这注定了汤普森研究中的文化

---

① Henry Abelove,ed,.*Visions of History*,Manchester University Press,1983.p. 13.

底色和本色。"他所受的教育、他战时的经历,或许还有他的气质,使他从心底批判社会现存权力结构及其制度。"①这充分彰显出汤普森不仅是一位马克思主义历史学家,也彰显出他是一位彻底的英国马克思主义文化批评思想家。如德沃金曾指出,"汤普森在创立独特的文化马克思主义理论方面起到了杰出的作用。他有影响的《英国工人阶级的形成》一书在文化条件下理解普通人的人民斗争,为共产主义编史学注入了新左派基调。"②汤普森是新左派文化政治的领航人,是战后著名的马克思主义历史学家,他把马克思主义的"文化唯物主义"思想注入到英国工人阶级的文化和历史书写之中,为英国文化研究的建制起到了决定性的作用。霍尔曾把包括汤普森《英国工人阶级的形成》在内的经典作品视为文化研究和英国马克思主义文化批评思想的奠基性著述。

　　汤普森《英国工人阶级的形成》一书出版于 1963 年,事实上,这本书的构思和写作应该在 20 世纪 50 年代中后期,它是汤普森和他夫人从事成人教育的硕果,也是在成人教育的文化政治实践中不断思考写作的结果。这本书的英文原文为 The Making of the English Working Class,值得关注的有两个地方。其一是汤普森用了单数的"阶级",而非复数去指代英国工人阶级这个大的群体。与霍加特在《识字的用途》中使用了"复数"的阶级不同,这对汤普森而言,意义却是重大的,也是非常有考究的:"'阶级'一词使用了单数,而不是复数,其理由正是本书探讨的一个问题。单数和复数自然不同,复数可以进行描述,其含义既清楚又不清楚,它把一些不连续的现象松散地联系在一起:这里是裁缝,那里是织工,堆积在一起而形成工人阶级的复数。但我说的阶级是一种历史现象,它把一批各各相异、看来完全不相干

---

　　①　[英]爱德华·汤普森:《共有的习惯》,沈汉、王加丰译,上海人民出版社 2002 年版,第 2 页。

　　②　Dennis Dworkin.*Cultural Marxism in Postwar Britain:History,the New Left,and the Origins of Cultural Studies*,Durham and London:Duke University Press,1997.p. 79.

135

的事结合在一起,它既包括在原始的经历中,又包括在思想觉悟里。我强调阶级是一种历史现象,而不把它看成一种'结构',更不是一个'范畴',我把它看成是在人与人的相互关系中确实发生(而且可以证明已经发生)的某种东西。"①

汤普森笔下的英国工人阶级是一幅鲜活的图像形象,它形成于历史的长河之中,体现为人与人关系之中的一种张力,是一个动态的产生过程,是内化为英国工人阶级自身的一种行为。"它永远是一种统一和差异的历史关系:一个阶级统一起来,以对抗另一个或几个其他阶级。"②汤普森同时在该书名中使用了"making"这种表述,其实质是"因为这是一个在动态过程中进行的研究,其中既有主观的因素,又有客观的条件。工人阶级并不像太阳那样在预定的时间升起,它出现在它自身的形成中。"③而这种关系会实实在在地体现在工人阶级的阶级属性上,"当一批人从共同的经历中得出结论(不管这种经历是从前辈那里得来还是亲身体验),感到并明确说出他们之间有共同利益,他们的利益与其他人不同(而且常常对立)时,阶级就产生了。"④这种认识凸显出阶级觉悟和阶级意识是文化的生成,"汤普森阶级意识研究的一个最突出特点就是超越经济基础与上层建筑的截然对立,把研究焦点从单纯的经济过程转移到了总体性的文化过程。"⑤这种形成是在一定的历史条件下,工人阶级有其自身的文化气场,它孕育在特定的历史时刻,并刻写着"主动性"和"自主性",这种认识是汤普森对工人阶级文化认知的一种重大的突破,是最为重要的,正是这种思想成就了汤普森作为英国文化研究奠基

---

① [英]E.P.汤普森:《英国工人阶级的形成》,钱乘旦等译,译林出版社2001年版,第1页。

② 陆扬主编:《文化研究导论》,高等教育出版社2012年版,第44页。

③ [英]E.P.汤普森:《英国工人阶级的形成》,钱乘旦等译,译林出版社2001年版,第1页。

④ [英]E.P.汤普森:《英国工人阶级的形成》,钱乘旦等译,译林出版社2001年版,第1—2页。

⑤ 张亮:《阶级、文化与民族传统:爱德华·P.汤普森的历史唯物主义思想研究》,江苏人民出版社2008年版,第68页。

人的"美名"。

汤普森出版《英国工人阶级的形成》一书时才39岁,可谓是风华正茂的年龄。自从他大学毕业投身于英国新左派文化政治,他就迷恋于关注英国工人阶级的文化政治,经过多年的努力和思考,这本巨著算是他从事学术研究最好的回报,并由此奠定了他在英国马克思主义史学和英国文化研究,乃至英国马克思主义文化批评思想中的重要地位。从内容上讲,《英国工人阶级的形成》一书主要分为三个部分,第一部分是自由之树,由成员无数、基督徒与地狱魔王、"魔鬼之窟"、生而自由的英国人、培育自由之树等章节组成;第二部分是受诅咒的亚当,由剥削、农业工人、工匠及其他、织工、生活水平和经历(生活品、住家、生活、儿童)、十字架的转换力(道德机器、绝望中的千年至福)、社会(闲暇、互助之风、爱尔兰人、永世万代)等章节组成;第三部分是工人阶级的存在,由激进的威斯敏斯特、替天行道(黑灯照、无形之影、反结社立法、剪绒工和织袜工、绿林好汉、奉行业之命)、蛊惑家和殉难者(心怀不满、领导权问题、汉普登俱乐部、布兰德雷思和奥利弗、彼得卢、卡图街密谋)、阶级意识(激进文化、威廉科贝特、卡莱尔、韦德、加斯特、欧文主义、一种机器)等章节的内容构成。该专著涉及的内容非常广博,也非常具体,内容信息量非常大,实在令人叹为观止。它主要关注1780年至1832年间英国工人阶级从被动的萌芽阶级、走向"自在的阶级",再走向"自为的阶级"的斗争历程,它涉及的核心问题是英国工人阶级的"阶级"属性问题、"阶级意识"问题和"阶级斗争"问题,从根源上是想透视出英国工人阶级作为一个阶级的重要性,显示出英国工人阶级力量的积极作用。

战后的英国,随着英国工党执掌英国以来,工人阶级的主体意识越来越强烈,但是在福利国家、消费主义等各种要素影响下的工人阶级的"阶级"意识和观念在不断地发生着变化,这一切都是战后英国必须面对的一个非常现实问题,也是吸引英国新左派学者的一个最重要的主题。"虽然英国工人运动的主要领导者英国工党反对阶级斗争、主张阶级调和,不是一个马克思主义政党,但却是一个具有明确的阶级性的无产阶级政党。"①所以,英国实际上在当时就对阶级问题就非常关注,一大批新左派知识分子都加入到了研究英国工人阶级的"阶级"属性当中,霍加特、汤普森、威廉斯和霍尔都是其中杰出的代表。英国共产党历史学家小组在 1946—1956 年最为活跃的 10 年之间逐渐把英国历史研究中的"人民"作为了他们研究和讨论的中心议题。这是以往历史学研究中从未有过的,而"阶级斗争分析"方法成为了他们那一批人最常用的研究方法,这在客观上激发了英国新左派对马克思主义的阶级和阶级斗争观念的接受和研究,从而为英国工人阶级在英国历史上从后台走向前台提供了思想上的准备。

英国工人阶级的"阶级"属性只有在工人阶级亲身经历其自己的历史,确定其内涵时方才能显现出阶级的界定。在汤普森看来,"阶级使社会与文化的形成,其产生的过程只是当它在相当长的历史时期中自我形成时才能考察,若非如此看待阶级,就不可能理解阶级。这本书可以看作是英国工人阶级从步入青春到早期成熟的一本传记。1780 年至 1832 年间,多数英国工人开始意识到他们之间有共同利益,他们的利益与统治者和雇主们对立。"②换句话讲,在那个阶段,英国工人阶级的"阶级意识"开始逐渐形成,他们因共同的利益和统治阶级产生了对立和矛盾,并形成了阶级与阶级之间的对立和矛盾,这是非常重要的阶段,这注定了英国工人阶级在其自身形成的过程中具有的"自在"和"自为"的潜力,英国工人阶级由此得到了解放,从"无声"到"有声",再到敢于"发声",这是英国工人阶级胜利的时刻,工人阶级的主观能动性和自觉性得到了阐发。这只是英国工人阶级悲惨历史的一小段,事实上,汤普森要解放和拯救这些社会底层的无产阶级和工人阶级,其主要的目的是"为了社会主义的现实与未来而研究历史,从过去煽

① 张亮:《阶级、文化与民族传统:爱德华·P.汤普森的历史唯物主义思想研究》,江苏人民出版社 2008 年版,第 41 页。
② [英]E.P.汤普森:《英国工人阶级的形成》,钱乘旦等译,译林出版社 2001 年版,第 4 页。

起可以照亮未来的火星。"①这就是18、19世纪英国工人阶级所处的历史现状,工人阶级在工业革命的浪潮中不断壮大自己,不断觉醒,不断认识到自我的价值,尤其认知到自我在社会政治建构中起到的积极的价值和作用,这是工人阶级文化带来的重要时刻,也是英国工人阶级斗争对社会产生巨大影响的结果。

在汤普森《英国工人阶级的形成》一书中,他重点强调指出,1790年至1832年是英国工人阶级形成自己的阶级意识、发展为"自为的阶级"的成熟阶段。而18世纪之前的英国工人阶级从无到有,从"无声"到"有声",但是此时的发声都可以忽略不计,直到18世纪中后期,英国工人阶级在英国资本主义社会的强力统治之下,在不断加剧的阶级斗争中不断显示出其自身的抵抗和反抗能力,并不断地捍卫其工人阶级文化价值观念,由此,英国工人阶级开始在社会生活中有主张自己权利的诉求,联合其他阶级整合阶级实力,并不断地与统治阶级抗衡。这是工人阶级了不起的时刻。在此基础上,汤普森在《英国工人阶级的形成》中着力阐释了三个基本观点,突显出工人阶级对推动社会发展做出的杰出贡献和价值:"第一,工业革命在极大地推动资本主义生产方式发展的同时,使得工人阶级的处境出现了灾难性的变化,阶级斗争更加激烈,正是从上一阶段形成的平民文化传统中,工人阶级获得了革命意识,从而点燃了90年代雅各宾骚动的燎原大火;第二,工业革命机器所催生的机器工业生产塑造了工人阶级的劳动纪律意识,这使不同的工人阶级集团日趋相互认同,最终使工人阶级从复数变成单数;第三,在这一激进的年代中,工人阶级中具有较高文化碎片的手艺人集团利用原来的平民文化以及某些资产阶级文化,率先形成明确的阶级意识,并领导了工人阶级与资产阶级的阶级斗争,从而使工人阶级具有了自己的政治意识、阶级觉悟和组织形式,作为一个'自为

---

① 张亮:《阶级、文化与民族传统:爱德华·P.汤普森的历史唯物主义思想研究》,江苏人民出版社2008年版,第52页。

的阶级'走上了人类历史舞台,尽管此时它的阶级意识还具有浓烈的传统色彩,并不是真正科学的和革命的。"①

在这个阶段,英国工人阶级的革命斗争意识、群体意识、文化认同意识、阶级意识、文化政治意识都得到了加强,这是汤普森在现实的考察中得出的结论,是可信的,具有很强的说服力。这对于 20 世纪的英国人而言,特别对于 20 世纪以来的英国工人阶级而言具有重要的历史意义和现实意义,人民的主体性得到了彰显,工人阶级消极的被动形象从此消失得无影无踪。

汤普森在《英国工人阶级的形成》一书中还特别重点突出了英国工人阶级的"阶级意识",他们在没有超出基本的读写算的范围内逐渐"超越了自身的经历,他们借助于自己含辛茹苦所获得的不规范的教育,形成了有组织的社团,这是最重要的政治现象,……1830 年之后,定义较明确的一般马克思主义意义上的阶级意识开始成熟起来,在这一过程中,工人们开始意识到,他们自己所从事的既是旧的又是新的斗争。"②这种阶级之间的斗争每天都在不断地上演,其主角和配角也都没有发生变化,唯一变化的是工人阶级在不断争取更多的"出版、言论、集会和个人自由等权利"。他们对社会要求得越多,就越威胁着资本主义制度,特别是整个资产阶级的阶级利益,这实际上形成了一种博弈的"文化霸权"场域,在现实社会中为争夺统治权和话语权不断地在"阵地战"中上演着。从本质上讲,"汤普森的阶级意识学说还得到了葛兰西文化霸权学说的重要启示。葛兰西的文化霸权学说曾对包括汤普森在内的整个英国马克思主义历史学派都产生过极为重要的影响。"③汤普森尽管对欧陆理论兴

① 张亮:《阶级、文化与民族传统:爱德华·P.汤普森的历史唯物主义思想研究》,江苏人民出版社 2008 年版,第 64 页。

② [英]E.P.汤普森:《英国工人阶级的形成》,钱乘旦等译,译林出版社 2001 年版,第 836 页。

③ Harvey J.Kaye, "Political Theory and History: Antonio Gramsci and the British Marxist Historians", in Harvey J.Kaye, *The Education of Desire: Marxists and The Writing of History*, Routledge, 1992. pp. 9-30.

趣一直不高,还较为排斥外来的理论对英国本土的传统主义和经验主义的冲击,但是事实上,汤普森的阶级意识从葛兰西的文化霸权理论中获得了不小的借鉴。其一,它拓展了正统的马克思主义国家理论模式,把文化领导权完全纳入思考问题的主题之中,它"使之具有更大的灵活性和更强的文化共鸣"。①其二,它解释了英国工人阶级在阶级意识形成过程中,从"自在的阶级"发展到"自为的阶级",积极主动地扩大了阶级意识在社会建构中的影响力,从而为取得文化霸权铺平了可行的道路。阶级意识中的"文化"影响着统治阶级与被统治阶级之间的博弈关系,对建构英国工人阶级的文化起到了非常重要的作用。从本质上讲,"汤普森的阶级意识学说实际上是马克思主义生产方式分析范式与英国马克思主义文化研究传统相结合的理论结晶,而这两种原本相互隔膜的理论来源之所以能够结合到一起,是因为有了葛兰西文化霸权学说这个理论催化剂或黏结剂"②。这正是英国马克思主义文化批评思想在汤普森著述中最集中的体现。

汤普森写作《英国工人阶级的形成》的最终落脚点是在凸显工人阶级作为变革社会的一支非常重要的中坚力量,对社会发展具有的重要价值,以及在推动社会变革中的作用。他所持有的研究立场和文化研究思路是"自下而上"(from below),而不是"自上而下"(from above)的史学观,他看到了很多研究学者从未认真和正面看到的积极的英国工人阶级的阶级意识和阶级形象。"汤普森的《英国工人阶级的形成》是英语语言中社会历史学最著名的著作之一,他对早期工业革命时期的文化和工人阶级意识结构的重建,也许是'自下而上的历史'表现。"③而事实上,英国工人阶级在历史的发展长河中,不断

---

① Edward Thompson,"The Peculiarities of the English", in Edward Thompson, *The Poverty of Theory & Other Essays*, Monthly Review Press, 1978. p. 283.

② 张亮:《阶级、文化与民族传统:爱德华·P.汤普森的历史唯物主义思想研究》,江苏人民出版社 2008 年版,第 71 页。

③ Dennis Dworkin. *Cultural Marxism in Postwar Britain:History, the New Left, and the Origins of Cultural Studies*, Durham and London:Duke University Press, 1997.p.105.

地觉醒,不断地提升自己,他们具有渴望学习和自我教化的传统;英国工人阶级崇尚自律的生活方式;他们具有强烈的合作精神;他们还形成了社会主义人道主义的道德价值观念;他们对社会的建构充满激情,并一丝不苟地认真对待他们拥有的"共同体"价值。这些都是工人阶级文化最真本的内核,其最终的思考主旨体现为"英国工人阶级的形成是英国最为杰出的大众文化"。

汤普森作为英国第二次世界大战后最重要的马克思主义历史学家,他站在特有的位置上观察英国社会,特别考察了英国 18 世纪至 19 世纪这几十年间英国工人阶级的"阶级意识"形成的全过程,有静态的描述,有动态的思考,还有认知上的反思,他把英国工人阶级在历史中应有的"地位"和"作用"充分展示出来,这一路充满了工人阶级与资产阶级在为了阶级利益的实践中不断产生的惊险争斗和博弈,这是英国工人阶级的真实写照。汤普森书写英国工人阶级形成的这段历史,其最终的主旨放在了反思工人阶级"文化"对变革社会和推动社会发展中的作用和价值。他始终把工人阶级的"文化"视为是建构社会的整体的斗争方式,如德沃金对汤普森评价的那样,"文化研究必须与马克思主义阶级斗争概念相结合,是他自己阐释文化马克思主义立场的主要步骤。"[①]这种认知一方面是他在新左派文化政治实践中不断地与霍加特、威廉斯、霍尔、安德森等学者的争辩中发展出来的,也是他从历史的发展规律中总结出来的,还是他对苏联式社会主义和共产主义认知中提炼出来的,它深深地刻写着阶级意识和阶级斗争的分析和思考模式,这一方面彰显出作为马克思主义历史学家的文化特质,同时也凸显出作为"文化马克思主义"大家的文化特质。"他是唯一一个提出明确的新左派理论视野——文化马克思主义——的历史学家,文化马克思主义把新的文化研究路径与历史学家小组的

---

① Dennis Dworkin.*Cultural Marxism in Postwar Britain*:*History*,*the New Left*,*and the Origins of Cultural Studies*,Durham and London:Duke University Press,1997.p101.

共产主义传统融合在一起。"①由此,他不愧是英国现当代最杰出的马克思主义史学家,也不愧是英国文化研究的奠基人和英国马克思主义文化批评思想的奠基人。汤普森的夫人多萝西·汤普森曾指出,"他时常表示,他和他从事的历史学总的来说受惠于马克思,但是,对于把自己称为一个'马克思主义者',他越来越踌躇。他喜欢说,他按照马克思主义传统写作。他总是坚持:对于考察社会结构,阶级是一个有巨大价值的概念和工具。……他确实发现了马克思关于阶级冲突的定义在分析历史的许多方面的价值。"②

　　需要特别指出的是,汤普森在实践中建构其马克思主义文化批评思想的过程中,始终冲在战斗的最前沿,用其犀利的眼光和独特的思维立足于英国历史和现实语境,在新左派文化政治这个大的场域中,不断地与第二代和第三代新左派的杰出代表霍加特、威廉斯、霍尔、安德森等学者产生思想上的交锋,形成为那个时代最靓丽的风景线,这些纷争和思想的交织丰富着新左派文化政治的思想内核,提升了英国马克思主义文化批评思想的内涵特质。

第七节　文化是普通平常的

　　威廉斯在新左派时期写作和建构《工人阶级文化》(1957 年)的基础上,把"文化"问题纳入到他的文化理论建构之中,他的代表性著述是《文化与社会》(1958 年)以及《漫长的革命》(1961 年)。尽管威廉斯并未亲自参与并建构伯明翰当代文化研究中心,但是这两部著述奠定了他在英国文化研究中的"精神领袖"和"灵魂人物"的地位,并一直指导着文化研究在英国的发展和拓

---

　　① Dennis Dworkin.*Cultural Marxism in Postwar Britain:History,the New Left,and the Origins of Cultural Studies*,Durham and London:Duke University Press,1997.p. 100.
　　② [英]爱德华·汤普森:《共有的习惯》,沈汉、王加丰译,上海人民出版社 2002 年版,第 4 页。

展。这两部著述最重要的贡献是让人们明白了"智力工作不能、不该以单个文本、单个历史问题或话题,或者单个学科画地为牢。为了让这种工作产生重要影响,文本、历史和我们自己的生活、经验的联系必须为人们所认知,成为我们分析对象的一部分。"①这种认知关注到了这两本著述的本质性问题,社会生活是一个大系统,是一个大循环。社会生活中的所有问题都与文化有关系,这些问题与我们日常所体悟到的生活、经验、认知密切相关。现实生活中的"文化"与社会底层、与社会现状密切相关。这种文化不是高高在上的,也不是"风花雪月"的文化,更不是社会系统中占统治地位的文化,或少数人的文化,而是与社会生活密切相关的"大众文化""草根文化"等。因为这些文化是"普通的""日常的",带有"普适性的"。

威廉斯写作《文化与社会》一书历经了 10 个年头。他写作该著述最初的动机有几个源头。其一,威廉斯在剑桥大学与其他志同道合的学者在一起创办《政治与文化》刊物,因各种缘由导致停刊后,他陷入了深深的自责和反思之中,在如火如荼的新左派文化政治大浪潮中,借以"成人教育"和"大众文化"等诸多平台,把要实现的心中理想和抱负付诸于革命的现实生活之中。从表面上讲,他远离了政治,其实质是在实践的现实语境中找寻机会,为他的革命和理想的起航积蓄能量。谈到威廉斯当时写作《文化与社会》的语境时,他曾感叹道,"我开始写作《文化与社会》是在 1948 年,当时我几乎完全不再有参与政治活动和合作的可能性了。我所知道的任何集体事业,政治的、文学的或文化的,都中止了。"②但是,《文化与社会》与威廉斯他们创办的刊物《政治与文学》的思路是一脉相承的,威廉斯在《文化与社会》这本书的前言中就指出,"本书要探讨的正是该刊物所关注的问题,

---

① Patrick Brantlinger, *Crusoe's Footprints: Cultural Studies in Britain and America*, New York and London: Routledge, 1990. p. ix.

② [英]雷蒙德·威廉斯:《政治与文学》,樊柯、王卫芬译,河南大学出版社 2010 年版,第85 页。

我们当时的目的在于,依据我们这一代人的体验探究'文化'一词所描述的传统,并在可能的情况下重新阐释这个传统。"①这就是当时威廉斯面临的尴尬处境。同时,威廉斯生活的时代,接受的学识从学理上直接受惠于阿诺德、利维斯、艾略特等"少数人文化"精英,但是他并非完全认同他们持有的"少数人文化"理念。在威廉斯接受《新左派评论》杂志访谈时,他曾坦言,他写作《文化与社会》"最初的动力要回溯到1948年,当时艾略特出版的《关于文化定义的笔记》支持了我已经关注的做法:围绕以前视乎还不特别重要的这个词,把某种社会思想集中起来。……艾略特的著作迅速产生了重大影响。我第一次开始考虑文化这个观念是在一门成人教育课程上。"②由此,"文化"就逐渐成为了威廉斯思考的核心问题,所建构的理论和结出的硕果成就了他,并使之成为了英国文化研究的一座"坐标"和"丰碑",指引着我们不断地追寻"文化"在新左派文化政治、英国文化研究、英国马克思主义文化批评思想中的建构。

《文化与社会》是雷蒙德·威廉斯在英国新左派岁月中极为重要的一部著述。这是他在20世纪40年代参与创办《政治与文学》失败后退守学术书斋10多年倾注的一部力作。如威廉斯说言,"我在1945年后的信仰危机和归属危机中开始了本书的创作。"③一方面他可以冷静思考《政治与文学》停刊的深刻缘由,另一方面他从英国新左派文化政治的"文化诉求"中找寻到另一种方式,去诠释他对英国社会的深刻洞见。与此同时,他把现实的"政治诉求"与理想状态下的"文化革命"有机地结合起来,去透视他对英国文化生活

---

①　Raymond Williams, *Culture and Society*:1780-1950,Chatto & Windus,London. 1967.p.vii.也参见[英]雷蒙德·威廉斯:《文化与社会:1780—1950》,高晓玲译,吉林出版集团有限责任公司2011年版,第1页。

②　[英]雷蒙德·威廉斯:《政治与文学》,樊柯、王卫芬译,河南大学出版社2010年版,第79页。

③　[英]雷蒙德·威廉斯:《文化与社会:1780—1950》,高晓玲译,吉林出版集团有限责任公司2011年版,第4页。

和现实社会的理解。在论及《文化与社会》这本书写作的真正动因时，威廉斯认为，"在我看来，《文化与社会》是这样一本书，它退出一切直接的合作形式，打上了令人讨厌的消极烙印——且让我使用词义这么强烈的话——兼有一种得不到任何合作的强烈失望，这种失望最终对这本书的写作产生了直接影响。这本书的时代创新在于某种更新了的信念，它与上述那种失望联系在一起。通过这种没有进行任何智力合作的方式，我才可能转换成这样一种语气，其效果是一个知识分子退出直接政治并充满希望地考虑深层次力量的自我辩护。"①在那个时代，对于年轻的威廉斯而言，能在时代的感召下，亲力亲为地借助《政治与文学》这方舞台，积极地参与到英国现实政治生活的批判和建构，这原本是一件极为幸运而激动人心的事情。但是现实是残酷的，在经历《政治与文学》停刊后，他对现实社会的认知有了更加清晰的认识。在他看来，"通过退出直接政治，我能够再次引入某些主题和议题，在我看来它们是现实中最能产生效果的关键要素，然而就我所了解的当时的常规政治而言，它们是缺席的。换句话讲，强调一下，作为可观的代价，每一次这种退出换来的是对某种深层次力量的关注。"②的确如此，威廉斯在历史的书卷中找寻因对现实政治失望带来的希冀，剖析"文化"这条主线所拥有的丰富内核，把它置于"社会"这个大的认知语境中，书写出英国新左派文化政治最动人、最深刻的"文化"史书，被视为是那个时期英国文化政治领域最重要、最深刻的杰作，它对我们认知英国政治、文化与社会提供了重要的史学借鉴，对我们研究英国新左派文化政治、研究英国马克思主义文化批评思想提供了极为重要的理论参照。

在《文化与社会》一书中，威廉斯始终关注的重要问题是"大众文化"或

① ［英］雷蒙德·威廉斯：《政治与文学》，樊柯、王卫芬译，河南大学出版社 2010 年版，第 89 页。

② ［英］雷蒙德·威廉斯：《政治与文学》，樊柯、王卫芬译，河南大学出版社 2010 年版，第 89 页。

"工人阶级文化",他把时间的起始点放在了 18 世纪的晚期,那个时代恰好是英国工业革命勃兴的时代,他表明了这样的一种立场,"这一立场表达了我对工业文明及其文化和思想中已经发生和当时正在发生事件的感受。"①这些感受从 19 世纪传统中的埃德蒙·伯克、威廉·科贝特、欧文,浪漫主义艺术家中的布莱克、华兹华斯、雪莱、济慈、穆勒论边心与柯尔律治,托马斯·卡莱尔,工业革命时期的小说《玛丽·巴顿》《北方与南方》《艰难时世》《西比尔,或两国记》《奥尔登·洛克,裁缝兼诗人》《费立克斯·霍尔特》,J.H.纽曼与马修·阿诺德,艺术与社会的普金、罗斯金、莫里斯,到中间时期的马洛克、"新美学"、乔治·吉幸,萧伯纳和费边主义,国家的批评者,休姆,再到 20 世纪的戴维·赫伯特·劳伦斯,理查德·托尼,托马斯·斯特恩斯·艾略特,瑞恰兹,利维斯,以及马克思主义与文化、奥威尔。这其中有政治家、哲学家、文学家、诗人、社会改良主义者、小说家等。他们的作品及其思想中共同指向这种影响和改变社会的感受,他们除了关注本身研究和思考的主题以外,还都把思想认知触及到了英国现实的社会生活,关注社会冷暖,关切整个社会,尤其是整个社会中下层阶级的文化认知,尽管绝大多数人依然对正在兴起的文化认知持怀疑,甚至持否定的态度,但是毕竟关注比不关注好。这些文化认知和文化感受就是威廉斯所主张的"文化是整体的生活方式"。威廉斯在《文化与社会》中较分散地,非明确地界定出"文化是整体的生活方式"的内核,他常常用一些表达"人性本身是一个'文化'所包含的'整个生活方式'的产物"②"文化作为一个民族的整体生活方式"③"一个时期的艺术与当时盛行的生活方式存在密切的必然的联系,由此审美判断,道德判断和社会判断之间存在着密切的

---

①　[英]雷蒙德·威廉斯:《文化与社会:1780—1950》,高晓玲译,吉林出版集团有限责任公司 2011 年版,第 1 页。

②　[英]雷蒙德·威廉斯:《文化与社会:1780—1950》,高晓玲译,吉林出版集团有限责任公司 2011 年版,第 40 页。

③　[英]雷蒙德·威廉斯:《文化与社会:1780—1950》,高晓玲译,吉林出版集团有限责任公司 2011 年版,第 93 页。

相互关系"①，或者使用"共同体"去指代"文化是整体的生活方式"等。这种"文化"在"整体"认知框架下分属于不同的"阶级""民族""种族""性属"等等，它们代表着那个群族共同分享的"文化观念"。具体到"工人阶级文化"的"整体生活方式"，就不单单只是"无产阶级艺术，或者集会会场，或者语言的某种特定用法；而是这种基本集体观念，以及由此产生的机构、行为方式、思维习惯和意图等。"②这些行为准则和思维方式被深深地打上了工人阶级文化的烙印。一方面，威廉斯把这种工人阶级拥有的"文化"与"少数人"拥有的文化区分开来；另一方面，他把这种文化与资产阶级拥有的文化区分开来，强化工人阶级文化固有的独特属性、特质和文化气场等。如威廉斯所言，工人阶级与资产阶级之间的"首要区分必须从整体生活方式中去寻求，而且不能再拘泥于衣食住行、吃喝玩乐此类的外在依据……两个阶级之间的关键区别在于，对于社会关系的本质抱有不同看法"③。其问题的实质则在于工人阶级对待"文化"的认知与资本主义有本质性的差异，这种社会关系尽管非常复杂，但是其背后隐藏的核心主线是工人阶级文化内核中的"文化是普通平常的"和"文化是整体的生活方式"，由此凸显出工人阶级文化在社会生活和社会关系活动中拥有的文化底色，彰显出工人阶级文化的"共同体观念"和"集体性原则"，是一种共同的情感记忆和情感结构，透射出工人阶级文化的自主性、独立性和独特性。

威廉斯在剑桥大学三一学院读书的经历就可以充分感知到这种伤感背后蕴藏的心理距离和文化距离，这种距离"与其说是经济的不平等，毋宁说是文化的不平等，或者换言之，从威尔士乡村到剑桥大学的地理距离远远地小于其

---

① ［英］雷蒙德·威廉斯：《文化与社会：1780—1950》，高晓玲译，吉林出版集团有限责任公司 2011 年版，第 142 页。

② ［英］雷蒙德·威廉斯：《文化与社会：1780—1950》，高晓玲译，吉林出版集团有限责任公司 2011 年版，第 338 页。

③ ［英］雷蒙德·威廉斯：《文化与社会：1780—1950》，高晓玲译，吉林出版集团有限责任公司 2011 年版，第 337 页。

间的心理距离"①。这是威廉斯在实现其"阶梯观念"的过程中不得不面对的现实问题,这也是他内心的苦痛所在。

在威廉斯看来,在他写作和思考的《文化与社会》这部著述中,"文化"具有的文化特质具体表现为:"它的第一个含义是'心灵的普遍状态或习惯',与人类完美的观念有密切联系;第二个意思是'整个社会智性发展(intellectual development)的普遍状态';第三个意思是'艺术的整体状况';到了19世纪末产生了第四个意思:'包括物质、智性、精神等各个层面的整体生活方式'"。②这种对文化的"四分法"从历时和共时的维度为"文化"内核的解释提供了重要的借鉴。这种认识是对他著述的《工人阶级文化》中有关"文化"认知的进一步发展,威廉斯把研究的视野拓展到包括工人阶级文化在内的整个人类社会的文化,从物质、智性、精神等维度诠释出"文化是整体生活方式"的"共同体"。"工人阶级文化"在威廉斯的思考中占有绝对位置,这是威廉斯思考"文化"问题的主旨所在,这是他一直关注和关切的重要问题,也是他思考问题的本色所在,带有明显的马克思主义认识论的色彩。

在《文化与社会》中,威廉斯还多次使用"综合体"(complex)去指代"整体生活方式"或"共同体"。这是一个整体性的、宏观的概念,主要关注社会生活中存在的各种生活方式,基于国家和民族文化意义上的整体的观念。"威廉斯所谓的综合体,就是一个社会或国家的整体文化构成状态,也是对'整体的生活方式'另外一种表述形式。使用'综合体'这一概念来陈示威廉斯想要表述的文化概念是有意义的,借此更能凸显这一整体文化内部多种成分,性质在历史展开层面上的综合化、聚合化等的特征。"③总体来讲,这种认识较清楚地

---

① 徐德林:《重返伯明翰:英国文化研究的系谱学考察》,北京大学出版社2014年版,第124页。

② [英]雷蒙德·威廉斯:《文化与社会:1780—1950》,高晓玲译,吉林出版集团有限责任公司2011年版,第4页。

③ 黄卓越等:《英国文化研究:事件与问题》,三联书店2011年版,第15页。

阐释了"综合体"的内涵,它所表述的意义在表征上与整体的生活方式的一致性,都是从整体上、宏观上以及全局上思考"文化是整体生活方式"的集体记忆和情感结构,汇聚的是英国全体族群或者某个特定的阶级拥有的共同认知和体验,反映的是它们共同具有的"想象共同体"。

从本质上思考,威廉斯思考的"整体""综合体"应该包括社会生活中经济、政治、文化等在内的多种要素的集合,而不是那种要素具有绝对的基础性作用。同时"整体""综合体"更多强调的是关系(relation),各种要素紧密相连。这种关系与传统的马克思主义关于阶级决定论或经济决定论的认识是背道而驰的。威廉斯充分强调社会生活中出现的各种"文化",从"文化是整体生活方式中"的表征中看到了"文化"具有的主体性,以及作为上层建筑的"文化"对经济基础的反作用和能动作用,这为威廉斯在随后的思考和写作中提出"情感结构"和"文化唯物主义"具有重要的启示作用。同时,这种认识与英国马克思主义文化批评提出的"多元决定论""葛兰西转向""接合理论"具有承上启下的关系,理所当然被看成是威廉斯对英国马克思主义文化批评做出的杰出贡献。

与此同时,在威廉斯的著作《文化与社会》出版的同一年,也就是1958年,他发表了《文化是普通的》("Culture is Ordinary")一文。这篇长文是威廉斯基于自我认知所结出的硕果,被视为是他建构"文化是普通平常的"这一主题的基点和起点,也是"威廉斯文化定义中的一种基调或底色,那么它就必然会贯穿于整个言说,比如在随后出版的《长期革命》一书中也会得到另一层面上的体现,由此而形成一个具有连贯性的言述体系。"① 威廉斯从工人阶级文化的思维认知中脱离出来,走向更为广阔的社会舞台,以个人的人生经历和体验为蓝本,去思考"文化"这一至关重要的理论问题,其实质是从自我的视角中去阐释"工人阶级文化"这种"他者"带给人们的思考,并由此,以自身的"文

---

① 黄卓越等:《英国文化研究:事件与问题》,三联书店2011年版,第17页。

化身份"和"文化认知"为建构"文化"的内涵,去剖析"文化是普通的"理论蕴含的意义和价值。

威廉斯在文章的开篇就强力指出,"文化是普通的"这一主题和论断,"这是我们必须开启的地方,生于斯,长于斯,见证了文化的形成,以及文化变化的形态。……成长于那种家庭之中,见证了心灵的形成;新技能的学习,不同语言和思想的出现。"①这些都是威廉斯基于自身的生活和经历体悟发出的呐喊,这些都是鲜活的"文化",是看得见、摸得着的"文化"。

威廉斯以自我认知经验式的"文化是普通的"为起点,从理论上进一步阐释出"文化是普通的"蕴含的丰富内核:"文化是普通的(ordinary):那是首要的事实。每一个人类社会都有其自身的形构(shape)、自身的目的、自身的意义。每一个人类社会都在其体制中、在其艺术和学识(learning)中表现这些内容。社会的形成(making)是对共同意义和方向性的探寻,它的成长过程是在一种经验、接触和发现的压力下的一种积极的争论与修正,把它们自身书写在大地之中。成长的社会在此,它也同时在每个个体的心灵中得到形成与再形成。心灵的形成首先是在形构、目的和意义的缓慢认知中形成的,由此,工作、观察和交流才能成为可能。其次,但同样重要的是,在经验中测试这些,形成新的观察、比较和意义。每一种文化都有两个方面的内容:已知的意义和方向,其每个成员都会得到训练;再就是新的观察与意义,也会得到提供和实验。这些是人类社会和人类心灵的普遍过程,借此我们洞察出文化的本质特性:它始终既是传统的又是创造的;既是最为普遍的共有的意义,又是最为美好的个体意义。我们在这两层意义上使用文化这一词汇:它意味着整体的生活方式——这是一种共有的意义;它也意味着艺术和学识——这是一种发现和创造性努力的特别过程。一些学者保留了这个词汇的一种或另外一种意义;我则坚持其两个层面的意义,坚持它们关联性(conjunction)的重要性。我所追

① Raymond Williams,"Culture is Ordinary",in Ann Gray and Jim McGuigan,eds.*Studying Culture:A Introductory Reader*.New York:Routledge,1993.pp.5-6.

寻的有关我们文化的问题,就是有关我们普遍的和共有志趣的问题,同时也是有关深度个人意义的问题。文化是普通的,在每一个社会和每一个心灵之中。"①

他从自身的个人式的经历和体验中,从关注和认知社会生活中的创造性活动与工人阶级日常生活之间的关系中总结和提炼出"文化"应该具有的特质:"一是指整体的生活方式——共有的意义;二是指艺术与学识(learning)——发现与创造性努力的特殊过程。"②从内核上讲,这两种有关"文化"问题的思考都是一致的,它们最大的不同在于,《文化与社会》是从系谱学的角度诠释"文化"的生存意义,而《文化是普通的》则是从个人体悟的角度看待"文化"所具有的价值,但是它们都强调"文化是整体的生活方式"。从广义上看,"文化是整体的生活方式"所指涉的对象应该是现实社会中的绝大多数人,或者说指涉的应该是普通大众;从狭义上讲,这种"整体的生活方式"指涉的是工人阶级文化,特别指代他们存有的"共同习惯、生活方式、思维方式、信仰等"。很大程度上,"文化是普通的"与"文化是整体的生活方式"是一个问题的两个方面,它们都是"文化是普通平常的"的不同表征,它们都指向"文化"的普适性,都与现实社会生活密切相关,都凸显出"文化"受众面的广度和宽度,这是威廉斯在思考文化过程中反复强调的,也是他从事文化研究的一种重要的文化认知和学术基调,贯穿于他建构"文化"的整个过程之中。

威廉斯所指涉的文化,是把社会变迁的"整体的生活方式"所呈现出来的"共同意义"和个体的"艺术和知识"表征出来的"心灵"和"心智"统一起来,视为一个整体,而且这两者有其必然的连接和关联。这种"整体的生活方式"主要关照的是共同体意义语境中社会、文化等方面的变迁和流变,是群体性的文化认知,构成为一个族群、一个社会整体性、共同性、共享性的认知和

---

① Raymond Williams, "Culture is Ordinary", in Ann Gray and Jim McGuigan, eds. *Studying Culture: A Introductory Reader*. New York: Routledge, 1993. p. 6. 同时参见黄卓越等:《英国文化研究:事件与问题》,三联书店 2011 年版,第 17—18 页。

② Raymond Williams, "Culture is Ordinary", in Ann Gray and Jim McGuigan, eds. *Studying Culture: A Introductory Reader*. New York: Routledge, 1993. p. 6.

体验。与此同时,威廉斯在阐释个体的"心灵"时,他以自身的经历,从他的故乡到他求学的剑桥大学,从这些丰富的人生阅历中去诠释这种个体心灵的体验。

威廉斯认为,"文化是普通的",个体经验的认知体悟是整个人类社会发展和进步的产物,它既刻写着传统的印记,又刻写着现代的印记;它既是个体意义的表征,又是整体生活方式的表征。它存在于两者内在的关联之中,是有机的统一体。一方面,威廉斯以其个体体悟对个体经验认知有其深刻的描述。从他务农的祖父,到他当铁路信号工人的父亲,再到从农家子弟到就读于剑桥大学的自己,他目睹了其整个家族在整个社会变迁中的变化,折射出社会和时代的一种变迁,这是一种人类社会"共有的意义"或"整体的生活方式"的具体表述,这正是"文化是普通的"带给威廉斯本人体验的深刻思考,也是最让威廉斯难以忘怀的、最为真切的情绪表达。

同时,威廉斯把人类社会发展中表征得最为明显的"艺术"和"学识"作为"文化是普通的"另一层面的表达,与个体的生活经验和生活体悟相比较,它要显得更加深刻,更加理论化,更加具有说服力。作为"奖学金男孩"的威廉斯,通过自己年少懂事,勤奋好学,加之天资聪慧,他以优异的成绩被英国剑桥大学录取,在新的环境中,他表现得游刃有余,并没有感到丝毫的压力和紧张,也没有"文化身份"上的陌生感。

在威廉斯看来,在他一路前行的道路上有两种不同色彩的文化在深刻地影响和左右着他,一种是"学识是普通的(learning was ordinary)",一种是茶馆文化(teashop culture)。具体来讲,这两种文化一直伴随着威廉斯整个求学生涯,尤其在剑桥大学,威廉斯并没有感到压力、感到陌生感、感到为学习这些而惊讶。威廉斯曾写道:"在剑桥大学的学术圈(scholarship in Cambridge),我并不是一种新的类型的动物,爬行到一个全新的阶梯(brand-new ladder)中去。"①从

---

① Raymond Williams,"Culture is Ordinary",in Ann Gray and Jim McGuigan,eds.*Studying Culture：A Introductory Reader*.New York：Routledge,1993.p. 6.

这种意义上讲,一方面表现出,威廉斯对剑桥大学学习环境的自信,另一方面也表现出,威廉斯对剑桥大学学习生态的"习以为常",认为一切都是那么普通和自然,那么亲切,某种程度上折射出威廉斯对来自"精英文化"的大众解读,对来自乡村的威廉斯而言,实属难能可贵。但是,剑桥大学文化生态中的"茶馆"却给威廉斯带来了不小的不安和焦虑。因为茶馆中聚集着一群所谓的"有知识""有教养""有文化"的人们,威廉斯曾指出:"我感到这种压迫不是来自剑桥大学,而是来自茶屋,这像是那种更为古老,更加受到尊重的大学院系那样,完全是另外一回事。这种文化不是我知晓的那种意义上的文化,而是特别意义上的:这种文化热给那种特别人群打上了外在的、非常清晰的印记(sign),他们是有教养的人群,他们中的绝大多数不是特别有学识(learned),他们几乎不玩艺术,但是他们对此乐此不疲。同时,他们向你炫耀,他们懂得艺术,我想,他们一直会存在于此,并乐于表现,即便他们必定听到来自于他们之外的,来自于一些学者、一些作家的粗鲁的杂音。但是,在他们看来,这种愤怒的年轻人是多么具有安慰性的一个标签!事实上,没有必要表现得这样粗鲁,简单地说,假如那就是文化的话,那么我们不需要那种文化。"①威廉斯并不喜欢这种意义上的文化,他们憎恨茶馆文化,因为在那里有那么一群人自以为自己是那种显得高雅的,受欢迎的文化代表,是一种社会优越性的表征。在威廉斯看来,"如果茶馆中的那些人继续坚持认为,文化就是他们行为举止中,言语习惯中那些琐碎的差异的东西的话,我们没有办法阻止他们,但是我们可以忽视他们,他们没有认识到文化所属的重要性。"②这种显摆式的文化、沽名钓誉式的文化一文不值,因为这种"茶馆文化"与大众文化,尤其是与"日常生活"之中的"文化"相去甚远。这种文化自以为高高在上,超越了普通人

① Raymond Williams,"Culture is Ordinary",in Ann Gray and Jim McGuigan,eds.*Studying Culture:A Introductory Reader*.New York:Routledge,1993.p. 7.

② Raymond Williams,"Culture is Ordinary",in Ann Gray and Jim McGuigan,eds.*Studying Culture:A Introductory Reader*.New York:Routledge,1993.p. 7.

家生活的那种文化,这是威廉斯最反感和最不安的地方。这类人群处于社会的异类之中,自以为自己掌握了文化的普适性,自以为自己是普通文化的代言人。可是,事实上,这种意义上的文化反而是被扭曲的、被误读的、被批判的一种文化,它与威廉斯和包括伯明翰学派的学者们所认知的文化是格格不入的,这充分显示出,威廉斯等学者对待"文化是普通的"在现实环境中的一贯态度。

具有嬉戏意味的是,威廉斯学术生涯中的翘楚伊格尔顿曾这样描述威廉斯与他在剑桥大学从教多年所遭遇到的一切:"他的长相和说话不像一个大学老师,更像乡下人,热情而朴质,与上流中产阶级一贯的那种乖巧而简慢的作风形成了很大的反差。他对教员办公室里上演的那些漫不经心的恶作剧一直很不习惯,甚至多年以后,在为 F.R.利维斯写的一篇出色的讣告中,依然说剑桥是'世界上最粗野的地方之一……到处听到冷酷、卑鄙、残忍的语言'。"①

威廉斯在思考"文化是普通的"过程中,他身先士卒,把社会生活中活生生的"文化"与个人的价值和取向,以及个人的"心灵"有机地接合在一起,他在剑桥大学求学的过程中,他所思考和建构的"文化"与社会时局、政治、经济等各种要素融为一个整体。在他看来,"当我踏入剑桥的那一刻,我就与两种严肃的思想相遇,它们对我产生了深刻的影响,一种是马克思主义,一种是利维斯。"②这两种思想一直是威廉斯思考和阐释的,但是他所诠释的马克思主义与经典马克思主义相去甚远,他敬重利维斯,但是他并不认同利维斯对"文化"的认知以及所持有的态度。

威廉斯的《漫长的革命》出版于 1961 年,该著述则把"文化"的认识从"整

---

① ［英］特里·伊格尔顿:《历史中的政治、哲学、爱欲》,马海良译,中国社会科学出版社1999 年版,第 260 页。

② Raymond Williams,"Culture is Ordinary",in Ann Gray and Jim McGuigan,eds.*Studying Culture:A Introductory Reader*.New York:Routledge,1993.p. 8.

体的生活方式",推进到"普通的",再进而拓展到"特殊的生活方式"。这是威廉斯继《文化与社会》之后又一部重量级的著作,霍尔曾指出,该书的出版是"英国战后知识生活中的一件大事……它将整个辩论的基础从文化定义的文学—道德层面转移到了人类学的层面。但现在它将后者定义为'整体性过程',借由这个过程,各种意义和定义在社会中被建构起来,并在历史中得以改变,而文学和艺术只是社会传播的方式之一,尽管享有某种特殊的权利。"①这种认识从"文学—道德"层面的精英文学转移到文化人类学批评和意识形态批评,关注社会生活的方方面面,中肯地指出了《漫长的革命》对英国文化研究,乃至对英国马克思主义做出的奠基性贡献。

从历时的角度观察,《漫长的革命》与《文化与社会》这两本专著有着千丝万缕的联系,威廉斯曾在《漫长的革命》这本书的导言部分开篇就指出:"本书是作为《文化与社会》所开启的工作的一个延续来计划和写作的。"②而"漫长的革命"这一概念直接源于《文化与社会》中的一个句子,这种革命与阶级斗争或战争没有关系,或者说,这种革命不是经典马克思主义著述中强调的阶级暴力革命,而是特指英国社会整体的社会历史变迁,之所以说革命是"漫长的",主要是因为,它仍然处在社会历史变迁的初级阶段,由此可见,威廉斯在此使用的"革命",是一种暗喻的修辞。关于威廉斯笔下的"革命",他有独到的思考,"我觉得我们就像是在经历一次漫长的革命,关于这场革命,我们最好的描述也只是局部性的解释。这是一场真正的革命,它改变了人,也改变了制度,在数百万人的推动下,它在不断地扩大和深化,也不断地遭到各种各样的反对——既有赤裸裸的反动,也有惯常的形式和观念所造成的压力。这是一场难以定义的革命,波澜起伏,经久不息,以至于我们很难不迷失在这个异

---

① Stuart Hall, "Cultural Studies and the Centre: Some Problematics and Problems", in *Culture*, *Media*, *Language* (Edited by Stuart Hall, Dorothy Hobson, Andrew Lowe and Paul Willis), London: Hutchinson, 1980. p. 19.

② [英]雷蒙德·威廉斯:《漫长的革命》,倪伟译,上海人民出版社 2013 年版,第 1 页。

常复杂的过程当中。"①很大程度上,威廉斯认识到英国社会在几百年的发展中,尤其是第二次世界大战以来各种社会关系交织在一起形成的错综复杂的局面,在社会发展的进程中,这种革命历经了民主革命、工业革命以及文化革命。这三种革命中,文化革命是最难解释,也最难把握的,同时也是最为迫切、最需要解决的。威廉斯所处的时代,恰好是工人阶级文化、流行文化、新的传播工具、成人教育得到重视的阶段,也是精英文学走向大众文化的阶段,面临着斯大林主义、发达资本主义,尤其是美国消费文化对英国文化的侵蚀,各种矛盾在"文化"这个场域交织在一起,轮番上演。从根源上讲,威廉斯对这种"文化"表征的"意义"表现出无限的焦虑和担忧,这也是他最为关注的核心问题。

威廉斯在《漫长的革命》一书关注英国社会各种不同的文化现象和文化表征。总体上讲,威廉斯对这些问题的研究更多是经验性的认识,是经验主义的思考。但同时,这些主题折射出威廉斯自始至终都站在英国新左派和英国马克思主义文化批评的角度融入了他本人的政治鉴别力和政治诉求。他这样做的目的是"要通过梳理包括教育、传媒、语言、文学等各种文化制度的演进历史,探索其中蕴藏着的开拓新的民主政治实践的潜在力量及可能性"②。应该说,这种思考是充分站在英国当时的现实社会和社会主义运动的大语境得出的中肯的评价,这些主题都围绕着威廉斯所思考的"文化"而开展,并通过"文化"蕴含的积极"意义",把关注的问题深刻地阐释出来,并用于社会实践,开展相关的文化人类学的现实批判。

尤其值得关注的是,威廉斯在《漫长的革命》中的第三部分内容"20世纪60年代的英国",本阶段是包括威廉斯在内的英国马克思主义文化批评思想家最为关注的,西方资本主义在该阶段出现了新的情况,经济上的凯恩斯主

---

① 〔英〕雷蒙德·威廉斯:《漫长的革命》,倪伟译,上海人民出版社2013年版,第2页。

② 〔英〕雷蒙德·威廉斯:《漫长的革命》,倪伟译,上海人民出版社2013年版,第385页(编后记)。

义、文化上的"权威平民主义",工人阶级呈现出"无阶级的意识",整个社会处于一片繁荣的假象,仿佛一夜之间工人阶级与资产阶级融为一个有机的整体。而事实上,这些不同阶级在对待"文化"这个核心问题上所表征的"意义"是不相同的。换句话讲,在英国新的社会语境下,除了传统的政治斗争和经济之外,文化斗争和"文化革命"就显得尤为重要。很大程度上,"文化"已然成为不同阶级之间争夺"文化霸权"或"文化领导权"的重要场域。

威廉斯在《工人阶级文化》《文化是普通的》《文化与社会》中对"文化"思考的基础上,在《漫长的革命》著作中把"文化"表征出来的"意义"主要体现在三个方面:理想的(ideal)、文献式的(documentary)、社会的(social)文化。威廉斯在《漫长的革命》著作的"文化分析"部分对"文化"内涵做出了清晰的界定。具体来看,"文化的定义有三种一般的分类。第一种是'理想的'文化,是人类根据某些绝对的或普遍的价值,追求完美的一种状态或过程。如果接受这种定义,那么文化分析本质上就是对生活或作品中的这些价值的发现和描述,这些价值被视为构成了永恒的秩序,或是与人类的普遍状况有着永久的联系。第二种是'文献的'文化,就是思想性作品和想象性作品的载体(body),其中人类的思想和经验以各种不同的方式被详细地记录下来,根据这种定义,文化分析就是一种批评活动,通过这种活动,思想和经验的性质,语言的各种细节,以及活跃的形式和惯例,都得到了描述和评价……最后,第三种是文化的'社会的'定义,它被描述成是一种特殊的生活方式(a particular way of life),它表现出包含在艺术和学识(learning)中,而且也包含在各种制度和日常行为中的某些意义和价值。从这种定义来看,文化分析就是要阐释一种特殊的生活方式,即一种特殊的生活方式、特殊的文化中隐含的与显现的意义和价值"[1]。

换言之,威廉斯的这三种定义中,"理想的文化"是阿诺德式的文化认识,

---

① Raymond Williams,*The Long Revolution*,London,Chotto & Windus,1961.p. 41.

强调文化是人类社会在发展的过程中走向完美的一种状态或过程,这是最为美好的期许。"文献式的文化"是利维斯式的文化认识,突出文化在人类社会发展中对优秀文学作品和思想的记录和表征。"社会的文化"是威廉斯最为看重的,这种文化"不仅承认艺术和学术著作中的价值和意义,而且认可社会上的机构、制度和日常行为所承载的文化意义和价值。"①

威廉斯对文化的"三分法"应该是他对"文化"内涵深入思考的最新成果,也是最权威的论述,为后来的学者研究威廉斯,尤其是研究他关于"文化"问题的思考提供了重要的参照。这三种"文化"分类中涉及的文化理解从价值维度讲,都各有千秋,都是去找寻"文化"表征的"意义"和"价值"以及关于人类创造性活动的各种记录,每一种文化都有着重要的意义。我们需要把这三种文化的定义集合在一起,把它们视为一个综合体和整体,加以思考和研究。尤其需要说明的是,第三种"文化",即"一种特殊的生活方式"是威廉斯思考该理论问题的落脚点和本色所在,在建构威廉斯的文化理论中起到了关键性的作用。

威廉斯在思考"文化"定义问题上,把文化从是一种"整体的生活方式",推进到"特殊的生活方式",这是他通过探究英国文化史和英国现实社会得出的结论。总体上讲,"整体的生活方式"强调文化的共同性、综合性、全局性和集体记忆,"特殊的生活方式"强调文化的差异性、异质性和他者性。差异性更能体现不同文化、不同族群、不同阶级之间的异质性,这样一来,"特殊的生活方式""显然能更好地揭示文化在社会与历史中的富有活力的积极存在及转变"②。由此可见,这种意义上的"特殊的生活方式"更能凸显文化的自主性和能动性,更能唤起文化表征"意义"的主观能动性,释放出文化的意义和

---

① 赵国新:《新左派的文化政治:雷蒙德·威廉斯的文化理论》,外语教学与研究出版社2009年版,第105—106页。

② [英]雷蒙德·威廉斯:《漫长的革命》,倪伟译,上海人民出版社2013年版,第387页(编后记)。

价值。在此,需要特别强调的是,"整体的生活方式"和"特殊的生活方式"中蕴含的"方式"从本质上讲应该是人们在社会生活中形成的"观念",以及通过"观念"表征出来的"意义"。由此可见,这两种生活"方式"都承载着生活的认知、体悟、感受以及观念,并通过它们把隐藏在其后的价值和意义彰显出来。

《漫长的革命》一经出版在取得成功的同时,也受到了不同学者的质疑和攻击。据威廉斯回忆,"敌对的程度令人非常难以忘怀。某些重要的报刊极为辛辣地进行了全方位的抨击。《泰晤士文学增刊》表现得特别激烈、没有理性,但是这种反应是非常普遍的。我想,当《长期的革命》出现的时候,我并不觉得有人真的理解它了……《长期的革命》却是一部引起反感的作品。对我存在着公认的不满,说我被社会学腐蚀了,说我钻到理论里去了。恰在那时我返回了剑桥。情绪体验再一次像在1939—1941年那样:真的感觉到了艰苦剧烈的斗争。"①这与霍尔从事学术研究遭遇到的情形是一样的。在那个时代,新的研究内容、研究范式一经出现,就招致了无情的批评和打击。这种痛苦只有威廉斯和霍尔他们自己才能深刻地体会到。

与此同时,这种严厉的批评还来自于英国新左派E.P.汤普森。汤普森以英国历史学家和英国第一代新左派的视角在《新左派评论》上对威廉斯的《漫长的革命》进行了长篇评论和激烈的谈论,主要围绕整个文化的性质、"文化"表征的"意义"以及"文化"的功能问题等开展讨论。汤普森把文化更多视为是"一种整体的斗争方式",而威廉斯更多把文化看成是"一种整体的生活方式"和"一种特殊的生活方式"。威廉斯作为英国文化研究的奠基人,他在思考问题的时候,更多是从社会学的角度,充分解读和阐释文化具有的作用和价值,没有特别突出文化在建构和实现不同阶级价值取向上的冲突,尤其是斗争的作用。从威廉斯对汤普森批评所作出的回应来讲,这确实是不得不严肃思考的语境问题。20世纪50年代的英国确实在社会生活的方方面面发生了很

---

① [英]雷蒙德·威廉斯:《政治与文学》,樊柯、王卫芬译,河南大学出版社2010年版,第120—121页。

大的变化,英国工人阶级文化受到了美国文学、利维斯主义、英国工人阶级"中产阶级化""无阶级的意识"等因素的强力影响。很大程度上,不同阶级之间对"文化"的争夺显得较为温和,处于冲突,而不是斗争的状态。这是威廉斯在《长期的革命》中做出的基本判断,是符合当时社会矛盾的基本运行规律的。

当然,威廉斯对关于左派对其"经济"要素的相关批评,他也做出了相关的回应,他认为,"我是把经济作为一种'维持'而非'生产'系统加以谈论的,……在我看来,资本主义是一种崭新的秩序,因为它出于自身经济发展的内在原因不断创造新的生产和需要。……这样做可能确实导致了对另一方面的强调不足。"①这些批评直指问题的核心,关注的是传统马克思主义关切的"阶级决定论"和"经济决定论"等基本问题。事实上,威廉斯能从英国复杂多变的现实社会,概括和总结出 20 世纪 50 年代英国出现的种种变化,从而更加辩证、更加务实、更加经验地对英国出现的各种社会和文化现象给予深刻的分析和研究,破除"阶级决定论"和"经济决定论"的庸俗观念,把"文化"表征的"意义"从无声的状态中解放出来,这与他坚守的"文化是一种整体的生活方式"和"文化是一种特殊的生活方式"是一脉相承的,展现出威廉斯在英国现实语境中对出现的新情况的反思,对英国马克思主义问题的反思。某种程度上,这为 70 年代威廉斯写作和出版《马克思主义与文学》奠定了坚实的基础。

---

① [英]雷蒙德·威廉斯:《政治与文学》,樊柯、王卫芬译,河南大学出版社 2010 年版,第128 页。

第三章　文化批评思想发展时期的
文化马克思主义

第一节　文化唯物主义

20 世纪 70—80 年代是英国马克思主义文化批评研究极为重要的时期。在这个时期,威廉斯立足英国现实社会,从先辈的文学和文化思考中汲取营养,结合马克思主义在英国的广泛传播,书写了他一生中最为不朽的佳作《马克思主义与文学》(*Marxism and Literature*)(1977),这也是他晚年最重要的一部作品。西方著名的《"新马克思主义"传记词典》认为,这部著作是他"学术成就最高的一本书",该书"以令人难以相信的浓缩,展示出重新构想整个领域的雄心",同时,该书也"对文化唯物主义理论做出了最清晰的表达"。① 文化唯物主义内涵深刻,蕴含着威廉斯对马克思主义最精辟的思考。与此同时,威廉斯在思考"情感结构"的基础上,结合具体的社会语境,从文化和文学理论高度不断对该理论进行阐释。很大程度上,这个时期,威廉斯对马克思主义的深刻思考成就了他著名马克思主义文化批评思想家的美名。

20 世纪 70—80 年代也是威廉斯对马克思主义文化和文学理论作出重要

---

① Robert A.Gorman ed.*Biographical Dictionary of Neo-Marxism*,Greenwood Press,1985.p. 431.

贡献的关键时期。在这期间,"文化唯物主义"(cultural materialism)一直是威廉斯学术研究中对马克思主义理论的思考和研究的关键词。换句话讲,思考和分析威廉斯的思想贡献,"文化唯物主义"是永远都绕不过去的一个核心主题词。

威廉斯在《马克思主义与文学》开篇部分就指出:"这本书写在一个激烈变革的时代之中,书中的论题就是这种变革的一部分。"[1]这种认识直指英国现实社会,强调马克思主义对于认识、分析和批判社会的巨大作用。同时,他曾指出:"简要陈述我本人于马克思主义、文学以及两者关系的立场的发展,在实践和理论方面来看,它们都占用了我一生工作的大部分时间。"[2]可以说,威廉斯在一生的创造和写作过程中,马克思主义一直伴随他,他也一直在用马克思主义的立场、观点和方法去审视英国的现实社会,对反思英国马克思主义文化理论具有重要的价值和意义。

从历时的角度观察,威廉斯与马克思主义的关系对思考"文化唯物主义"至关重要,他最早接触马克思主义的文学观点是在20世纪30年代末期,那时他在剑桥大学主修英语文学,主要谈论问题的场所不在学院课堂,而在学生的广泛讨论之中。威廉斯因为其工人阶级的家庭出身,对马克思主义的政治经济学分析方法和观点较为熟悉,不过这种认识在当时还处在潜意识状态之中。40年代末50年代初,威廉斯认识到英国现实社会在第二次世界大战以后发生了深刻的变化,威廉斯更加广泛地阅读马克思主义的著作,"继续坚持其主要的政治和经济立场(positions),更加深入地自觉地进行文化和文学的研究和探索。"[3]这种认识,应该是一种更为综合的分析和思考,不应该只是侧重于哪一个方面。"几乎没有谁只是因为文化或者文学的原因而成为马克思主义

---

① Raymond Williams, *Marxism and Literature*, Oxford University Press, 1977.p. 1.

② Raymond Williams, *Marxism and Literature*, Oxford University Press, 1977.p. 1.

③ Raymond Williams, *Marxism and Literature*, Oxford University Press, 1977.p. 2.

者的,而是因为政治和经济上的原因。"①尤其是50年代以来,威廉斯更加自觉地参与到对英国社会的批判当中,特别是新左派在英国的勃兴,在成人教育、新左派读书俱乐部、新左派杂志的场域中,威廉斯如饥似渴地广泛阅读马克思主义的理论著作,探究文化理论和文学问题的意义和价值。威廉斯在马克思主义理论的认识上曾深刻地指出:"我然后就开始广泛地阅读马克思主义的历史,并试图探寻其特殊的形构(formation),因此这在文化和文学分析中具有决定性的意义。此时,我认识到,马克思主义的文化和文学分析首先是由普列汉若夫(Plekhanov)依据恩格斯晚期作品的观点加以系统化的,然后又由占主导地位的苏联马克思主义流行开来的。懂得了这种理论的形构,并追溯出它与英国本土(native)那种强有力的激进的民粹主义(populism)相混杂的情形,我才能理解我迄今为止表达对马克思主义本意(tout court)的尊敬,以及同马克思主义之间的距离。……我在那时还从不同的角度阅读了30年代英国马克思主义,特别是克里斯托弗·考德威尔(Christopher Caudwell)的作品。……一旦人们把马克思主义理论本身看成是积极的、发展的、非完成的,而且持续性争辩的,其实很多问题就重新成为开放式的问题。"②

威廉斯从马克思主义的文化和文学理论的源头入手,读原著,悟原典,把马克思主义的理论与英国本土经验结合起来,从英国本土的马克思主义者考德威尔那里找寻资源,这是他研究马克思主义的起点。同时,他把马克思主义看成是一种动态的、未完成的、充满争议的、积极主动的综合体,这本身就是"文化唯物主义"的思想认识。当然,威廉斯的阅读和研究不局限于英国本土,他还广泛地从欧洲其他国家的马克思主义大家那里找寻理论的资源,这为他思考"文化唯物主义"提供了广阔的思考认识视野。他曾回忆:"令人激动的是,我接触到了更多的马克思主义新的作品,卢卡奇(Lukacs)的晚期作品,

---

① Raymond Williams, *Marxism and Literature*, Oxford University Press, 1977. p. 2.

② Raymond Williams, *Marxism and Literature*, Oxford University Press, 1977. pp. 3-4.

萨特（Sartre）的晚期作品，以及戈德曼（Goldmann）和阿尔都塞（Althusser）的作品，一些种类不同的、发展中的把马克思主义结合在一起的作品，还有一些结构主义的作品。同时，在这种重要的新的活动中，我又进一步阅读了原有的作品，其中最重要的 20—30 年代著名的法兰克福学派（Frankfurt School）的作品，特别是该学派瓦尔特·本雅明（Walter Benjamin）的作品，另外还有安东尼奥·葛兰西（Antonio Gramsci）那些与众不同的原创性的作品，以及马克思作品中新近的译本，特别是《大纲》（Grundrisse），而这对重新认识传统具有决定性的意义。"①威廉斯在研究马克思的过程中，确实花了大量的时间和精力，广泛地汲取西方马克思主义的各种养料，并对这些理论批判性地加以吸收和利用，对丰富威廉斯"文化唯物主义"理论具有重要的意义。值得一提的是，威廉斯和霍尔一样，对葛兰西的理论，尤其是他的"文化霸权"理论情有独钟，对丰富威廉斯马克思主义的文化理论具有重要的价值。

20 世纪 70 年代以来，威廉斯充分利用剑桥大学这个平台，通过课堂讲授、论坛、研讨等多种形式与学生和老师们充分深入地讨论马克思主义文化和文学理论等相关问题，在欧洲其他国家和北美进行学术交流和讲座，把马克思主义的研究放在国际性的语境和背景之中，对马克思主义与文学的诸多关系做出了独特的理解。

威廉斯站在新的历史起点上，从他与马克思主义的结缘和认识开始，他对"文化唯物主义"的阐释，历经了几个重要的发展阶段，在"基础与上层建筑""霸权""主导、残余与新兴"等内核上不断丰富和拓展"文化唯物主义"的文化内涵，对思考英国马克思主义文化理论具有重要的价值。

从"文化唯物主义"的理论起源上看，在威廉斯生活的那个特殊的时代，新左派运动在 20 世纪 70 年代以后就失去了它的"社会主义复兴"的美好光环，逐渐失去了色彩，淡出了英国学者的视线。同时，那个时代英国保守党卷

---

①　Raymond Williams, *Marxism and Literature*, Oxford University Press, 1977. p. 4.

土重来,英国的铁娘子撒切尔夫人执政,她执政期间所推行的施政方针、策略和理念等被霍尔称为"撒切尔主义"(Thatcherism)以及"权威平民主义"(authoritarian populism)。① 英国马克思主义学者们开始不断反思社会中出现的种种问题,他们退回到书斋之中,从自己的研究领域和专业志趣中开展社会批判,"把失败后的挫折感,对现实的愤懑,对未来的悲观,对历史的悲情,在文学批判中尽情地宣泄"②。从中,我们能够感受到威廉斯等英国马克思主义学者对现实批判的无助,但是,我们依然能够进一步感知到他们身上肩负的沉甸甸的历史使命和改造社会的情怀,这应该是他们带给我们最好的诠释。

威廉斯在思考马克思主义思想中涉及的关键要素及其变化的各种分析中尝试去建立一种理论观念,从本质上讲,也就是"文化唯物主义"。这种理论观念就是"在历史唯物主义(historical materialism)内部研究物质文化和文学生产的特殊性(specificities)的一种理论"③。威廉斯对"文化唯物主义"的定义,有几点值得注意。第一,该理论建立在历史唯物主义基础之上,在进行社会分析和现实批判的过程中,社会的各种要素和历史产生的语境和状况都应该是要充分得到阐释的,只有具备了这样的认识,物质文化和文学生产的特殊性才能得到充分的诠释。第二,威廉斯视野中的"物质文化"涵盖的内涵极其丰富,不仅包括狭义上的文学和艺术,还包括其他各种文化形式,尤其是大众文化的各种形式,如广告、流行歌曲、大众传媒、影视作品等。第三,威廉斯思考的"大众文化"与经典文学作品一样,在社会建构的过程中表征出积极的"价值",蕴含着深刻的社会意义,这是"文化唯物主义"建构功能的集中体现,也是其内涵的有机组成内核。第四,这是一种辩证的思考认识,唯物主义本身就是辩证的统一体,在文化大的框架范围内,思考物质文化和文学的特殊性

---

① 邹威华:《斯图亚特·霍尔的文化理论研究》,中国社会科学出版社 2014 年版,第 189—218 页。

② 赵国新:《新左派的文化政治:雷蒙·威廉斯的文化理论》,外语教学与研究出版社 2009 年版,第 131 页。

③ Raymond Williams, *Marxism and Literature*, Oxford University Press, 1977. p. 5.

问题。威廉斯在扬弃利维斯主义的基础上,开启了对文学研究新的路径,特别突出文化和文学研究与社会历史批评的深度融合,开拓了文化和文学研究的视野。他们在关注文化和文学文本本身的基础上,还特别重视文本背后的社会、历史、政治、文化、经济等要素,以及这些要素对文化和文学批评产生的不可或缺的影响。

威廉斯在界定"文化唯物主义"的基础上,着力从"基础与上层建筑"深刻阐释马克思主义的理论内涵,传统意义上的经典马克思主义认为,基础是第一位的,也是决定性的,上层建筑是为基础服务的,是被决定的关系。也就是说,经济基础在推动和影响社会发展中起决定性的作用。威廉斯对这种看法是不认同的。关于这一命题,威廉斯曾坦率地指出:"针对马克思主义文化理论的任何现代方法探讨必须要考虑具有决定性的基础和被决定的上层建筑这一命题。"①这是采用马克思主义理论思考社会复杂因素的前提条件和基础,也被看成是马克思主义文化分析的关键和核心问题。在威廉斯的考察中,不难发现,这一前提的出处源于马克思于 1859 年发表的《〈政治经济学批判〉序言》中,"人们在自己生活的社会生产中发生一定的、必然的、不以他们的意志为转移的关系,即同他们的物质生产力的一定发展阶段相适合的生产关系。这些生产关系的总和构成社会的经济结构,即有法律的和政治的上层建筑竖立其上并有一定的社会意识形态与之相适应的现实基础。物质生活的生产方式制约着整个社会生活、政治生活和精神生活的过程。不是人们的意识决定人们的社会存在,相反,是人们的社会存在决定人们的意识。社会的物质生产力发展到一定阶段,便同它们一直在其中运动的现存生产关系或财产关系(这只是生产关系的法律用语)发生矛盾。于是这些关系便由生产力的发展形式变成生产力的桎梏。那时社会革命的时代就到来了。随着经济基础的变更,全部庞大的上层建筑业或慢或快地发生变革。在考察这些变革时,必须时刻

---

① Raymond Williams,*Marxism and Literature*,Oxford University Press,1977.p. 75.

把下面两者区别开来:一种是生产的经济条件方面所发生的物质的、可以用自然科学的精确性指明的变革,另一种是人们借以意识到这个冲突并力求把它克服的那些法律的、政治的、宗教的、艺术的或哲学的,简言之,意识形态的形式。"①

　　从马克思主义的原文分析来看,第一,这里的经济结构所构成的现实基础不是决定上层建筑,而是上层建筑与经济基础相适应(correspond to)。"相适应"这种表述与"决定与被决定"不是一回事。第二,上层建筑这种意识形态,所包含的内涵为整个社会生活、政治生活和精神生活,主要是指占主导社会的意识形态形式,特别指法律、政治、宗教、艺术、哲学、审美等,是一种复杂得多要素的集合体,在宏观上主要包括"机构、意识形式、政治与文化实践"②。第三,威廉斯站在前人关于马克思主义文化理论研究的基础上,充分认识到现实社会中经济基础的重要性,这是不可否认的事实。在他看来,"事实上,观察'基础'中的这种外延(extension)的特质比起观察那些总是多变的(varied)和可变的(variable)'上层建筑'的外延更为重要。就外延和习惯而言,'基础'几乎已经被视为是一种客体(这是对'物质存在'的一种特殊的、化约式的看法)。或者就特定意义而言,'基础'被赋予更为普遍的,明显具有同一性的特质。'基础'是人类的现实的社会存在。'基础'是与物质生产力的阶段相适应的现实的生产关系。"③尽管经济基础极为重要,但是,威廉斯依然坚持认为,基础不应该被看成是僵化的、一成不变的,单一的某种范畴(category),而应该被视为"一种动态的、充满内在矛盾的过程"④。这种意义上的"基础"方可体现出它在社会运动和变化中的未完成性、动态性和矛盾性,凸显它自身内在运动的张力所在。第四,与此同时,上层建筑是由多种要素构成的一个综合

①　译文参见[德]马克思、恩格斯:《马克思恩格斯选集》第2卷,人民出版社1995年版,第32—33页。

②　Raymond Williams, *Marxism and Literature*, Oxford University Press, 1977. p. 77.

③　Raymond Williams, *Marxism and Literature*, Oxford University Press, 1977. p. 81.

④　Raymond Williams, *Marxism and Literature*, Oxford University Press, 1977. p. 82.

体,在与经济基础相适应的过程中也呈现出动态的多变的过程。总体上讲,威廉斯在思考"基础与上层建筑"时,充分站在前人的基础上,充分摆脱了决定与被决定的机械的、化约式的经典马克思主义的观点,从内涵本质中剖析"基础与上层建筑"的辩证关系,对认识复杂的现实社会,尤其是资本主义统治阶级如何有效地实施统治和行使"霸权"具有重要的现实意义。

　　威廉斯和霍尔在建构马克思主义文化理论的过程中,把理论的思考和研究充分融入到对英国现实问题的批判之中,在实现社会统治的过程中不约而同地都非常看重,并充分阐释"霸权"或"文化霸权"在把控和维护统治阶级过程中具有的不可替代的作用和功效。从源头上看,"霸权"或"文化霸权"还是从 20 世纪西方马克思主义思想集大成者安东尼奥·葛兰西(Antonio Gramsci) (1891—1937)那里发展和引申出来的。葛兰西在《南方问题的一些情况》①中第一次明确使用"霸权"或"文化霸权",后来在《狱中札记》《狱中书简》以及《实践哲学》中更进一步阐释该理论,更加明确地把支配或强权与霸权区分开来,突出支配阶级与被支配阶级在复杂现实的社会中是通过认同(consent)和共识(consensus)而进行统治的。葛兰西的"霸权"或"文化霸权"具有鲜明的特质:文化霸权的"力量平衡性""不稳定性和未完成性""接合性""文化性""策略性",它们彼此之间形成一种辩证的张力。同时,在葛兰西的"霸权"力量中,很多要素对统治阶级实施有效的统治至关重要。如市民社会、有机知识分子、阵地战和运动战、历史集团、大众媒介、大众文化、教育等。就葛兰西"霸权"力量的贡献而言,它"跨越了经济决定论与阶级还原论,使经济基础与上层建筑形成一种辩证的关系,突出上层建筑复杂的语义特征与能动性。葛兰西的'文化霸权'力量对 20 世纪 70 年代英国伯明翰学派力量产生了极为重要而深刻的影响。"②

----

　　①　[意]安东尼奥·葛兰西:《葛兰西文选 1916—1935》,人民出版社 1992 年版,第 226—251 页。

　　②　邹威华:《斯图亚特·霍尔的文化理论研究》,中国社会科学出版社 2014 年版,第 55 页。

"霸权"作为文学理论和文化研究中的一个核心关键词,威廉斯在《关键词》一书中指出:"这个词也许是直接从希腊文进入英文。其最接近的词源为希腊文 egemonia,可追溯的最早词源为希腊文 egemon,通常指的是支配他国的 leader(领袖)或 ruler(统治者)。这个词具有政治支配的意涵——通常指的是一个国家宰制另一个国家。这种意涵在 19 世纪之前并不普遍,但 19 世纪后就一直持续使用至今,相当普遍。这个词和其形容词 hegemonic(霸权的、霸道的)被用来描述一种达成政治支配目标的政策。……在 20 世纪马克思主义的一个派系里——尤其是葛兰西(Gramsci)的作品中——hegemony 这个词变得非常重要。……因此,hegemony 及 hegemonic 这两个词的意涵不只包含了政治、经济因素,而且包含了文化因素。"①

威廉斯对"霸权"或"文化霸权"的思考不仅仅停留在词源学意义的追问上,还从其蕴含的政治、经济和文化维度,突出该理论具有的深刻内涵。威廉斯和霍尔立足英国当时的现实社会,充分从葛兰西"霸权"理论中汲取营养,对他们自身的文化理论内核的纵深发展起到了重要的作用。

通过葛兰西的阐释,"霸权"内涵有了进一步的发展,并且对后来的马克思主义理论贡献非常大,如威廉斯所言,"尽管葛兰西对这一概念的认识还存在很多的不确定性,但他的著作是马克思主义文化理论的一个重要的转折点(turning-points)之一。"②从这个意义上看,确实葛兰西的理论,尤其是他理论中的"霸权"对建构和拓展英国马克思主义文化理论具有重要的价值。威廉斯在研究葛兰西的"霸权"理论中,认识到葛兰西的"统治"和"霸权"是两个不同的概念,"统治"强调的是统治阶级在实施有效管理过程中,采取的是"直接的或有效的高压强制手段",而"霸权"强调的是社会生活中很多政治力量、社会力量、文化力量所构成的复杂连接体(interlocking),这种"霸权"一方面

---

① [英]雷蒙德·威廉斯:《关键词:文化与社会的词汇》,刘建基译,三联书店 2010 年版,第 201—203 页。

② Raymond Williams, *Marxism and Literature*, Oxford University Press, 1977. p. 108.

超越了一个作为"整体的社会过程"的"文化",另一方面超越了"意识形态"。在威廉斯看来,"具有决定性意义的,不仅仅是观念和信仰的意识系统,而且是特定的、主导的意义和价值实际组成的整体的活生生的社会过程。"①威廉斯把"意识形态"从狭义的认识上解放出来,拓宽了"意识形态"的社会意义,强调的是整个社会,现实存在的,实际运行的社会过程。在此基础上,威廉斯进一步指出:"霸权就不仅仅是指那些清晰可见的,更高层次的'意识形态',也不仅仅是指那些通常被视为'操控'(manipulation)或'教化'(indoctrination)的控制方式的意识形态。它是一种由实践和期望所构成的整体,它覆盖了生活的全部:我们对于生命的种种感觉和分配,我们对于自身以及我们周围世界的形成性(shaping)的认知概念(perception)。霸权是一种活生生的意义和价值的体系——构成性(constitutive)以及正在形成(constituting)的体系。……这样一来,霸权就为社会中的绝大多数人建构起一种现实情感(a sense of reality),一种绝对的意义。……换句话讲,霸权从最根本的意义上讲就是一种'文化',而这种文化也被看成是那种活生生的特定阶级的主导和从属。"②

从这种认识中不难看出,这种意义上的"霸权"至少凸显出五个方面的特质。第一,"霸权"是社会生活的全部,不单单指"意识形态"意义上的认知。第二,"霸权"被看成是一种活生生的,由绝大多数人"共享"的现实情感和文化,这是威廉斯思考"情感结构"的内在表征。第三,这种"霸权"所凸显出来的"文化"总体上是为统治阶级服务的,由统治阶级所主导,体现的是统治阶级的意志和行为。第四,这种霸权应该是更加灵活,更加具有能动性和自主性。同时这种霸权实施的对象应该是工人阶级,这是一个具有潜力的霸权阶级,唤醒工人阶级的阶级意识,去对抗那些当权的统治阶级,夺得话语权和支配权。第五,在统治阶级和支配阶级博弈的过程中,"霸权"就变成了一种被他们不同阶级争夺的一个场域,这种场域绝不是单一的、静止的、抽象的,而应

---

① Raymond Williams, *Marxism and Literature*, Oxford University Press, 1977. p. 109.

② Raymond Williams, *Marxism and Literature*, Oxford University Press, 1977. p. 110.

该是一种多元的、动态的、具体的、未完成的,永远都在路上,处于一种"霸权"与"反霸权"的争斗的过程之中。威廉斯对此有非常中肯的认识,"活生生的霸权总是处于一个过程之中,而不是一种系统或一种结构,它是一种由经验、关系和活动构成的现实的复合体,带有特定的、变化着的压力和限制。……霸权也绝不是一种单数,除此之外,霸权绝不仅仅作为一种主导而消极地存在着,……霸权总是不断地被更新,再创造,得到辩护,受到修饰。……于是,我们不得不在霸权概念之上增加反霸权和选择性霸权等概念,它们都是现实的、持续性的实践要素。"①

威廉斯在思考霸权的过程中,把实施霸权的主体所呈现出来的"文化"作为重要的内容加以思考,构成了威廉斯马克思主义理论对"文化"最新的认识。他把"霸权"场域中的"文化"分为"主导"(dominant)、"残余"(residual)以及"新兴"(emergent)三种。主导文化容易理解,就是在资本主义社会中占主导地位的阶级所掌控的主流意识形态而形成的文化,这是统治阶级有效实施统治的手段,为赢得"霸权"必须要把主导文化牢牢掌控在本阶级的手里。而残余文化是"有效地形成于过去,但却一直活跃在文化过程中的事情。它们不仅是(也常常全然不是)过去的某种因素,同时也是现在的有效因素。如此说来,某些无法以主导文化的术语加以表达和确认的经验、意义和价值,却依然能在以前存留下来的社会和文化的基础(这些基础是由原先某些社会和文化的习俗机构组成的)之上得以保持并被实际应用。"②这些残余的文化在社会生活中对统治阶级不具有决定性的影响,同时,它们与主导文化交织在一起,往往最后被统治阶级收编(incorporated)。

---

① Raymond Williams, *Marxism and Literature*, Oxford University Press, 1977. pp. 112–113. 也可参见[英]雷蒙德·威廉斯:《马克思主义与文学》,王尔勃、周莉译,河南大学出版社 2008 年版,第 121 页。

② Raymond Williams, *Marxism and Literature*, Oxford University Press, 1977. p. 122. 也可参见[英]雷蒙德·威廉斯:《马克思主义与文学》,王尔勃、周莉译,河南大学出版社 2008 年版,第 130—131 页。

在这三种文化因素中，威廉斯最为看重的是"新兴"文化，因为"新兴"代表的不仅仅是一种新的文化形态，而且还是一种工人阶级的文化。在具有无限可能的工人阶级文化中，"新的意义和价值，新的实践，新的关系以及关系类型总是在不断地被创造出来"①。而这些新兴的文化在现实的社会中，常常被主导文化所忽视、贬低、反对、压制，甚至完全得不到承认。但是，这种新兴的文化在社会结构当中"总是存在着某种适应于文化过程中那些要取代主导的或主导对立的要素的社会基础"②。这种社会基础之中产生出来的新兴的阶级，常常是新兴文化实践的发源地。新兴的文化在发展壮大的过程中，会与主导文化产生冲突和对抗，甚至斗争。但是，主导文化一定会采取各种手段和策略把这些新兴的文化进行有效地收编。不过，在这种收编的过程中，新兴的文化形成和发展的过程就成了一种不断反复，成为一种总在进行更新的、超出了实际收编阶级的运动。在复杂而具体的社会变革过程中，主导文化在维护统治阶级利益的过程中，总是存在残余文化和新兴文化之间的某种混合，也存在这两种文化与主导文化之间的对立和冲突。总体上讲，这三种文化在"霸权"的场域中形成一种张力，有紧张、有矛盾、有冲突、有斗争。但是，遗憾的是，在新兴文化还没有拥有足以与主导文化抗衡的能力时，往往就被主导阶级觉察到，在不知不觉当中，就被"收编"到主导文化当中了。这是威廉斯和霍尔所处的时代，资本主义维护其统治使用的惯用伎俩和统治策略。所以，从这种意义上讲，要实现和复兴工人阶级的文化和社会主义的文化还任重道远。

第二节　情感结构

威廉斯在从事学术研究的过程中，一直把"文化"作为贯穿其思想最为重

---

① Raymond Williams, *Marxism and Literature*, Oxford University Press, 1977.p. 123.也可参见［英］雷蒙德·威廉斯：《马克思主义与文学》，王尔勃、周莉译，河南大学出版社 2008 年版，第 132 页。

② Raymond Williams, *Marxism and Literature*, Oxford University Press, 1977.p. 124.也可参见［英］雷蒙德·威廉斯：《马克思主义与文学》，王尔勃、周莉译，河南大学出版社 2008 年版，第 132 页。

要的一个核心主题,他思想中的"文化是整体的生活方式""文化是特殊的生活方式"呈现出的共同性和差异性。在复杂的现实社会中交替存在的共生关系构成一幅五彩斑斓的图景。对不同的族群、不同的文化而言,在一个特定的时期,人们共享的文化具有共同的属性,他在写作和思考中特别使用"情感结构"(structure of feeling)去阐释这种稳定、共享、共有、综合的文化特质。

从"情感结构"的发展演进而言,威廉斯在《政治与文学》中谈到,他对情感结构形成的一些看法,"我第一次使用它实际上是在《电影序言》中……在对一个时期的研究中,我们也许能够多多少少地精准地重建它的物质生活和一般社会组织,并在很大程度上重建这些支配性的观念。没有必要在这里讨论这一复杂整体中的哪一个方面是决定性的;一个像戏剧这样的重要的习俗,在所有可能的情况下,会在各种程度上呈现它们全体的性质……在不同程度上,把一部艺术作品与所观察到的社会整体的任何一个部分联系起来是有用的。但是,存在这样一种共同的经验,在分析中我们会认识到,当一个人对照社会整体可以分离的局部来衡量这部作品的时候,仍然还有一些因素在外部找不到对应。我相信,这种因素就是一个时期的情感结构。它只有作为一个整体,通过艺术作品本身的经验才是可以认识的。"①这是威廉斯对"情感结构"初步的认识,显得较为宽泛和笼统,其概念本身还显得不够清晰和明了。

威廉斯还特别关注情感结构在戏剧这种文学体裁中的作用,用于表征人们对现实生活的感悟、认知和体悟。威廉斯在《从易卜生到布莱希特的戏剧》中进一步突出情感结构具有建构意义的功能,人们在社会环境、现实经验中去充分认识现实世界和社会。接下来,威廉斯在《文化与社会》中通过深入分析以 19 世纪英国工业革命为题材的小说,透视小说中的主人公以及

---

① Raymond Williams, "Film and the dramatic tradition", in J.Higgins(ed.), *The Raymond Williams Reader*, Oxford, Blackwell, 2001.p. 33.也参见[英]雷蒙德·威廉斯:《政治与文学》,樊柯、王卫芬译,河南大学出版社 2010 年版,第 148 页;[英]雷蒙德·威廉斯:《漫长的革命》,倪伟译,上海人民出版社 2013 年版,第 388 页(编后记)。

小说家本人对英国工业革命的描述以及英国工业资本主义的多维、立体的矛盾和张力关系。

　　而威廉斯在《漫长的革命》一书中从理论的角度，更加清晰地对"情感结构"做出了阐释。威廉斯在思考理想的、文献式的、社会的、文化的基础上，他认为，应该把文化理论的定义看成是综合体的组织方式，可以通过"模式""社会性格""文化模式"等理论概念去表征和呈现。不过，要真正理解和把握它非常困难。"只有在自己所处的时代和地方，我们才能期望对一般性组织获得实质性的认识……我们把每一种因素都当作一种沉淀物来认识，但在它那个时代的活生生的经验中，每种要素都是溶解的，是一个复杂整体的不可分割的部分。在研究过去任何一个时代的时候，最难以把握的，就是这种对于某个特定地方和实践的生活性质的情感，正是凭借这样的情感方式，各种特殊的活动才能和一种思考和生活方式连成为一体。"①这种意义上的"情感结构"是一种经验式的情感方式表达，并非理论上的抽象思考。从该概念的内涵上讲，"情感"应该是一种经验或情绪的表述，是一种认知体验的共同分享，而"结构"应该是一种较为稳定或模式化的表达。威廉斯结合他本人对英国社会已有的认知经验，曾指出，"我想用'情感结构'这个词来描述它：正如'结构'这个词所暗示的，它稳固而明确，但是它是在我们活动中最细微最难触摸到的部分发挥作用的。在某种意义上，这种情感结构就是一个时代的文化、它是一般组织中所有要素带来的特殊的、活的结果。……我认为在所有实际存在的共同体中，情感结构的拥有的确到了非常广泛而又深入的地步，主要是因为沟通和传播靠的就是它。令人特别感兴趣的是，它似乎不是通过（任何正规意义上的）学习来获得的。每一代人都会在社会性格或是一般文化模式方面培养自己的继承人，并获得相当的成功。……新的一代以自己的方式对它所继承的那个独一无二的世界做出反应，在很多方面保持了连续性，最终

---

　　①　Raymond Williams, *The Long Revolution*, London, Chotto & Windus, 1961. p. 42. 也参见［英］雷蒙德·威廉斯：《漫长的革命》，倪伟译，上海人民出版社 2013 年版，第 56 页。

以某些不同的方式来感受整个生活,把自己的创造性反应塑造成一种新的情感结构。"①

也就是说,每一个时代,每一代人,都有其固定不变的、较为稳定的、连续存在的、共同分享的"情感认知"和"文化记忆"。"情感结构"是一个社会,同一阶级,或者不同阶级,或者所有阶级都共同拥有或分享的一种认知经验和情感认识,是一种共同体或综合体所承载的共享的东西。换句话讲,"情感结构"是"用来描述某一特定时代人们对现实生活的普遍感受,这是一种矛盾的思想状态,它产生于主流价值观念和现实发生冲突之际,持有某种情感结构的阶级有意无意地维持社会现状,而与此同时,方生方成的社会现实又让他对主流价值观和意识形态产生怀疑,用他本人的话说,情感结构是官方意识形态与新出现的社会体验之间相互矛盾的场域。"②特别需要指出的是,"阶级"因素在"情感结构"中的影响不可忽视,这种认识在《政治与文学》中得到了集中的体现。威廉斯自己也承认,《漫长的革命》中没有特别强调阶级的差异性,"确实没有充分强调这些,情感结构这一概念基本上是用时间性和一般性的术语提出的。我现在会在不同阶级之间极为区别地使用这一概念。不过同样重要的是,要注意情感结构的差异本身在历时性上也是变化无常的。"③由此可见,在思考"情感结构"时,阶级的重要性是显而易见的。很多时候,从历时和共时来看,同一阶级和不同的阶级在不同的时间段、不同的历史条件下,或许"情感结构"都呈现出不同的文化表征。但与此同时,威廉斯思考的"情感结构"某种程度上也是可以跨越阶级而存在的,形成一种跨阶级的大联合。但是无论如何,"在任何历史时期,统治阶级的情感结构往往

---

① Raymond Williams,*The Long Revolution*,London,Chotto & Windus,1961.p. 43.也参见[英]雷蒙德·威廉斯:《漫长的革命》,倪伟译,上海人民出版社 2013 年版,第 57 页。
② 赵国新:《新左派的文化政治:雷蒙·威廉斯的文化理论》,外语教学与研究出版社 2009 年版,第 18 页。
③ [英]雷蒙德·威廉斯:《政治与文学》,樊柯、王卫芬译,河南大学出版社 2010 年版,第 147 页。

占据支配地位"①。这是不可否认的事实,这是文化霸权在统治阶级表征的结果。这种认识也充分说明,阶级与情感结构有着动态的复杂关系。威廉斯在《马克思主义与文学》中对此也做出了深刻的阐释。他认为,"有时,一种新的情感结构的兴起总是与同一个阶级的崛起密切相关;另外一些时候,这种兴起又常常与一个阶级内部出现的矛盾、分裂或突变关系密切。"②从这种意义上讲,情感结构与阶级在现实社会生活中总是紧密联系在一起的,彼此不可分割,成为一个相互依存的共同体。

《漫长的革命》一书中思考的三种文化定义的分类,以及在此基础上阐释的"情感结构"都贯穿在威廉斯对"文化是一种整体的生活方式""文化是一种特殊的生活方式"等观念之中。从多元的意义上去思考,这些认识体现出"同一性的差异性"和"差异性中的同一性",它们适用在不同的阶级,同时也可以跨阶级使用。这些认识是威廉斯对英国现实社会的经验性认知的充分表达,特别为工人阶级和大众文化所共享。

与此同时,威廉斯在《马克思主义与文学》③中对"情感结构"做出了进一步的思考。人们共同分享的风俗习惯、服饰、建筑以及其他社会生活方式的社会经验的变化而带来的情感结构,与"世界观""意识形态"等更为传统的、更加主流的意识具有本质上的不同,"情感结构"强调的是人们共同分享的社会经验和社会经验结构,"我们讨论的是关于冲动、抑制以及情调(tone)的特质因素,尤其是关于意识和关系的特定的有影响力的因素:不是与思想相对立的情感,而是作为能够被感知的思想和作为思想的情感:这是一种活生生的,相互关联的连续体之中的实践意识。于是,我们把这些要素界定为一种'结构':一套特定的,有着内在关系的结构,既处于相互连接又彼此紧张关

---

① 赵国新:《新左派的文化政治:雷蒙·威廉斯的文化理论》,外语教学与研究出版社 2009年版,第 115 页。

② Raymond Williams, *Marxism and Literature*, Oxford University Press, 1977. p. 134.

③ Raymond Williams, *Marxism and Literature*, Oxford University Press, 1977. pp. 128–135.

系的结构之中。然而,我们正在界定的也是一种社会经验,它依然处于过程
之中。……在分析之中,这种经验以其特定的层级关系,显示出它的新兴性
(emergent)、连接性(connecting)、主导性(dominant)等特征。"①由此可见,
"情感结构"是现实社会中实际存在的,将人们彼此连接在一起的、相互关
联的社会经验和实践意识,呈现出一种共生与紧张的张力关系,按照一定的
社会分类和运行规律,总是处于运动之中,是一个过程性的、未完成的、流动
中的状态。

第三节　接合理论②

英国马克思主义文化批评思想在建构和发展过程中,充分利用英国新左
派思想运动影响下的成人教育和新左派杂志《新理性者》《大学与左派评论》
《新左派评论》,以新左派运动为舞台,把英国马克思主义文化批评思想家聚
集在一起,以伯明翰大学当代文化研究中心为根据地,结合英国社会、文化、政
治,把视野从英国国内,拓展到整个欧洲大陆,乃至整个西方世界,把社会主义
国家和以英、美为代表的资本主义国家充分纳入思考的语境之中,他们把眼光
投向英国精英文学和文化的代表人物,从以阿诺德、利维斯、艾略特等为代表
的精英文化的守护者那里汲取养分,历经了"文化与社会"传统、"文化唯物主
义"传统等阶段,彰显出马克思主义文化理论特质,对英国马克思主义文化批
评思想做出了杰出的贡献。

英国马克思主义文化批评思想家霍尔以其独到的理论视角、敏锐的
眼光,充分立足英国现实社会,从历时和共时维度中,统领英国本土经验
和欧洲理论,把思考的认识放在英国现实社会,提出了著名的"霍尔范

---

① Raymond Williams,*Marxism and Literature*,Oxford University Press,1977.p. 133.
② 邹威华:《斯图亚特·霍尔的"接合理论"研究》,《当代外国文学》2012 年第 1 期,第
42—49 页。

式"理论。① 也就是"文化主义"范式和"结构主义"范式。概括来讲,"文化主义"范式主要研究霍加特、汤普森、威廉斯的思想,突出英国马克思主义文化批评思想中的大众文化、经验、实践、生活、人道主义、情感结构、选择性传统、阶级等。"结构主义"范式是外来理论,主要关注来自欧洲大陆的列维-斯特劳斯、巴特、阿尔都塞的思想,突出这些理论家思想中的意识形态、结构、总体性以及抽象等。这两种范式在解决英国现实问题过程中,都陷入了"经济决定论"和"结构决定论"的泥潭,不能根本性地回答第二次世界大战后富足的英国资本主义社会,统治阶级与被统治阶级之间的"妥协、谈判和斗争"的博弈关系。英国马克思文化批评思想家在西方马克思主义理论家葛兰西思想的深刻影响下,把葛兰西的"霸权"理论充分融入到他们的思想建构之中,着力从"反还原论""反决定论""文化与意识形态是斗争场域""霸权""认同""共识""历史集团"(historical bloc)以及"统治集团"等维度研究和分析英国现实社会。

　　20 世纪 70—80 年代是霍尔对马克思主义文化理论作出重要贡献的关键时期。葛兰西文化霸权理论深深地吸引着霍尔及其所领导的伯明翰大学的 CCCS 学者,他们不仅如饥似渴地汲取葛兰西理论中的各种养料和精神食粮,同时也在不断地思考和探索如何才能创建出符合时代特征及其要求的理论体系,去指导他们的实践。"葛兰西转向"促使霍尔及其追随者更进一步地去关注理论的发展,促使新理论的产生,"文化研究中的'葛兰西转向'无疑促使了新葛兰西派的形成。如果新葛兰西派有什么鲜明的理论标志的话,那么所谓的'接合理论'(theory of articulation)显然是其最重要,最具影响的理论贡

---

① 　Stuart Hall,"Cultural Studies:Two Paradigms"in R.Davis and R.Schleafer,eds.*Contemporary Literary Criticism:Literary and Cultural Studies.*New York and London:Longman,1994.pp.610-625.以下引用该篇文章内容的中文译文参见斯图亚特·霍尔:《文化研究:两种范式》,载罗钢、刘象愚:《文化研究读本》,中国社会科学出版社 2000 年版,第 51—65 页;陶东风等主编:《文化研究》第一辑,天津社会科学院出版社 2000 年版,第 43—54 页。

献"①。接合理论作为一项理论体系,在其理论化的发展过程中,霍尔是权威的代言人,为文化研究的理论化和后殖民文学研究的发展做出了卓越的贡献。

霍尔建构、发展和阐释的"接合理论",推动了英国马克思主义文化批评思想的又一轮创新。从理论流变和文化内涵来讲,"文化霸权"与"接合理论"是一脉相承的,是理论的继承与发展的关系。它们相互影响、相互观照,成为霍尔文化理论体系中最为灿烂、最为光彩夺目的主题词,也正是它们使霍尔的文化理论形成一个有机的统一体。

"接合理论"作为英国马克思主义文化批评思想最为重要的理论创新成果之一,为诸多学者所关注,他们的论述为我们全面阐释该理论提供了一定的视角。费斯克等人认为,"在文化研究中,'咬合'不再带有最为人熟知的'发音清晰'之意。其用法可从'铰接式卡车'(articulated lorry)的意思上进行识别——这里的咬合意味着将两样东西合为一体。在文化研究中,被咬合的不是一辆卡车的两个部分,而是大规模的社会力量(特别是生产方式),它们以某种特殊的构造或形构(formation)、在某个特定的时刻即所谓时机被咬合在一起,从而为任何特定的实践、文本或事件提供结构性的决定要素。就像一辆铰接式卡车总有一个主驱动器和一个拖车(主驱动器虽然较小较轻,但决定着拖车的运动——它为拖车提供驱动力),咬合所描述的也不仅仅是力量的合并,而是力量间的等级关系。力量并非简单地连接或接合在一起,它们是'按支配性关系构建的'。"②这种界定论述了"接合理论"的部分内涵,指出了"接合"内涵中的双重性,但是没能准确、全面地抓住"接合"的本质。所以,全面、深刻地彰显"接合理论"及其所蕴含的内涵就必须得先考察"接合理论"的思想谱系学演进,然后从霍尔的文化理论论述中去考量,方能准确把握"接合理论"的演进史和文化内核,只有这样,我们才能全面把握新葛兰西主义的特

---

① 萧俊明:《文化转向的由来》,社会科学文献出版社 2004 年版,第 239 页。
② [美]约翰·费斯克:《关键概念:传播与文化研究辞典》,李衫译,新华出版社 2004 年版,第 16 页。

征在霍尔及其英国马克思主义文化批评思想中的重要性。

　　从"接合理论"的历史流变来看,霍尔认为,"我所使用的接合理论,源于恩特斯·拉克劳(Ernesto Laclau)一书《马克思主义理论中的政治和意识形态》(Politics and Ideology in Marxist Theory)(1977)。他论述的要旨是,种种意识形态要素的政治内涵并无必然的归属,因此,我们有必要思考不同的实践关系的——在意识形态和社会力量之间的,在意识形态内不同要素之间的,在组成一项社会运动不同的社会团体之间的偶然的、非必然的连接。他以接合概念向夹杂在马克思主义中的必然论和还原论逻辑决裂。"①这是霍尔对拉克劳的理论给予的实质性的评价。这种评价是中肯的,他指出了"接合理论"的"偶然性、非必然性的"本质性特征,为思考霍尔思想中的"接合理论"提供了话语空间和指导。

　　如要考察"接合"概念的流变过程,就得追溯到马克思、葛兰西和阿尔都塞的论述。但是他们对"接合"这一概念阐释都比较间接,不过可以看成是接合理论的萌芽。而真正把接合上升为一种理论去建构的是拉克劳,他对文化研究做出了巨大的贡献,对霍尔的文化理论影响也是巨大的。在此,无意过多地阐释拉克劳理论本身的内涵,相反想着力阐释的是拉克劳与霍尔在"接合理论"上有哪些差异之处,以便突出霍尔对接合理论的建构。尽管霍尔对拉克劳以上的看法持肯定的态度,但是霍尔却拒绝拉克劳和墨菲(Chantal Mouffe)在《文化霸权与社会主义策略》(Hegemony and Socialist Strategy)(1985)中的观点:"接合的范畴就取得了不同的理论身份地位,接合现在是一种言说的实践,这种言说的实践不具有先于被接合起来的组成成分分散状态外部的组织地位,在组成成分内部建立一种关系的任何实践称为接合。"②这

---

　　① Lawrence Grossberg,"On Postmodernism and Articulation:An Interview with Stuart Hall",in David Morley and Kuan-Hsing Chen,eds. Stuart Hall:Critical Dialogues in Cultural Studies.London:Routledge,1996.p.142.
　　② [英]拉克劳、墨菲:《文化霸权和社会主义的策略》,陈璋津译,台北:远流出版公司1994年版,第5页。

种接合观点具有强烈的话语色彩,容易滑进单纯的话语境地中。霍尔看到了拉克劳他们在建构接合理论时,话语起到的至关重要的作用,这是霍尔批判他们的重要原因所在。所以,霍尔一针见血地指出:"……将全部实践完全概念化为话语,将全部历史行动者概念化为通过话语建构的主体性,只谈论位置性(positionalities),而不谈及社会实际位置(position),而且只是看到能够把具体的个体召唤(interpellated)到不同的主体位置中的方式。"①

在霍尔看来,他与拉克劳和墨菲在"接合理论"上最大的分歧在于,"他们认为世界、社会实践是(is)语言;然而我却要说,社会如(like)语言般运作。当语言之比喻是重新思考许多问题的最佳方式时,就会有一种从承认其效用与力量到认为它实际上就是如此的滑动(slippage)。"②基于以上的分析,霍尔反对他们的极端话语接合理论,主张接合理论的实践性和历史性。所以,拉克劳在接合理论问题上并没有彻底摆脱还原论,他不知不觉地从一种还原论走向了另一种话语的还原论,这也是霍尔所不能苟同的。但是公允地看,拉克劳对霍尔的影响还是巨大的,他对接合理论做出了系统的理论化的阐释,对霍尔建构其文化理论起到了较为重要的作用,为他的理论拓展奠定了基础。

就霍尔思考的"接合理论"而言,该概念最早可以追溯到1980年他的一篇文章《支配结构中的种族、接合与社会》。在该文章中,他对"接合理论"做出了部分阐释,指出了其中的部分内涵。这篇文章被看成是"接合理论"在霍尔思想中的萌芽,在他看来,"这种联合或接合形成的同一(unity),始终而且必然是一种'复杂的结构':在这样的结构中事物像通过相似性那样通过其差异性联系起来。这要求必须显现出不同的特征连接起来的机

① Lawrence Grossberg,"On Postmodernism and Articulation:An Interview with Stuart Hall",in David Morley and Kuan-Hsing Chen,eds.*Stuart Hall:Critical Dialogues in Cultural Studies*.London:Routledge,1996.p. 146.

② Lawrence Grossberg,"On Postmodernism and Articulation:An Interview with Stuart Hal",in David Morley and Kuan-Hsing Chen,eds.*Stuart Hall:Critical Dialogues in Cultural Studies*.London:Routledge,1996.p. 146.

制,因为'必然的对应'或表达上的相类似都不可以当成给定的(given)。这也意味着,由于联合是一个结构(一个接合起来的联合)而不是一种任意的串联,所以联合的各个组成部分之间存在着各种被结构的关系,即统治与从属的关系。"①

直到 1985 年,霍尔在《意指、表征和意识形态:阿尔都塞与后结构主义争论》一文中才逐渐清晰地对"接合理论"做出了一些理论概括,他在文章的尾注中特地指出,"对于'接合'这一术语,我认为它是一种连接或环扣,在任何情况下它都不必一定作为一项法则或一种生活的事实被预先给定的,但是它需要特定的存在条件而出现。必须为特定的过程积极地维持,它不是'永恒的',而是被持续不断地更新的,会在某些环境下消失或被颠覆,从而导致旧的连接被消解而新的联系——再接合——被巩固。其重要性还在于,不同实践之间的接合并不意味着它们会变得相同或一个会消解到另外一个当中。每一个都保持了其特定的存在的决定性条件。然而,一旦接合被创造出来,那么这两个实践就会一同起作用,不是作为一个即刻的认同,而是作为统一性中的特定性。"②

在这篇文章中,霍尔对"接合理论"有了一些基本的认识,但是更多的是一种简单的理论抽象体的呈现。对"接合理论"的文化内涵、理论特征及其理论的变迁问题都没有做出有力的阐释。在这篇文章发表后的 1986 年,霍尔以访问教授的身份在美国发表了极为重要的演说。也正是在这个时期,霍尔对"接合理论"做出了极为中肯、深刻的理论阐释,为考察该理论提供了较为全面的论述,在霍尔看来,"我一直使用'接合'(articulation)一词,但是我并不知道我赋予它的意义是否完全为人所理解。在英国,该术语有双重内涵,因为

---

①　Stuart Hall,"Race,Articulation and Societies Structured in Dominance",in *Sociological Theories:Race and Colonialism*.Paris:UNESCO,1980.p. 325.

②　Stuart Hall,"Signification,Representation,Ideology:Althusser and the Post-structuralist Debates"in *Critical Studies in Mass Communication*2(2),1985.p. 112.

'接合'(articulate)的意思是指发音(to utter)、说出来(to speak forth)、清晰表达出来(to be articulate)。它承载着语言过程(language-ing)和表达(expressing)等含义。但是我们也指称它为一部'铰接式'的卡车:一部车头(驾驶室)与后半部(拖车),但是无须必然彼此相互连接的卡车。这两个部分相互连接,但是要通过一个特定的环扣(linkage)连接起来,也可以拆开这个环扣。因此,一个接合就是在一定条件下将两个不同的要素(element)形成一个统一体的一种连接形式。该环扣并非一直都是必然的、被决定的、绝对的以及本质的。想必要质问,在什么情况下,一个连接能够被锻造或制造出来呢? 因此,这个所谓话语的'同一'(unity)实际上是不同的,相异要素的接合,这些要素可以以不同的方式再次接合(rearticulated),因为它们并无必然的'归属'(belong-ingness)。'同一'的重要性在于它是被接合的话语和社会力量之间的一个环扣,在一定的历史条件下,它们可以,但非必然连接起来。因此,一种接合理论既是理解意识形态在一定条件下如何在一话语内部被连接在一起的方式,同时也是一种质问它们在特定的遇合情况(conjunctures)下如何成为或不成为与一定政治主体相接合的方式。换句话讲,接合理论质问的是意识形态是如何发现其主体,而不是主体如何认定属于它的必然且不可避免的想法;它使我们去思考一个意识形态如何赋予人民,使他们能开始对自己的历史境况有所意识或理解,而不是把这些理解形式还原为社会—经济或阶级位置或社会地位。"①

这是霍尔对"接合理论"最为完全、最为深入的思考和阐释。他打破了从静态的角度去思考社会意识形态问题,思考现实社会的实际问题,摆脱了经济决定论和阶级决定论的认识,从一种更加动态、更加灵活、更加辩证的角度去认识和思考各种社会形态中呈现出来的"意义"。"意义"从此就不是一成不

---

① Lawrence Grossberg, "On Postmodernism and Articulation:An Interview with Stuart Hall", in David Morley and Kuan-Hsing Chen, eds. *Stuart Hall*: *Critical Dialogues in Cultural Studies*. London: Routledge, 1996. pp. 141–142.

变的了,也就不是永远静止的了,这是霍尔对英国马克思主义文化批评思想做出的杰出贡献,被看成是他对文化研究作出的又一理论贡献,为我们思考该马克思主义文化批评以及关注英国文化研究在当时语境中的各种表征提供了强有力的理论保证和研究视角,也为我们思考后殖民文学理论以及文化理论提供了认知上的平台和空间。

　　霍尔对"接合理论"的精彩阐释使它真正名副其实地成为"当代文化研究中最具生产力的概念之一"①。它所蕴含的文化内涵极为丰富。在我看来,"接合理论"中的关键词对我们思考霍尔的文化理论、伯明翰学派以及伯明翰学派"文化马克思主义"等都是极为重要的:"接合""解接合""再接合""表达""连接""环扣""遇合""要素""在一定条件下""同一""差异""非必然性""意识形态""主体"等。抓住了霍尔文化理论中的这些关键词就会理解其理论的精神实质。阐释"接合理论"要牢记这些重要的概念,因为它们是构成"接合理论"本质性特征的要素。总体上讲,"接合理论"具有以下文化内涵和本质特征。

　　首先,从字面意义上把握,接合实际上就是不同要素之间的连接并形成一个同一(unity)。这种接合不是必然的,不是预先给定的,也没有绝对的本质,要素之间的接合只是暂时的、非持久的、非静态的。所以,对霍尔接合理论的把握,一定要看到接合的这些非必然性、非持久性、动态性、未完成性、暂时性等特征,从而去审视各种要素内部及其之间的差异性和异质性。这种看法在本质上彻底否认了庸俗的、机械的决定论与还原论,否定了必然的对应关系和阶级的"归属",呈现出一种"有条件的限定论"。这种认识使我们充分看到社会的内在复杂性,不能将它简单地还原为基础与上层建筑之间的矛盾,还得承认其他的可能性和其他的理论化方式。"从理论上讲,接合理论作为凸显社会形构的一种方式,没有陷入还原论(reductionism)和本质主义(essentialism)

---

① Jennifer Daryl Slack,"The Theory and Method of Articulation in Cultural Studies",in David Morley and Kuan-Hsing Chen,eds.*Stuart Hall:Critical Dialogues in Cultural Studies*.London:Routledge,1996.p. 112.

的陷阱中。"①这是霍尔建构"接合理论"最为看重的,也是他在40多年的学术生涯中为之努力奋斗的,这样的认识与文化霸权理论的核心内涵与价值是完全一致的。

其次,"articulation"内涵极为丰富,它有着接合和表达双重意义,既指"发声""说出""表达""阐发"和"表述"等,也指"接合""连接"和"环扣"等,这是霍尔钟爱"接合理论"最为重要的原因之一。因为在大众文化和文学研究中,文化文本和文学文本不可能永远就只有其固定的意义,这种意义也不可能被生产者的意图所固定和控制。意义就是接合与表达的结果。"接合与表达的关系是:意义总是在被接合到特定的语境、特定的历史时空中才能得到表达,这样表达总是被接合到语境,也受到语境的限定。"②这样看来,由此意义就成为一种社会生产,成为意义的"接合"和表达的场所。所以认真思考"接合"或表达概念,就是说一个文化文本和文学文本并不是意义的源泉,而是各种不同意义为了特定的社会利益而在一个特定的语境中只被生产出来的一个场域。这种理论视野与文化霸权和大众文化关系的阐释是一致的。

再则,接合理论中的"接合""解接合""再接合"呈现为一个动态的有机统一体。各个要素内部及其之间是接合与被接合的双重动态的辩证关系,所以从接合、解接合和再接合的过程来看,这种连接是暂时的、松散的。由此可见,任何要素的接合都没有固定的或必然的本质。一切都在运动中、在历史中接合,并产生变异。接合、解接合与再接合体现出三者之间的动态、流动关系,其中的接合就成为解接合与再接合的中介,是解接合与再接合之间的一个斗争过程。这与葛兰西的文化霸权与反霸权是一致的,还与后殖民文学中对身份认识所呈现出来的"表征"与"反表征"是一致的。因为文化霸权与反霸权、

① Jennifer Daryl Slack, "The Theory and Method of Articulation in Cultural Studies", in David Morley and Kuan-Hsing Chen, eds. *Stuart Hall: Critical Dialogues in Cultural Studies*. London: Routledge, 1996. p. 112

② 陶东风:《西方文化研究的新近发展》,《当代文坛》2007年第1期,第3页。

表征与反表征都是认识"接合理论"内核最为重要的特征和内涵,同时,它们也反映出霸权与反霸权、表征与反表征之间斗争的特点。在这样的动态运动中,意义就在解接合与再接合的运动中不断地产生出来,也在这一运动中形成暂时的统一体。这三者周而复始的轮回,凸显出接合在建构意义上的差异性与同一性,以及差异中的同一。

最后,接合理论还体现出一种未完成的状态。"接合由此不仅仅是一件事物(不仅仅是一种连结),而且是一个创造连接的过程,这与'文化霸权'是相同的,就是说'文化霸权'不仅是统治,而且是创造和维持共识的过程或共同确定的利益的过程。"①霍尔"接合理论"的过程性及其未完成性在此就体现出来了,"接合理论"并非是天生的一个整体,已经获得了它已经拥有的地位,而是说它是极其复杂的,未完成的过程。在论述霍尔的"接合理论"时,罗杰克指出"接合指的是各种不同的决定要素的结合体,……这样的接合不是固定的,也不是永恒的,而是最佳地被概念化为一个过程,其目的是建立'同一中的差异'。"②这样看来,对于接合理论的思考在凸显其过程性、未完成性的同时,更为重要的是在思考一种"同一与差异"的实践,体现出"同一中的差异"和"差异中的同一"之间的辩证关系。

霍尔"接合理论"中"差异中的同一"观点在格罗斯伯格那里得到了回应。他指出:"接合就是在差异性中产生同一性,在碎片中产生统一,在实践中产生结构。接合将这一实践同那个效果联系起来,将这一文本和那个意义联系起来,将这一意义同那个现实联系起来,将这一经验和那些政治联系起来。而这些连接本身被结合进更大的结构中。"③这种认识反映了格罗斯伯格对霍尔

---

① Jennifer Daryl Slack, "The Theory and Method of Articulation in Cultural Studies", in David Morley and Kuan-Hsing Chen, eds. *Stuart Hall*: *Critical Dialogues in Cultural Studies*. London: Routledge, 1996. p. 114.

② Chris Rojek, *Stuart Hall*. Polity, Cambridge, 2003. p. 123.

③ Lawrence Grossberg, *We Gotta Get Out of This Place*: *Popular Conservatism and Postmodernism Culture*. New York and London: Routledge, 1992. p. 54.

"接合理论"的深刻认识,他看到了问题的本质,指出了霍尔"接合理论"的实质内涵,这也恰恰说明,"接合理论"中的"差异中的同一"为思考现实社会和社会实践中不同意识形态下的权力关系提供了阐发的理论空间。

对接合理论本质的把握,就从各个要素的差异性开始,途经一系列的解接合与再接合的持续不断的动态的斗争,到达最终的暂时的统一,这是霍尔的"接合理论"中最为彰显的根本性特征。从理论内涵上讲,"接合理论"超越了简单的霸权与抵抗的对立关系,更加突出意义的多变性、多样性与语境化的特征,避免了还原论和本质论的双重困境,实现了接合理论中的"差异性中的同一"的辩证关系。这与霍尔观察和思考英国社会中的权力关系所呈现出的"文化霸权"的内涵是一致的。"接合理论"被视为继霍尔钟情于"文化霸权"之后,他为文化研究理论发展做出的又一重要理论贡献,它为我们思考和阐释当时英国现实社会中的各种复杂的社会和意识形态关系提供了理论分析价值和意义。霍尔建构、发展和阐释的"接合理论"推动了英国马克思主义文化批评思想的又一轮创新,它已经成为霍尔文化理论体系中最为灿烂、最为光彩夺目的主题词,为思考英国马克思主义文化批评思想的价值和意义提供了话语平台和空间。

同时,在当下的后殖民文学研究中,接合理论为思考文化身份、文化认同、族裔散居美学、新族性、身份的政治、认同的政治、表征的政治、差异的政治、接合的政治等提供了重要的理论空间和研究视角。在后殖民文学中,霍尔接合理论所蕴含的霸权与反霸权、表征与反表征、解接合与接合及再接合均得到了有力的彰显。随着时代和历史语境的不断更替,霍尔也在不断更新其思想的重点和内核。尤其是20世纪80年代以来,随着后殖民理论和后殖民文学的不断繁荣和引人关注,作为拥有"族裔散居"文化身份的霍尔对后殖民问题的思考也就具有"不言而喻"的意义和价值了。因为在后殖民语境中,作为边缘族群的人要对其文化身份、文化认同及族群认同通过文化表征进行文化诉求,唯有进行某种"反表征",撩开西方学者把非洲黑人及非洲和亚洲大陆描绘为智力低下、五大三粗、野蛮、文盲、贫穷、落后等歧视话语的面纱,才能有效地彰显作为"他者"或"族裔散居族群"或"边缘族群"的文化诉求,实现这些族群在文化认同上的主体性。这种"反表征"的理论实质上就是对主流或支配性文化表征系统进行有效地揭示、抵抗或颠覆,用更贴近自身的再现表明或证实自己的文化身份、文化立场并阐释自身的美学价值,与此同时,这种"反表征"也是彰显差异的时刻。这些后殖民问题都可以从霍尔的接合理论中找到思考问题的路径和突破口。

从很大程度上讲,霍尔是"后殖民理论家"的代表性人物,他利用其自身的文化身份,从英国的现实语境出发,深入思考和挖掘文化霸权、反霸权;接合理论中的解接合、接合、再接合;文化表征、反表征等问题,为我们充分展示出霍尔接合理论带给文化理论、后殖民文学的意义。所有这些都是接合理论本身以及霍尔诠释下"接合理论"带给人们最为重要的理论资源,为深刻认识复杂的现实社会、权力关系,以及意识形态网络所隐藏的各种利益提供了价值和意义。这种认识为霍尔深度研究 20 世纪 70 年代以来的后殖民理论内核中的"种族问题""新族性"文化政治,文化表征内核中的"族裔散居美学""双重意识"文化政治等提供了强有力的理论和思想资源。

第四章　文化批评思想延伸时期的文化马克思主义

第一节　种族思想[①]

后殖民理论(post-colonial theory)是当前全球文学与文化理论学界关注的热点和重点主题,后殖民理论与殖民理论有千丝万缕的联系,与殖民地宗主国对被殖民地的"管控"和"霸权"有密切的联系。它发轫于殖民者对宗主国本土的少数族裔群族或者被殖民地人民在殖民时期和后殖民时期带来的各种身体、精神、种族、肤色、文化、心理等方面的认知创伤,是一种文化和文学批评理论,也是一种依据"他者"经验从"种族""族裔散居"等视角对西方知识系统进行的一种批评。"后殖民理论"研究的崛起不是偶然的文化和学术事件。20世纪80年代以来,随着后现代主义、后结构主义在西方学术界大行其道,后殖民理论在这些理论思潮的冲击和影响下,也越来越成为"20世纪八九十年代以来,西方理论批评界较为流行的理论学术话语"[②]。

英国马克思主义文化批评思想家霍尔和他的学生保罗·吉罗伊(Paul

---

① 参见伏珊、邹威华:《伯明翰学派文化"种族思想"研究》,《四川戏剧》(当代艺术观察)2017年第12期,第25—30页。

② 王先霈、王又平主编:《文学理论批评术语汇释》,高等教育出版社2006年版,第740页。

Gilroy)顺势而为,站在新的历史起点,立足于现实语境,深入全面地审视英国现实社会的文化政治,从"边缘视角""外乡人视角""熟悉陌生人视角"去探究后殖民理论视域中的英国社会的"种族问题"和"新族性"文化政治。他们秉承英国马克思主义文化批评的一贯立场和方法,坚决反对经典马克思主义的"经济决定论"和"阶级决定论",把文化看成是一种斗争和夺取文化霸权的场域。这凸显出霍尔他们对英国马克思主义文化批评做出的又一杰出贡献。

在伯明翰学派的思想发展历程中,霍尔的前辈霍加特、汤普森和威廉斯对英国马克思主义文化批评思想的崛起、发展做出了重要的贡献,他们站在所处的历史和现实语境,以"成人教育"为平台,关注"阶级""大众文化"等主题,他们的成名作和代表作《识字的用途》《英国工人阶级的形成》《文化与社会》《漫长的革命》等都是对这些主题最直接的阐释。继他们之后,霍尔被视为是英国马克思主义文化批评最重要、最杰出、影响力最大的学者。究其原因,一方面源于他对英国马克思主义文化批评思想的纵深发展做出的杰出贡献;另一方面源于他对英国马克思主义文化批评思想的进一步创新。与此同时,霍尔在推动英国马克思主义文化批评思想向纵深发展的道路上,始终亲力亲为,站在理论和实践创新的最前沿,充分挖掘英国社会的传统,把研究的视野从英国本土延伸到欧洲大陆,乃至整个西方世界。他充分利用其学术研究敏锐的思维能力、组织能力和领导能力,把伯明翰学派的硕士生和博士生集合在一起,发挥其集体智慧和聪明才智,敏锐地捕捉到英国社会出现的"种族"问题,从"文化霸权"和"意识形态"等角度全面阐释英国现实社会出现的"青年亚文化""道德恐慌""种族"等各种问题。

霍尔和吉罗伊在充分吸收其前辈所关注的主题之外,还把研究的视野拓展到了除"阶级"之外的"性别""种族""族性""后殖民理论""族裔散居美学"等主题。这些问题立足英国现实社会,从黑人青年和亚文化入手,以"道德恐慌"为切入点,全面而深刻地剖析少数族裔群族在英国社会的现实处境以及悲惨遭遇,这被视为是"后殖民理论"在英国马克思主义文化批评思想建构中的第一次露面,也是其重要的思想认知,它开启了伯明翰学派思想家对"后殖民理论"问题的研究。罗钢等学者曾指出,伯明翰学派的"'种族研究'(race study)与后殖民主义理论也有相当的重合和交叉"①。从狭义的角度讲,很大程度上伯明翰学派"后殖民理论"就是"种族"问题,因为"种族"问题是后殖民理论研究的先导和前提,也是其重要的发轫语境。帕特克里·威廉斯等在《殖民话语和后殖民理论》中指出,"后殖民理论的重心依然是种族和民族认同"②。同时,"种族"问题本身就是伯明翰学派"后殖民理论"研究的重要内核,内化在伯明翰学派"后殖民理论"之中。

"种族"(Race)是当代学术生态圈中一个非常重要的核心关键词,在当下的人文社会科学领域研究中,"凡是针对当代社会文化的分析,都离不开种族和族群的相关问题。该问题不仅成为人文社科的普遍问题,也是 20 世纪以来西方马克思主义和文化批评中重要的考察对象。"③西方马克思主义对现实社会的考察传统意义上更加注重意识形态领域中的"阶级分析",从统治阶级和从属阶级的矛盾和对立的关系中挖掘维系资本主义统治的文化霸权和阶级霸权。随着第二次世界大战后英国等老牌帝国主义的不断衰落,前殖民地国家纷纷取得民族独立,学界把研究的视野重心从"阶级"延伸到了"种族"。

英国马克思主义文化批评思想家威廉斯曾在《关键词》中对"种族"这一关键词从词源学的角度给出了清晰的解读:"Racial 16 世纪时出现在英文里,最接近的词源为法文 race 及 razza;最早的词源已不可考。它早期的用法包含了下述一系列的意涵:(i)子孙后代——'亚伯拉罕的子孙和世系(race and stock)'(1570)。这种用法如早期的 blood(血统、世袭)与其同义词 stock(世系、家世)的用法一样。Stock 出现在 14 世纪,是由古英文 stoc——意指树干

---

① 罗钢、刘象愚主编:《文化研究读本》,中国社会科学出版社 2000 年版,第 29 页。

② Patrick Williams and Laura Chrisman ed., *Colonial Discourse and Post-Colonial Theory*, New York:Columbia UP,1994.p. 4.也可参见陶家俊:《思想认同的焦虑:旅行后殖民理论的对话与超越精神》,中国社会科学出版社 2008 年版,第 23 页。

③ 王晓路:《西方马克思主义文化批评研究》,北京大学出版社 2012 年版,第 222 页。

或茎——的隐喻意涵扩大而来;(ii)一个种类的植物(1596)或动物(1605);(iii)生物的一般分类,例如人群(human race)(1580);(iv)从(i)意涵引申或投射出的一群人,但是具有(ii)意涵⋯⋯但是,race 被用来指涉一种类别(species)里的群体(group)时,其词义就变得复杂难解。"①这种思考是一种原初的认识,指出了"种族"演变的基本事实。

事实上,"种族"概念内涵的扩大和延伸在 20 世纪以来发生了巨大的变化,种族从认知上首先突破了人种的自然属性,如长相、面貌、高矮、额骨、肤色、头发颜色、眼球色彩等,进而拓展到了种族的社会属性和文化属性,因为从"生物学层面已经很难解释族群、族性、族群误解、种族歧视和种族主义等族群社会学以及群族文化学的问题"②。从这个角度讲,种族的内涵得到了进一步丰富,种族与现实社会的各种关系进一步交织在一起,变得错综复杂。很大程度上,后殖民理论视野下的种族思想的研究主要涉及种族的社会和文化特质,涉及历史、社会、文化、权力、意识形态等。这种种族认知表征出来的"意义"并非人类群体的自然属性所决定的,而是在复杂的现实社会中"建构出来的",具有"意识形态"的功能③。由此,种族形象、种族话语等都带有极大的主观性、能动性,甚至欺骗性。

"种族"问题在西方文艺理论和文化研究中常常与文化表征紧密联系,"种族"认知在文化表征的权力系统和霸权系统中常常呈现出种族危机和种族霸权,"种族的文化政治被看成是'表征的政治'"④。在意识形态的建构下,种族尤其指称那些主流意识形态下强权阶级对少数族裔族群的种族歧视,把"少数族裔族群"看成是被动的、消极的、缺场的、野蛮的、未开化的"他者"。

---

① [英]雷蒙德·威廉斯:《关键词:文化与社会的词汇》,刘建基译,三联书店 2005 年版,第 375—376 页。

② 王晓路:《西方马克思主义文化批评研究》,北京大学出版社 2012 年版,第 222 页。

③ Tony Bennett,Lawrence Grossberg,Meaghan Morris ed.,*New Keywords:a Revised Vocabulary of Culture and Society*,Blackwell Publishing Ltd,2005.p. 291.

④ Chris Barker,*The Sage Dictionary of Cultural Studies*,Sage Publications,2004.p. 170.

这种意义上的"种族"文化表征在西方文学文本中体现得最为明显。

英国马克思主义文化批评对英国国内"种族"问题关注得早且深入的应当始于霍尔和吉罗伊等学者。他们以伯明翰当代文化研究中心为平台,聚集了一大批优秀硕士生和博士生,深入英国社会现实,透过现实社会,对20世纪70年代中后期的英国"种族"问题进行了深刻的剖析和阐释,这些思想集中体现在霍尔与其他学者于1978年完成的《控制危机》之中。

《控制危机》的写作直接源于1972年汉兹沃斯事件(Handsworth),该事件中三个15—16岁的混血种群的年轻人打伤一名爱尔兰的工人罗伯特·肯南(Robert Keenan),并抢走了他身上的钱财。该事件被英国媒体披露后,引起了强烈的社会反应,最终这三个青年人被警察逮捕,并处以10—20年监禁的判刑。从该事件的始末来看,它只是一个小事件;从判刑的严重程度上讲,这显然处罚得太重了。与此同时,该事件本身没有多大的社会价值和意义,但是一旦这种行凶抢劫(mugging)与种族联系起来,就变成一个群体性事件和社会性事件,具有了研究和探讨的价值。这种认识在霍尔那里得到了进一步的阐释:"聚焦'行凶抢劫'问题,不是基于它是犯罪的一种特定形式,而是基于它是一种社会现象,想真正挖掘'行凶抢劫'背后的社会原因"。[1] 与此同时,霍尔去"考察社会对这起案件的反应,去考察英国社会为什么会对抢劫采取如此极端的反应方式,进而考察隐藏在这起看似简单案件背后的巨大的社会价值"。[2] 从现实的角度观察,类似这种带有"种族"特质的群体性事件在第二次世界大战以后的英国时有发生,引发了英国整个社会的广泛关注,尤其是主流社会意识形态和主导社会的国家机器。它们把英国黑人或移民到英国的少数族群看成是"民间恶魔""恶棍""流氓"等,并把他们妖魔化,从而自觉不自觉地强化了阶级之间的对立和矛盾,这是后殖民文化冲突在英国真实的写照。

---

① Stuart Hall et al.,*Policing the Crisis:Mugging,the State,and Law and Order*.London:Macmillan,1978.p.vii.

② 和磊:《伯明翰学派:文化研究的源流与方法》,北京大学出版社2017年版,第188页。

　　《控制危机》这本著述立足英国现实社会中的后殖民文化现象,把英国黑人等少数族群完全纳入到整个社会的表征体系之中,充分体现出该著述内容的丰富性,内核的复杂性,它对我们探究和考察英国后殖民理论中的"种族思想"表征出明显的坐标。如罗杰克(Chris Rojek)所说,"《控制危机》是霍尔最重要的、最翔实的著作,它把伯明翰学派中的媒介研究中的编码和解码、青年亚文化、种族、犯罪、表征、意识形态等结合在一起详尽地诠释出英国自 20 世纪 60 年代末期以来的霸权危机问题。"①该著述聚焦于战后英国社会移民青年的犯罪问题,以及在犯罪问题中出现的"种族问题",探究主流意识形态"霸权危机"下的种族冲突、种族矛盾,乃至种族歧视等问题。在对待少数族裔群族等问题上,"霍尔他是极力反对用'有色眼镜'去审视'黑人种族',种族和种族关系并不构成问题,也不是危机的表现。但是遗憾的是,支配阶级意识形态把它们看成是社会焦虑和恐惧的代名词,成为'道德恐慌'的替罪羊,并被不断地误解和扭曲。"②这种认识道出了本著述的本质性问题。

　　《控制危机》著述中涉及的学科众多,研究的主题非常深刻,也具有很强的现实针对性。霍尔以及他的学生立足战后英国出现的种种社会问题,把关注的重点集中到英国少数族裔群族在面对英国统治阶级掌控下的"文化霸权"时,这些移民到英国的黑人群族的生存境况等现实问题。自从该著述问世以来,即刻成为很多学者研究和诠释的重点内容,它"打开了英国文化,乃至全球文化研究中种族研究的新角度,因此可以说英国的大规模的种族问题研究可以说是以霍尔开始的。"③事实上,霍尔他们在面对这些激烈的种族问题时,并没有独善其身,把自己置于该问题之外,而是主动积极地为黑人种族不断地呐喊和加油。为那些被压抑的群族代言,替他们主持公道,寻求文化和

---

　　①　Chris Rojek,*Stuart Hall*,Polity,Cambridge,2003.p. 138.

　　②　邹威华:《斯图亚特・霍尔的文化理论研究》,中国社会科学出版社 2014 年版,第186 页。

　　③　张建萍:《流散视阈中的保罗・吉尔罗伊种族思想研究》,《西北民族大学学报》2014 年第 2 期,第 93 页。

政治上的平等权利。那个时代英国政府通过一系列移民法案限制黑人涌入英国以及限制和打压英国黑人的基本生存权,这为霍尔等学者书写英国黑人种族以及种族思想提供了重要的历史机遇,被视为是他们在对待"种族思想"等问题上向英国现实社会打响了第一炮,点燃了众多学者研究英国"种族思想"的激情,为伯明翰学派研究"后殖民理论"提供了重要的现实语境,被视为是"后殖民理论"中"种族思想"在学界的闪亮登场。

20世纪70年代至80年代,为回应伯明翰学派对英国现实问题的关照,伯明翰学派成立了"种族与政治学小组"(the Race and Politics Group),伯明翰学派冉冉升起的学术之星吉罗伊等博士生是该小组的核心成员,他们在霍尔的指导下,完成了重要的著述《帝国反击:英国70年代的种族与种族主义》。该书"标志着研究中心对种族全面而系统研究的开始"。[①] 该书历时三年多的时间,是集体智慧的结晶,是一本非常厚重的研究英国70年代至80年代种族问题的论文集。如张建萍所言,"这部作品堪称伯明翰大学当代文化研究中心划时代的、集体性的思考种族的作品,这是英国文化研究中第一次较为系统地梳理分析了70年代以来英国社会存在的各种种族问题,详细剖析了日益强化的白人中心主义与英国资本主义社会危机的内在联系,因此被认为标志着种族问题已经正式进入英国文化研究的视野。至今为止,这部作品都是伯明翰文化中心举足轻重的一部关注种族问题的合集。"[②]其中吉罗伊本人就贡献了三篇有分量的文章《英国资本主义的有机危机和种族:70年代的体验》《走出巴比伦:种族、阶级和自主》《警察和盗贼》。该著述的标题就非常有意思,也非常有深意,主要探究和考察的对象是英国70年代的种族和种族主义,同时贴上了帝国主义的标签。从某种程度上理解,这是战后英国在殖民地纷纷脱离宗主国大英帝国之后,英国前殖民地的大量移民涌入英国本土,英国本土

---

① 和磊:《伯明翰学派:文化研究的源流与方法》,北京大学出版社2017年版,第244页。

② 张建萍:《流散视阈中的保罗·吉尔罗伊种族思想研究》,《西北民族大学学报》2014年第2期,第93页。

的主流意识形态和英国政府在面对各种种族问题、种族矛盾和种族冲突,乃至种族不平等和种族歧视时,英国主流意识形态出现了严重的"霸权危机",由此产生了文化霸权意识形态状况下媒介、警察、立法、教育等对少数族裔群族的阶级、身份、文化等各种戒备心理和防范策略。这种意义上的帝国,应该是后殖民语境下的帝国,是衰落中的日不落帝国,是忧伤的,是忧郁的。这一切体现出学者们在思考和研究英国当时社会所面临的种族困境中的无奈和失望。由此可见,该书的标题所蕴含的意义是深刻的,富有启发意义。

该书一以贯之地继承了霍尔等英国马克思主义文化批评思想家先期对种族问题的分析和阐释,从葛兰西"文化霸权"为思考问题的理论中轴,从主流意识形态在第二次世界大战后英国社会共识政治的建构、社会民主霸权的出现、社会民主霸权危机的凸显、社会民主中"法律和秩序"的出现等几个重要的阶段,全面深刻地阐释了种族问题在英国现实社会的各种表征状况。其核心的观念就是想通过各种办法限制少数族裔群族在英国本土的生存权和发展权,控制住他们对英国社会产生的破坏。总而言之,就是"对黑人生活的所有领域,家庭的、公共的,社会的和教育领域的强大监控,证明了政治的强力。"①其实,这只是英国社会主流意识形态单方面的一厢情愿。很大程度上,黑人并不是英国社会出现各种问题的罪魁祸首,也不该成为替罪羊。在面对强大的主流意识形态时,少数族群的英国黑人在屈服的同时,也充分展示出他们对文化霸权的反抗,从反霸权开始,不断在现实社会中与英国政府斗争,塑造出"黑就是美"(The Black is beautiful)的形象,这种认识突出英国"黑人从前追求的是与白人平等,追求黑人应该得到与白人相同的地位和权利;现在则变成了在平等基础上,进一步追求黑人在社会上的独特性,要求这种独特性得到政治承认。"②这种阐释指出了黑人在满足基本的种族平等的基础上,要充分展示和强调黑人与白人之间的差异,重点突出黑人的"黑人特性"(Blackness),

① CCCS, *The Empire Strikes Back: Race and Racism in 70s Britain*, p. 208.
② 赵稀方:《后殖民理论》,北京大学出版社 2009 年版,第 13 页。

这正是黑人差异性特质的本质性要求。由此一来,后殖民理论视野下"种族思想"就得到了进一步拓展。这是霍尔与吉罗伊等学者在伯明翰学派当代文化研究中心向英国社会发出的强力号角。

霍尔领导和指导下的"种族问题"研究把研究的视野从英国本土的经验主义延伸到后殖民理论,这种转变凝聚着霍尔他们对英国现实社会的敏锐观察,开启了英国社会对"黑人问题"和"少数族裔群族"的强力关注。这种关注从《控制危机》开始,打上了伯明翰学派"后殖民理论"研究前期的阶级意识和阶级观念的烙印,此时,"种族问题在这里显然还不是一个独立的问题,霍尔等人此时更多地把种族问题和阶级关系联系在一起。"① 这个阶段的种族问题还局限在阶级的视域范围内,同时还认为,"种族是阶级在其中寄居的形式,它也是阶级关系在其中被体验的中介物"。② 在英国马克思主义文化批评研究"种族思想"的前期,霍尔他们更多地把种族视为阶级的一个有机组成部分,把种族视为是一种静态的、静止的社会景观。在此基础上,《帝国反击》把研究种族思想的内涵推进了一个更高的阶段,表征出主流意识形态、大众和黑人本身对黑人少数族群形象的积极建构。该书"揭示了种族主义的复杂建构过程,对资本主义统治进行了有力地批判。此后的种族研究几乎都坚持'种族主义不是一个静态的现象'的观念,认为它是通过政治、经济、媒介、教育体系及其他体制被生产和再生产出来的。"③

在 20 世纪 70 年代,正值种族研究在伯明翰学派当代文化研究中心开展得如火如荼之际,吉罗伊有幸投奔该研究中心,拜霍尔为师,在霍尔的指导下于 1986 年完成了他的博士论文《种族主义、阶级、"种族"与民族当代文化政

---

① 和磊:《论伯明翰学派早期的种族研究——以〈帝国反击战〉为中心》,《外国文学评论》2014 年第 2 期,第 62—63 页。

② Stuart Hall et al., *Policing the Crisis:Mugging,the State,and Law and Order*.London:Macmillan,1978.p. 394.

③ 和磊:《论伯明翰学派早期的种族研究——以〈帝国反击战〉为中心》,《外国文学评论》2014 年第 2 期,第 63 页。

治》,在此基础上他进一步修订博士论文的内容,于 1987 年出版了《大英帝国没有黑人:种族与民族的文化政治》专著①。这本专著也是这个阶段有关"种族问题"最重要的著述,奠定了他对种族研究的重要性,"吉罗伊是文化研究内部继霍尔之后在种族研究方面最出色也最重要的理论家"②,对全面深刻认知英国马克思主义文化批评思想中的"后殖民理论"建构极为重要。

从《大英帝国没有黑人:种族与民族的文化政治》的书名就不难看出,它反映出作者写作该著作时坚决的心态和矛盾的情绪。一方面,从历史的维度考察大英帝国的种族,只有白人,没有其他少数族裔群族,这是英国本土经验主义和白人中心主义至上的认识;另一方面,从现实的角度思考,这恰好说明了英国白人主流社会的"无知"和"恐慌",在面对黑人族群时,他们总是以高贵自居,在他们眼中,黑人是永远的沉默者,没有发声的权力,他们的肤色、身份等消失在茫茫的历史长河之中。该著述"定位在对 20 世纪 80 年代早期英国出现的有关种族的政治争论的特定框架之内。"③该书在开篇的第一章就以"种族、阶级和能动性"为题充分阐释了"种族"与"阶级"之间的密切关系,这种关系呈现为互动的张力。吉罗伊使用"阶级形成"(class formation)④和"种族形成"(race formation)⑤的概念去阐释两种之间的复杂而互动的关系。

---

① Paul Gilroy,*There Ain't No Blacks in the Union Jack:the Cultural Politics of Race and Nation.* Routledge,2002.中文的译本有《英国国旗上的黑色》《帝国的国旗上并非没有黑色》《英国联合王国的国旗上没有黑色》《米字旗上无黑色》等。在该书 2002 年再版时,吉罗伊在导言部分重写的序言《种族是普通的》("Race is ordinary")部分清楚地阐释了该书的标题源于一个种族主义者狂妄的叫嚣,其目的是强调大英帝国没有任何黑人的存在。所以,在翻译本著述时应该立足文本的语境和内容,译为《大英帝国没有黑人》更符合本文的原意。

② 张晓玉:《保罗·吉罗伊族裔散居文化理论研究》,北京语言大学博士学位论文,2009年,第 6 页。

③ [英]安吉拉·麦克罗比:《文化研究的用途》,李庆本译,北京大学出版社 2007 年版,第54 页。

④ Paul Gilroy,*There Ain't No Blacks in the Union Jack:the Cultural Politics of Race and Nation*, Routledge,2002,p. 20.

⑤ Paul Gilroy,*There Ain't No Blacks in the Union Jack:the Cultural Politics of Race and Nation*, Routledge,2002,p. 35.

"'阶级形成'使阶级的二元模式转化为多元模式,成为一个多元行为冲突的领域。阶级与种族、性别等一起复杂互动促成了历史的运动和发展。"①这种阐释与《控制危机》和《帝国反击》在中心议题上是一脉相承的,保留了英国现实社会中的"阶级意识"和"阶级观念",但是,吉罗伊并不局限在思考和分析英国族裔社群中的"阶级问题",而是从"阶级分析"中走出来,成为与"阶级"一样重要的理论,并拓展了种族问题的内涵。

在吉罗伊看来,种族形成"既是指具有共同表型特征的变体转化为基于'种族'和肤色进行区分的具体系统,也是指对一直具有'种族'历史特征的伪造的生物理论的诉求。种族形成还包括一种姿态,在这种姿态中,'种族'在政治学中成为有组织性的,特别是在种族区分已经变成公共机构结构特征的地方——公民的法律主体性——以及个体交互作用特征的地方。"②这是吉罗伊在本专著中对"种族"作出的清晰界定,其内核具体且丰富。种族形成的第一个层次就是种族的生理认知或自然认知,强调天然的肤色、骨骼等外在的"种族表征",这是一个群族共有的表征特质。同时,种族形成的第二个层次,也就是在公共机构和个体交互作用的区域而形成的社会认知和文化认知。这两个层面的内涵对理解种族都非常重要,他想要表达的主旨是唤醒英国主流意识形态对英国黑人的认识,替黑人同胞呼吁,为他们呐喊,要在英国英伦三岛发出黑人的声音。如他在书中所言,"黑人在英国出生、成长,并且接受教育,英国重新定义了他们存在的意义,他们已经不是原来的黑人了。"③这种观念强化了英国黑人与白人之间的融合,应该是超越种族、超越民族的概念,应

---

① 张晓玉:《保罗·吉罗伊族裔散居文化理论研究》,北京语言大学博士学位论文,2009年,第42页。

② Paul Gilroy, *There Ain't No Blacks in the Union Jack: the Cultural Politics of Race and Nation*, Routledge,2002,pp.35-36.还可参见[英]安吉拉·麦克罗比:《文化研究的用途》,李庆本译,北京大学出版社2007年版,第57页。

③ Paul Gilroy, *There Ain't No Blacks in the Union Jack: the Cultural Politics of Race and Nation*, Routledge,2002,p.155.

该是和谐共处的一种局面。

在该著作中,吉罗伊在思考种族问题时提出了几种策略性的认识。从观念上讲,英国的种族问题要坚决摒弃那种认为英国是一个纯粹的、单一的种族国家,其目的是保持英国本土传统文化和经验主义的纯洁性和单一性。相反,种族问题应该坚决捍卫建立在文化差异和种族多样性基础上的多元文化主义。在吉罗伊看来,"以自身种族为基础,黑人定居者和他们出生在英国的孩子无法拥有最真实的英国身份,同时因为他们的'爱国之心',他们又被排斥在'英国种族'之外。"①这是吉罗伊最揪心和最焦虑的地方,在特定的历史时期,历经了大英帝国多年的"日不落帝国"的荣耀,在宗主国眼中没有"他者"的景观,也容不得"他者"的出现。所以,对吉罗伊来讲当务之急就是要唤醒人们对英国黑人的认知,哪怕是负面的认知。这足见吉罗伊探究种族问题的良苦用心了。从方法论上讲,出生在英国的黑人和从其他国家移民到英国的少数族群既然已经在英国本土扎根,黑人文化已经在多元民族的英国种族社会中不断地与其他种族共生。已经自觉不自觉地融入英国的整个社会之中,成为了英国文化的有机组成部分,这是历史的必然,也是白人族群要必须正视的现实。白人族群和主流社会就应该拿出应有的姿态以英国人的"绅士"姿态去认可他们,接纳他们。从认知层面上讲,"英国主流文化自始至终并非是单一的、纯洁的,而是应将其放置于与其他群族、传统和经验的交织性的网络关系中来审视。可以看出,在这一时期,英国文化研究,尤其是伯明翰文化学派的思想对于吉罗伊的种族思想发展起到了至关重要的作用,吉罗伊这一时期的研究可以说是对其的继承式的,提倡一种反对本质主义和二元对立的,混杂种族观念的研究……因此,强调英国黑人对于英国的贡献和归属感。"②这

---

①　Paul Gilroy, *There Ain't No Blacks in the Union Jack: the Cultural Politics of Race and Nation*. Routledge, 2002, p. 46.

②　张建萍:《流散视阈中的保罗·吉罗伊种族思想研究》,《西北民族大学学报》2014年第2期,第94页。

种意义上,狭义的种族观念发生了深刻的变化,把种族的内涵拓展到了少数族裔群族的混杂性和多元性中,是一种跨民族、跨种族的文化认知。

英国马克思主义文化批评思想在其发展的过程中,不断反思社会现实,不断关注少数族裔群族在英国现实的命运和遭遇。霍尔和吉罗伊立足现实的英国社会,把观察的视角放置在"种族"问题上,全面深刻地反思"种族"问题的缘起,从英国现实社会的深层次矛盾入手,充分探究种族矛盾和种族冲突的核心问题,凸显出种族问题的深刻内核,这是英国黑人和主流意识形态之间的较量,表征出霸权和反霸权之间紧张的张力关系。这是"种族思想"在马克思主义文化批评思想中"后殖民理论"的集中体现。

霍尔及其领导下的"种族研究小组",聚焦英国黑人等少数族裔群族,这种对种族问题的研究掀起了对黑人文化和黑人族群的研究,通过著述、会议、演讲等多种形式逐渐把黑人及其文化从沉默的后台推到了关注的前台,唤起了英国主流社会意识形态对这类群族的广泛思考,从不情愿接受现实,到被动接受,再到主动接纳黑人族群,认同黑人族群对英国发展作出的贡献,认同黑人族群是推动英国社会进步不可或缺的力量,从而彰显出"黑就是美"的种族形象建构,这是思考种族问题的核心要义,也是实现其价值的重要标志。这种意义上,伯明翰学派的"种族思想"不仅内核丰富,对建构伯明翰学派"后殖民理论"提供了重要的认知,还为英国马克思主义文化批评的研究提供了重要的参照,对探究后殖民理论文学和文化研究具有重要的价值。

第二节 "新族性"文化政治[①]

英国马克思主义文化批评是西方 20 世纪学术和思想运动中重要的一种思想流派。它根植于第二次世界大战以来的英国新左派的蓬勃发展,扎根于

---

① 参见邹威华、伏珊:《伯明翰学派"新族性"文化政治研究》,载《复旦外国语言文学论丛》2018 年春季号,第48—53 页。

英国成人教育和工人阶级文化的深厚土壤,把英国经典文学的研究推进到关注"大众文化""工人阶级文化""族裔散居文化"的新阶段。总体上讲,20 世纪 70 年代之前的伯明翰学派主要关注阶级、大众文化、工人阶级文化、批评素养、成人教育、历史、语言等理论问题。20 世纪 70 年代以来,英国马克思主义文化批评把亚文化、媒介与受众、权力话语、身份政治学、文化身份与文化认同、差异的政治、族裔散居美学、他者问题、表征等问题纳入思考和研究的视野,从"后殖民理论"框架中提炼和总结出真知灼见的思想认知。

英国马克思主义文化批评思想家霍尔及其思想继承的翘楚吉罗伊是"后殖民理论"研究的主要推动者,他们在研究的过程中,除了关注传统的主题,如阶级、性别之外,还把"新族性"文化政治等理论问题纳入其思想建构的内含之中,深刻阐释"新族性"理论产生的语境,剖析其深刻的文化内涵,并由此彰显出丰厚的理论价值和意义。

随着后殖民理论、后结构主义在西方世界的不断博兴,霍尔和吉罗伊逐渐在现实语境中关注和研究"种族问题",并追问"种族问题"背后蕴含的深层次文化内含。[①] 他们基于其独特的"肤色"特质,以及伯明翰学派当代文化研究中心提供的绝好平台,把研究的主旨从"种族问题"延伸到后殖民理论中的"新族性"(new ethnicity)理论问题,在本质上凸显出对少数族裔群族审美特质的讴歌和赞誉。霍尔和吉罗伊在"种族思想"研究基础上,把研究的视野和研究的范围不断向前推进,把"新族性"文化政治纳入其思考的内核,对提升伯明翰学派"后殖民理论"的内涵作出了卓越的贡献。

"新族性"文化政治是后殖民理论话语中非常重要的关键词,也是霍尔和吉罗伊思想中最核心、最重要的理论支撑点。思考"新族性"文化政治一方面要深入探究新族性是建立在族性的认知基础上,从旧族性的基础上发展起来的;另一方面也要考究新族性丰富的内核,重点关注"新族性"文化政治与文

---

① 参见邹威华、伏珊等:《斯图亚特·霍尔与"道德恐慌"理论》,《复旦外国语言文学论丛》2013 年春季号,第 38—44 页。

化身份认同的政治、认同差异的政治、文化表征的政治等内在关系,同时还要着力思考伯明翰学派"后殖民理论"大家在阐释"新族性"的文化政治时的独到见解,从而凸显出霍尔和吉罗伊所阐释的新族性文化政治对后殖民文学和文化理论研究带来的价值和意义。

从广义的角度观察,族性(ethnicity)或族性的(ethnic)在认知上超越了"种族"的观念,把生物属性、物理属性、自然属性的"种族"特质推进到社会属性、心理属性、文化属性的"族性"特质,这种认知历经了一个比较漫长的阶段。

传统意义上的"种族"(race)研究主要聚焦人种的自然属性和身体属性,如相貌、长相、高矮、胖瘦、肤色、头发颜色、眼球、骨骼等,这是与生俱来的,也是先天孕育的,从出生的那一天开始就注定了这种"种族"认知。当然,"种族"之所以成为研究和思考的对象,受到学界的高度关注,它还承载着很多的社会特征和文化特征,表征并建构出复杂现实社会中人们思想认知和观念背后承载的"意义"。这种意义上的种族形象、种族话语、种族认知带有某种程度上的主动性、能动性。因为它还涉及社会、历史、文化、语言、权力、意识形态等深刻影响,这是传统意义上"种族"内涵中所缺失的主题。这就为"族性"研究提供了重要的舞台,其研究的视野就从狭义拓宽到了广义,更加注重社会学和文化学意义上的"族性"问题研究。这正是伯明翰学派"后殖民理论"大家霍尔和吉罗伊特别关注的问题,他们立足英国现实语境,把研究的重心从"种族"拓展到"族性"。同时,他们又在"旧族性"的基础上,把思考的重点延伸到"新族性"。这种认知转变是历史发展的必然,更是霍尔和吉罗伊他们深刻观察和体悟英国现实社会的结果。

从历时的角度探究,"族性"问题大致出现于第二次世界大战以后的西方资本主义社会之中,在很大程度上与种族有着错综复杂的关系,在其发展的过程中,种族问题在第二次世界大战后的英国社会表征得最为明显。在那个特定的历史阶段,与种族问题相比,族性问题就表征得不是那么显眼。如学者王晓路所言,"虽然'族性'出现在 50 年代,但得到广泛的使用以及迁移到其他领域当中却是 20 世纪后半期的事了。那一时期是人文社会领域理论产生的爆发期,由于对理解方式本质的质疑,大量认定式的术语和范畴被重新审视,与此同时,大量新的术语开始涌现,'族性'就是其中一个。"①这个时期人文社会科学领域理论出现了处于爆发期的各种理论正是孕育和孵化"族性"最重要的语境,其中后殖民主义和后殖民理论思潮的出现为"族性"的出现和发展奠定了重要的基础。斯蒂芬·芬顿曾指出:"20 世纪 70 年代才被广泛使用的'族性'(ethnicity)这一术语,当今却在社会学想象(sociological imagination)以及政策和政治论题中扮演着重要角色。"②同时,研究族群和族性的学者马丁·N.麦格曾指出,"现在人们熟悉的族群(ethnic)和族群性(ethnicity)事实上是两个相对较新的术语,直到 20 世纪 60 年代它们才出现在普通的英语词典里"。③ 从这些阐释中不难发现,族性问题出现的时间相对较晚,也是新近出现的一个概念和理论。族性在出现的初期常常与种族有交织的地方,但它超越于种族,最终独立存在于后殖民理论的建构之中。族性表征出来的是在社会学视野下被建构起来的一种认知,凸显其社会学建构的意义和价值。

从词源学角度审视,族性(ethnicity)和族性的(ethnic)历经了一个漫长的发展时期,其词义的外延和内涵也在不断的演进和变化发展之中。雷蒙德·威廉斯曾在《关键词》一书中对该术语有一定的阐释,他指出,"Ethnic 自从 14 世纪中叶就出现于英文中。最接近的词源为希腊文 ethnikos——意指'heathen''异教徒'。(在 ethnic 与 heathen 之间,存在一些可能、但未经证实的关联性;heathen 的最接近词源为古英文 heathen。)它的普遍意涵为 heathen、

---

① 王晓路:《西方马克思主义文化批评研究》,北京大学出版社 2012 年版,第 231 页。

② [英]斯蒂芬·芬顿:《族性》,劳焕强等译,中央民族大学出版社 2009 年版,第 1 页。

③ [美]马丁·N.麦格:《族群社会学:美国及全球视角下的种族和族群关系》,祖力亚、提·司马义译,华夏出版社 2007 年版,第 9 页。

pagan 或 Gentile——异教徒。一直到 19 世纪,这种含义普遍地被具有'种族'特色的意涵取代。Ethnics 在美国被使用,其意涵正如 1961 年所描述的:'一种礼貌性的词汇,用来指涉犹太人、意大利人与其他次要的人种'……同时,在 20 世纪中叶,ethnic 再度出现,也许受到了 ethnics(少数民族的人)的早期美国用法影响,其意涵接近 Folk(民间的、民俗的),意指出现在当代的一种风格,最普遍的是在服装、音乐与食物方面。Ethnic 的词义涵盖范围是从严肃的族群属性,到土著的、附属的(subordinate)传统,到都会商业的流行时尚。"①总体上讲,威廉斯的阐释对认识族性有一定的启发作用。尤其是自 19 世纪以来,因社会历史变迁和社会发展,族性后来者居上,在认知上有逐渐取代种族的趋势,当然,这只是一种说法而已,也是一种理想的状态。时至今日,这种理想一直都还只是一种理想,要完全把种族观念和种族歧视转化为族性,还需要不断地努力,不断地争取,不断地斗争,并竭尽全力为少数族群争取权利,改变在种族歧视视野下的认知观和价值取向。

在威廉斯的基础上,本内特等学者出版的《新关键词》中对族性做了更为详细的阐释,他们认为,"Ethnic 和 ethnicity 源于希腊文 ethnos,其意义为'民族,人民。'源于拉丁文 ethnicus,其意义为'heathen'……'ethnicity 在雷蒙德·威廉斯的《关键词》中变成了'更为重要的词汇之一'……族性指涉非生物属性的共有的那些认同过程,包括:民族性、宗教、历史、语言以及文化。与此同时,它们区别于种族,但又与种族有重叠之处。传统的社会科学认为,种族是源于生物属性的,被强加的认同过程,其个人和群体拥有固定的特性和特征。而族性是关于文化独特性的问题……全球化和跨民族的网络把个人和集体汇聚在社会、经济、文化、政治的各种关系之中,全球文化和族裔散居加速了混杂文化的形成,霍尔在 1992 年曾发明了新族性(new ethnicities)一词,其复数的'ethnicities'着重强调群内的族群内在的差异性。同时,族性被视为是一

---

① [英]雷蒙德·威廉斯:《关键词:文化与社会的词汇》,刘建基译,三联书店 2005 年版,第 155—156 页。

个变化的过程,而不是一种存在的状态。"①本内特等学者的阐释厘清了族性的词源学意义,把认知的内涵从生理属性拓展到社会生活的方方面面,凸显出族性的文化属性和特质,以及文化属性和心理属性意义上的族性认同。尤为可贵的是,本内特他们看到了霍尔及其英国马克思主义文化批评思想家对"新族性"的认知和建构作出的杰出贡献。

事实上,从新族性内涵的理论流变上看,霍尔及其领导的伯明翰学派当代文化研究中心为此付出了巨大的努力。约翰·费斯克在论述族群时也曾指出,"针对某个群体的一种描述性标识,它从种族或民族的特征上得到含蓄的界定,其强调的重点在于文化的行为与信仰。这个概念可以有效地用于概括这样的少数派,他们由于独特的文化态度与文化传统而遭到疏离或者要求疏离。"②这种意义上的族性认知强调其文化意义上的属性和特质,主要是指代那些在主流社会意识形态和主导社会意识形态中被视为边缘性的、非主流的少数族群。他们有被边缘化的倾向或自我边缘化的倾向,他们是弱者,是"他者"的景观。对霍尔和吉罗伊而言,这些少数族群主要是指那些英国国内的"黑人",或者源自非洲,尤其是加勒比裔的移民。在历史的长河中,新族性也历经了不同时代的发展,其内涵认知也在不断拓展。在此过程中,作为晚期现代性语境和后殖民语境下的族性理论得到了新的阐释,在内涵上得到了不断延伸,霍尔和吉罗伊是该理论不断前行的有力推动者,对该理论的认知有深刻的理解,对此作出了重要的贡献。

在全球化和跨文化交际的不断交融之中,霍尔他们的新族性理论对认识和研究族裔散居和后殖民理论起到了非常重要的作用,并中肯地指出了族性和新族性的本质性特质,将其视为一个动态的、未完成的、非静止的过程和状

---

① Bennett, Tony, Grossberg, Lawrence, and Morris, Meaghan. *New Keywords: a Revised Vocabulary of Culture and Society*, 2005. Blackwell Publishing Ltd., pp. 112—114.

② [美]约翰·费斯克等编撰:《关键概念:传播与文化研究词典》,李彬译,新华出版社2004年版,第97页。

态。总体上讲,他们被誉为是新族性理论的新时代的代言人,常常被后来的学者所引用和借鉴。

族性、旧族性、新族性等理论问题在霍尔和吉罗伊的思考中集中体现在他们写作的系列著述之中,主要有:《最小的自我》(1987)、《大英帝国没有黑人》(1987)、《新族性》(1988)、《族性:认同和差异》、《本土和全球:全球化和族性》(1991)、《新旧认同,新旧族性》(1991)、《文化认同的问题》(1992)、《文化认同和族裔散居》(1994)、《导论:谁需要"认同/身份"》(1996)等。总体上讲,"这些主题被放置在晚期现代性、后殖民主义与全球化的大背景下,开辟了新的后殖民理论的话语空间,它们是'现代性'维度与'后殖民'维度的统一体"①。在霍尔和吉罗伊生活和成长的早期,尤其是青少年时期,他们对自我的文化身份认知还比较模糊,把自身更多地看成是大英帝国的"英国人",具有纯粹的英国属性(Britishness)。而到了 20 世纪 70、80 年代,他们对自我的身份和种族问题有了更加清楚的认识。他们明显感知到他们与众不同,他们在内心深处也在不断地追问自己的文化身份和文化认同等理论问题,"我是谁?""我从哪里来?""我要走向何方?"我会成为什么?"等等。

这些追问都源于英国本土的、边缘化的少数族裔群族,尤其是"黑人"族裔群族,他们生存的环境艰难,他们也总是在与主流意识形态的对抗和博弈中求得生存。他们文化身份彰显出来的"新族性"问题本质上就是认同差异的问题。"这种认同是一种在场与缺场的较量,是一种霸权与反霸权的较量,这种较量在文化叙事中表征的是主体的文化认同的位置,争夺的是话语权力,体现出差异,突出其表征主体自身的文化认同,借助对中心文化叙事的关注来定位、认识与界定自我。这种文化认同在文化叙事中被建构、被讲述、被言说、被表征,寻求一种文化与心理上的慰藉,是反主流文化叙事的表征模式,追寻一种'想象共同体'的建构,体现为一种他者的差异叙事政治和

① 邹威华:《斯图亚特·霍尔的文化理论研究》,中国社会科学出版社 2014 年版,第238 页。

差异的表征。"①由此可见,思考族性要充分认识身份认同差异的文化政治,它与文化霸权、话语权力、表征、他者叙事等非常紧密地联系在一起。某种意义上,研究族性理论,必须把这些重要的要素充分结合起来,站在全球化的视野中去审视,去关照后殖民理论视野中的各种权利纷争问题,这是研究族性问题的内在要求和必然选择。

特定的历史阶段、特定的历史时期铸造了特有的族性认知,这是历史的选择,也是历史的必然。霍尔和吉罗伊在思考这些主题的过程中,始终把自身的文化身份认同、差异认同等牢牢地掌握在自我的内心深处,不断地与自我对话,与牙买加对话,与英国本土黑人对话,甚至与大英帝国对话,这是一种非常复杂而焦虑的心境,也是一次漫漫长路的归乡之路。这些问题不断地萦绕在他们的心中。霍尔在《最小的自我》中开始反思和探究这些主题,这篇文章具有重要的意义,因为这篇文章标志着"霍尔公开地重新思考他与牙买加的关系。"②在这篇文章中,霍尔特别强调指出:"事实上'黑人'绝对不可能一直存在于此……它总是一种不稳定的身份认同,表征在心灵上、文化上和政治上……它也是被建构起来的、被叙事的、被言说的、而不单单是被发现的身份认同问题。"③这是霍尔思考"新族性"的重点,也是其重要的特质。换言之,"黑人的文化身份认同"不是一成不变的,也绝不会是静止不动的,也是一种非稳定的,在文化、政治和心理等维度被表征出来,被建构起来的,通过叙事得到边缘中的认同。从这种角度去探究"新族性""旧族性"等问题,就是去追问少数族裔群族,尤其是英国黑人在文化身份和身份认同中被建构起来的意义。"新族性"蕴含的意义打破了传统意义上的静态的、静止的、完成的、稳定的意义,这是"旧族性"和

①　邹威华:《斯图亚特·霍尔的文化理论研究》,中国社会科学出版社2014年版,第269—270页。

②　Farred, Grant, *What's My Name? Black Vernacular Intellectuals*, University of Minnesota Press, 2003.p. 183.

③　Stuart Hall,"Minimal Selves", in *Identity:the Real Me*, ICA documents 6.London:Institute for Contemporary Arts,1987.p. 45.

"新族性"在内核上的本质性差异,也是霍尔和吉罗伊他们关注的重点。

与此同时,吉罗伊在《大英帝国没有黑人》中持续不断地思考族裔散居文化身份认同视野中的身份差异问题。在该专著中,他曾指出:"黑人在英国出生,成长,并且接受教育,英国重新定义了他们存在的意义,他们已经不是原来的黑人了。"[1]这种思考意味深长,传统意义上的黑人主要源自非洲,特别是加勒比区域的黑人,他们远离母国,来到他们心仪已久的宗主国,感觉是第一次真正回家了。这种回家背后蕴含着对大英帝国文化的认同,这些黑人在内心深处非常渴求能够融入大英帝国的大家庭之中。但是,现实告诉他们,这种梦想背后时刻涌动着现实的残酷,种族问题、种族冲突、种族斗争在英国本土不断地上演着。这是霍尔他们那个时代出生的加勒比海地区牙买加人移民到英国本土最深切的认知体验。而吉罗伊在霍尔等老师阐释这种文化冲突的基础上,把关注的重点聚焦在英国本土出生的黑人。这些黑人与他们的祖辈、父辈在英国主流意识形态的瞩目和关注下,在"他者"的视域中成长、接受教育,更有甚者通过"奖学金"进入英国的牛津、剑桥等精英大学去学习和深造。他们天然就与众不同,显示出过人的能力和才干,在英国残酷的现实社会为少数族裔群族呐喊助威,为这些"黑人"群族寻求各种权力诉求。他们要在"身份的差异"中实现自我的个人价值、社会价值和文化价值。

霍尔和吉罗伊都是黑人,他们以黑为美,在黑人身份认同"同一性"的基础上,充分展示和诠释,甚至讴歌黑人身份的"差异性""变化性""未完成性"的文化特质。他们师徒两人肩并肩,携手共筑身份认同差异的文化政治,这是思考族性,尤其是新族性理论问题的前提,也是重要的基础性认知。也就是说,族性与身份是紧密联系在一起的统一体。身份认同差异的文化政治源于对传统"身份政治"(identity politics)的批判性理解和思考,因为传统"身份政治"主张族群认同的共同体验和认知,是族群共有的价值和观念归一的体验,

① Gilroy, Paul, *There Ain't No Blacks in the Union Jack : the Cultural Politics of Race and Nation*, Routledge, 2003. p. 155.

强调族群的统一性和唯一性,这是"旧族性"的时刻。在此基础上,后现代和后殖民理论视野中的新的身份政治(politics of identity)主张的是一种典型的差异的文化政治,突出其文化政治的差异性、异质性,强调自我与他者的差异,突出少数族群"他者"的话语权和独特属性,这是属于"新族性"的时刻。霍尔对"新族性"的内涵有深刻的阐释,他指出,"不可能有完全一致意义上的'认同'观念的认识确实改变了我们对身份政治(identity politics)体验的观念,也改变了政治诉求的本质性认识……审视新的身份的认同的概念要求我们重新界定政治的形式,它们是:差异的政治、自我反思的政治、一种向偶然性开放依然起作用的政治,无限扩散的政治根本不是政治。"①事实上,这种意义上的族性问题,尤其是新族性问题要从差异中进行思考,从表征政治中进行思考,从他者政治中进行思考,方能全面深刻剖析新族性理论问题。

霍尔和吉罗伊在思考族性问题的基础上,把研究和思考的对象锁定在英国黑人族群和黑人文化政治等主题之中,在《新族性》这篇重要的理论分析的文章之中,他们在开篇就敏锐地指出了黑人文化政治的认知转变,存在着两个非常重要的阶段和时刻,其一为旧族性,其二是新族性。"它们是同一运动中的两个阶段,时常有重叠之处,并交织在一起。它们在相同的历史愈合(historical conjuncture)中得到建构,并根植在反种族和战后英国黑人体验的政治之中。"②旧族性源自于传统的政治和文化分析之中。从政治上讲,在旧族性时刻,"黑人"的概念被建构起来,其目的是去指涉英国社会种族主义的共同体验和被边缘化的问题,在少数族群之中建构起一种新的抵抗政治。这种意义上的时刻是一种整齐划一的、统一体的认知架构,建构起不同社区中民族与文化差异的认同问题,由此,"黑人体验"就成为一种他者视野下的"霸权行

---

① Hall, Stuart, "Minimal Selves", in *Identity：the Real Me*, ICA documents 6. London：Institute for Contemporary Arts, 1987. p. 45.

② Morley, David and Chen, Kuan-Hsing eds., *Stuart Hall：Critical Dialogues in Cultural Studies*, Routledge, 1996. p. 441.

为"。与此同时,从文化上讲,这种旧时刻把黑人以及黑人文化看成是占统治地位的白人美学和文化话语之中的沉默的、看不见的"他者"。在这种空间之中,"黑人被视为表征实践的客体,而非表征实践的主体,作为他者被观看,被凝视。"①这是一种边缘化的他者与主流意识形态竞争的时刻,也是表征关系(relations of representation)的时刻。

新族性是族性发展的第二个重要阶段和时刻,突出黑人认同政治"统一体"的终结,强调黑人认同政治的差异性和异质性,指涉这种差异政治"从表征关系之争向表征的政治(politics of representation)转变"的问题②。表征问题主要凸显其基本的字面意义,突出再现和模仿的功能。同时强调建构和塑造的内含意义,突出其政治的功能。很大程度上,新族性问题就是表征差异的问题,就是意义被建构的问题,还是建构少数族裔群族"意义"和"形象"的问题,它们是有机的统一体,更是密切交织在一起的。由此,这种表征差异的政治就把文化、意识形态和表征的各种情景视为是主体性、身份认同和政治,是一种形成中的认知,不单单是位于社会和政治生活之中那些表现性的东西,这超越了表征的基本意义,凸显出表征的建构功能。如霍尔他们所言,"所争论的是对非同寻常的各种主体位置、社会体验和文化认同多元性的认知,它们构成了'黑人'的范畴。也就是说,'黑人'在本质上就是一个政治和文化建构起来(constructed)的范畴,它不是基于一系列固定的跨文化或超验的种族范畴,由此从本质上得不到保证,所起作用的是黑人主体历史和文化体验的多元性和差异性。"③这种新族性已经超越了简单的族性认同的同一性的概念,把认知从同一性中解放出来,凸显其差异性和异质性,以及其建构和塑造的功能。

---

① Morley, David and Chen, Kuan-Hsing eds., *Stuart Hall: Critical Dialogues in Cultural Studies*, Routledge, 1996. p. 442.

② Morley, David and Chen, Kuan-Hsing eds., *Stuart Hall: Critical Dialogues in Cultural Studies*, Routledge, 1996. p. 442.

③ Morley, David and Chen, Kuan-Hsing eds., *Stuart Hall: Critical Dialogues in Cultural Studies*, Routledge, 1996. p. 443.

新族性问题内核上讲"承认在建构主体性和身份认同之中历史、语言和文化所处的位置,同时所有的话语都是被定位的、被设置的、情景化的,所有的知识都产生于语境之中。"①所以,这种新族性不是静态意义上的、单维度的,而是动态的、语境性的,产生于历史之中,这是黑人表征政治在新族性理论中的具体体现。这是新族性超越旧族性的时刻,在历史中、在语境中建构起来。新族性是"历史中的政治性建构,一种叙事建构、一种以故事、记忆、历史叙事为基础的文化救赎行为"②。

这种新族性是旧族性发展的一个新阶段,研究新族性不能脱离旧族性的认知和思考语境,要从历史的维度和辩证的关系中厘清新、旧族性之间的指涉,正如霍尔他们所言,"既不能固守过去,也不能忘却过去,既不与过去完全相同,也不完全与过去不同,而是混合的认同与差异,那是一块认同与差异之间的新领地"③。这种新领地在过去和现在、认同与差异、相同与不同、中心与边缘等多对二元对立之中不断地上演着冲突和矛盾。这种新族性理论中的体验充满了各种挑战、各种风险、各种危险境地、各种利益诉求、各种霸权表征等,在轮番不断地博弈着。这是对族性认知的新发现的过程,也就是"差异和多元性的巨大时刻,这种时刻意味着人们绘出他们自己的家园,他们的家人,他们所从事的工作……这与过去紧密相连,这种过去现实被看作一种历史,某种被述说和叙事的东西,通过历史、记忆、欲望、重构,新族性才能得到理解。"④这

---

① Morley, David and Chen, Kuan-Hsing eds., *Stuart Hall: Critical Dialogues in Cultural Studies*, Routledge, 1996.p. 446.

② 陶家俊:《现代性的后殖民批判——论斯图亚特·霍尔的族裔散居认同理论》,《四川外语学院学报》2006 年第 5 期,第 5 页。

③ Hall, Stuart, "Ethnicity: Identity and Difference" in *Radical America*.Vol. 23, 1991(4), p. 20.

④ Hall, Stuart, "The Local and the Global: Globalization and Ethnicity" in Anthony D. King, eds., *Culture, Globalization and the World-System*, Macmilian in association with Department of Art and Art History, State University of New York at Binghamton, 1991.p. 21.还可参见 Hall, Stuart, "Old and New Identity, Old and New Ethnicities" in Anthony D. King, eds., *Culture, Globalization and the World-System*, Macmilian in association with Department of Art and Art History, State University of New York at Binghamton, 1991.p. 58。

是重新叙事、重新发现、重新发明的过程。

这些"重新"的多重认知对霍尔和吉罗伊他们这些少数族裔群族的知识分子都具有重要的价值和意义。他们把尘封的、沉默的、被埋没的历史、记忆、绘画、异国传奇、旅游等从"他者"的景观中发掘出来,探寻这些叙事主题背后隐藏的丰富内涵。他们把自身的身份认知、文化身份认同与种族、旧族性、新族性等后殖民理论的核心议题紧密交织在一起,编织出一幅具有丰富内涵的,富有张力的后殖民理论画卷。这些问题既是霍尔和吉罗伊他们本人的自画像,也是少数族裔群族的肖像画,彰显出伯明翰学派"新族性"文化政治研究在英国现实语境中"理论"与"实践"的完美结合。

霍尔和吉罗伊在建构新族性的过程中,他们自身的文化身份底色也为此提供了新的认知和思考。对霍尔他们而言,"所体验到的族性应该是'移民体验'与'黑人体验'的双重交融,表征为多重边缘化:殖民地边缘的边缘化、宗主国中心的边缘化、前殖民地中心的边缘化等等,这是寻求差异的文化和政治的诉求,也是寻求一条通向后殖民'想象家园'漫长的、遥遥无期的不归路,反映出霍尔在英国殖民文化语境中的无限的惆怅,寄托着他对'想象中母国'的无限的眷恋。"①从这种意义上去思考霍尔与吉罗伊思想中的新族性理论是非常恰当的,也是非常适合的,折射出他们在建构新族性认知中对认同与差异、黑与不黑、中心与边缘、想象家园与现实社会、惆怅与眷恋的辩证思考。这些都凸显出他们对新族性理论思考的深入,彰显出他们扎根英国现实社会,从社会表征出来的各种问题出发,以问题为导向,不断更新他们对后殖民理论和族裔散居视野下新族性理论的认识和理解,这是最为难能可贵的,也是他们与众不同的地方。

在现实的英国社会,族性问题在种族问题中应运而生,因时代不断发展和变化,各种理论风起云涌,在西方学术界刮起了很多旋风,身份认同的政治在

---

① 邹威华:《斯图亚特·霍尔的文化理论研究》,中国社会科学出版社 2014 年版,第238 页。

后殖民理论的巨大浪潮之中不断被新身份认同的政治所取代。从表征和模拟"他者"的具体形象的表征关系中演进到表征政治,这是新族性理论对族裔散居理论和后殖民理论作出的重要贡献。新族性理论摒弃了传统意义上的,强调同一性和统一性的认同政治,极力主张差异性、异质性的认同政治。或许,这种新族性寄托着霍尔和吉罗伊对黑人少数族裔群族在实现文化和政治诉求的同时,期待把黑人等民族看成像英吉利民族一样,拥有平等的权利,拥有发声的话语权,并充分认识"黑就是美"的美学价值和文化诉求。这是霍尔和吉罗伊他们思考和建构新族性真正的用意,也是重要的价值所在,值得我们反思和借鉴。

第三节　族裔散居美学①

斯图亚特·霍尔和保罗·吉罗伊是英国文化研究和伯明翰学派的思想集大成者,他们师徒二人立足英国现实语境,从英国文学和文化研究中汲取养料,从新左派文化政治中总结历史的经验教训,从"奖学金男孩"文化政治中反思身份政治蕴藏的"差异",因势而变,把思考问题的视角从原初的"文化主义""结构主义""新葛兰西主义""接合理论"延伸到后殖民理论中的"族裔散居美学",拓展了思考的视野,丰富了研究的内涵,从而实现了伯明翰学派思想内核的拓展和升华。他们把研究的范围从英国本土的经验主义文化拓展到具有国际视野的跨语际、跨族群、跨文明、跨文化的后殖民理论,凸显出后殖民理论研究中的审美意义和美学价值。

他们在建构后殖民理论的过程中,族裔散居及其美学内涵已经成为不可或缺的研究内容。他们携手并进,把"族裔散居美学"纳入其研究和批评的视野之中,以自身的文化身份为底色,以英国本土为思考语境,从历时角度对文化研究

---

① 参见邹威华、伏珊:《伯明翰学派"族裔散居美学"研究》,《复旦外国语言文学论丛》,2020 年秋季号,第 132—138 页。

的传承和演绎进行探究,从英国文学中推演和延伸出左派利维斯主义,英国大众文化研究和后殖民问题研究,全力关注阶级、性别、种族、身份、表征、差异、他者等问题。与此同时,他们从共时的角度把研究的视野从英伦半岛,拓展到欧洲大陆,把大西洋沿岸的美洲、非洲、欧洲、加勒比等国家和地区纳入研究的视域当中,诠释表征差异、身份差异、黑人表现文化等内核,这些都是"族裔散居美学"至关重要的表征主题,对思考和阐释该理论提供了重要的价值。

族裔散居(diaspora)是全球范围内文化研究和后殖民文学关注的核心问题,是英国马克思主义文化批评和伯明翰学派至关重要的核心主题。族裔散居随着后结构主义、后现代主义、后殖民主义、后福特主义、西方马克思主义在全球范围内的蓬勃发展而受到学界的高度重视,已然成为研究的热点和显性关键词。有学者曾指出:"族裔散居一词在语义学中的拓展,不仅使其与任何分散的人群有关,而且使其概念化为一种特定类型的意识,这使得'族裔散居'成为 20 世纪末学术界对话中最为流行的学术术语之一。"①这种认知凸显出学界研究族裔散居理论的当代价值,因为该理论已经"引起美学判断和文化研究上的许多变化"②。从某种程度上讲,族裔散居理论历经了历时和共时的双向动态演进,引起学界高度关注是时代的必然,也是历史发展的必然选择。族裔散居理论蕴含的美学价值内核丰富,它镌刻在后殖民理论的内核之中。

从词源学角度考察"族裔散居",它字面上的意义主要是指植物种子的散布,其词源源于希腊词 diaspeir,具体指涉"离散"或"散落"等,这是生物学和植物学上的用法,这也是该词最原初的意义。自 20 世纪第二次世界大战以来,在后殖民运动蓬勃发展的过程中,随着民族解放运动的不断发展,殖民地

---

① Baumann, Martin. "Diaspora: Genealogy of Semantics and Transcultural Comparison." in *International Review for the History of Religions*, 47. 3(2000), p. 314.

② 童明:《飞散》,载赵一凡等编:《西方文论关键词》,外语教学与研究出版社 2006 年版,第 113 页。

国家纷纷取得独立,民族国家和地区的族群以及学界不断关注被西方世界忽视多年的"身份问题""认同问题""差异问题""族性问题""表征问题""他者问题""种族问题"等。这些理论问题在英国当代的现实社会彼此交织在一起,形成一个巨大的张力场,构成了一个五彩斑斓的文化多棱镜。在这种极具挑战和希望的后殖民语境之中,少数族裔群族的人们从"沉默的他者""无声的他者""被动的他者"中解放出来,他们对自身身份的认知、对自己族群的认可、对自己民族的认同越来越强烈。族裔散居理论就变得越来越重要,该理论的内涵也在不断延伸,聚焦人类历史上出现过的种族或人种在较大范围内的因各种缘由而不断迁徙和流动的现象,这种现象在原住地与新移民之间在社会、政治、经济、文化等诸多方面产生了各种不适应、矛盾、冲突等问题。① 这些族群的人们越来越认同自己民族的文化,在文化觉醒到文化自信的转变中他们不仅深深地认识到其自身存在的价值和意义,还不断赞美他们自身的伟大,讴歌其语言、文化和文学的魅力。

从认识论的高度看,在这些文化自觉和文化自信当中,这些族群的人们越来越关注自身的身份问题,他们在探究自身身份蕴含的价值中,凸显出"黑就是美"的哲学命题,这对研究"族裔散居美学"具有重要的意义。在很大程度上,霍尔和吉罗伊是这些少数族裔群族的代言人和呐喊者,他们既是研究的对象,又是研究的主体,他们的身份特质、思想认知、行为规范、处事态度、心理感受都广泛地引起了学者们的高度关注。霍尔和吉罗伊以其独有的"双重身份""双重视域""双重认知",从边缘到中心、从被动到主动、从静态到动态、从完成到未完成,以其敏锐的眼光和独到的视角,把族裔散居理论及其美学内涵纳入到其思想建构之中,成为伯明翰学派思想和理论创新中的一道独特而靓丽的风景线。

从内涵认知上去阐释"族裔散居"理论,它主要指族裔散居经验、族裔散

① 参见张冲:《族裔散居批评与美国华裔文学研究》,《外国文学研究》2005 年第 2 期,第87 页。

居意识和族裔散居体验。这种经验、意识和体验在族裔散居族群中体现得最为明显,是矛盾、焦虑、希冀等认知状态。这种意义上的族裔散居"强调分散的群族对过去创伤(traumatic)的认知,而这种创伤在当下的体验中主要是指边缘的认知。"①这种认识实质上是从族裔散居的源头入手,阐释的是族裔散居族群散居在他国的一种认知体验,充满矛盾和痛苦,是找寻"根"的时刻,更是摆脱"束缚"的时刻。从内涵表征的维度上思考,族裔散居主要指"生理上的族裔散居、心理上的族裔散居与文化上的族裔散居。……与生理上的族裔散居相比,心理上的和文化上的族裔散居更值得我们去思考,同时应该把它们放在后殖民和后现代的语境中去反思,更能显现出它们的当代意义和价值。"②从本质上讲,学界研究族裔散居理论更看重其心理上和文化上的内涵意义,这是探究该理论特别需要重视和关注的核心问题。因为心理层面和文化层面意义上的族裔散居蕴藏在少数族裔群族的内心深处,表征为隐性的认知,深深地镌刻着少数族群独特的、与众不同的文化特质和烙印。

从"族裔散居"的发展和演进的轨迹来看,该理论主要走过了几个重要的阶段。第一阶段主要是第二次世界大战之前,民族国家还没有获得独立以来的族裔散居,这种意义上多倾向于宗教、文化意义上对宗主国的亲近,及这些移民者和宗教信仰者在宗主国的生存状态和生活境遇。第二阶段主要是指后殖民国家在民族解放后出现的一种向以前的宗主国迁徙的现象和研究,这种研究凸显的是民族意义上的研究,尤其指非洲与亚洲等地流散到宗主国等发达资本主义国家的族裔散居现象。该阶段突出了第二次世界大战后随着民族国家独立解放运动的不断高涨,在脱离宗主国之后,又回归到宗主国这种族裔散居状态下的焦虑和矛盾心态。第三阶段是从 20 世纪 80 年代随着后殖民国

---

① Bennett,Tony.Lawrence Grossberg and Meaghan Morris.*New Keywords:a Revised Vocabulary of Culture and Society.*Blackwell Publishing Ltd.,2005. 83.

② 邹威华:《斯图亚特·霍尔的文化理论研究》,中国社会科学出版社 2014 年版,第 233 页。

家"种族"问题越来越凸显出来,在"地球村""全球地方化""时空压缩"等全球文化表征的指引下,"族裔散居"从先前单一指代宗教和文化意义的概念,不断延伸,主要指涉族裔散居族群在文化和美学意义上的表征。由此,族裔散居从单一的物理学和地理学上的概念中解放出来,强调其族裔散居及其美学蕴含的丰富内涵。这样一来,族裔散居及其美学所存在的意义在"熟悉的陌生人""身份的错位""多重边缘""双重意识"中得到了清晰的界定,并彰显出族裔散居生存的复杂性和族裔散居文化身份的混杂性和流散性。第四个阶段是进入20世纪90年代以来,族裔散居关注的内容又得到了进一步的拓展,主要聚焦在非裔黑人的族裔散居现象上,这种意义上的族裔散居突出的是"在散居和差异的基础上借助创造性的混杂性和转化使文化身份和认同得到持续不断地更新,而不是单单只是回归到'根'的问题上"①。换言之,这种意义上的"族裔散居"强调族裔散居族群和母国之间的有机连接,突出它们之间的动态性转换,呈现出一种混杂性的张力。由此,文化身份和认同、差异、宗主国和母国等多种认知在族裔散居理论中得到了彰显,表征出"族裔散居美学"内核的丰富性和厚重性。

　　总体上讲,这四个重要的阶段表征出"族裔散居"的族群或人们在与宗主国关系维系上的复杂,凸显出它们之间的未完成性特质,这里面蕴含着意识形态、阶级、种族、权力、话语等各种要素表征出来的矛盾和冲突。这四个阶段同时也折射出族裔散居的族群在应对自身文化时,彰显出从文化的缺失,到文化的缺位,再到文化的觉醒,最后到文化的自觉和自信所历经的充满艰辛的后殖民发展历程。从这个角度上思考,"族裔散居"理论本身就蕴含着丰富的文化内涵,对我们从历时的维度诠释该理论提供了重要的思考路径和指南。

　　"族裔散居"理论及其蕴含的美学价值是伯明翰学派思想集大成者霍尔和吉罗伊的核心主题词。他们深受英国新左派马克思主义、欧洲葛兰西主义、后殖民理论的影响,充分关切英国少数族裔群族在建构英国社会中起到的重

---

　　①　Bennett,Tony.Lawrence Grossberg and Meaghan Morris.*New Keywords: a Revised Vocabulary of Culture and Society.*Blackwell Publishing Ltd.,2005.p. 84.

要作用。他们以自身的"文化身份"为底色，把"族裔散居美学"融入到美洲、非洲、欧洲、加勒比等大西洋沿岸的国家和地区所关注的问题之中，建构出内核丰富，内容深刻的"族裔散居美学"认知版图和文化地图。

文化身份问题是后殖民理论研究的核心问题，也是族裔散居理论及其美学探究的核心主旨。霍尔和吉罗伊在建构这些理论的过程中，充分把其自身的"身份特质"和"黑人特征"融入到他们的写作之中，通过他们在英国的种族体验和身份凸显展示出他们的另类和"他者"视角。与此同时，他们审视英国现实社会，从实践出发，提炼和总结出族裔散居视域下的"文化身份"，以及由此建构出族裔散居的美学价值，这为学界从实践和理论维度思考这些重要的理论问题提供了重要的参照。这些问题既有他们自身的"现身说法"，又有理论建构；既有实践认知，又有哲学思考。

霍尔曾在《文化研究:霍尔访谈录》①中详细地叙述和深刻地剖析了他对文化身份和身份差异等问题的看法。总体上讲，他对其自身文化身份和身份差异等问题的认知与他家庭复杂的种族有关、与他家族在牙买加的社会地位有关、与当时牙买加正在开展得如火如荼的"民族解放运动"有关、与他母亲对英国宗主国的赞赏和崇敬有关。所有这些复杂的因素在矛盾和冲突中交汇在一起，构成了一幅"族裔散居美学"的"万花筒"和"多棱镜"，这是霍尔"身份认同"的时刻，也是他找寻自我的时刻。这些时刻蕴含着失落和痛楚，孕育着新生和希望。"从英国文化来看，霍尔自己也认为，他并不是'英国人'，也从来不想成为'英国人'。尽管他对牙买加文化和英国文化都很熟悉，但是他都不全部属于其中某个地方，这正是一种族裔散居的经验。正是这双重文化所形成的经验，常常令他无所皈依，在心灵深处承受着痛苦的煎熬。"②这种意

---

① 陈光兴、Stuart Hall:《文化研究:霍尔访谈录》，台北远流出版事业股份有限公司 1998年版。

② 邹威华:《斯图亚特·霍尔的文化理论研究》，中国社会科学出版社 2014 年版，第244 页。

义上的族裔散居及其美学价值在"矛盾""失落""痛苦""挣扎""希望""期冀"中充分地彰显出来,这是"无根"的悲情所在,也是"无家可归"的现实所在,它蕴藏在既"熟悉"又"陌生"的矛盾当中,深深地刺痛着霍尔的内心世界,不能成全霍尔完美的人生。这注定是一种不可言喻的悲剧。

而霍尔的学生吉罗伊则是地地道道的英国黑人,出生在英国的伦敦东区,是典型的混血儿,他父亲是英国白人,母亲是英属圭亚那的黑人移民。他父母的结合在那个时代是需要极大勇气的。"当时英国对种族通婚的现象非常敏感,大多数白人认为这会导致白人作为一个种族的堕落。混血儿被视为这种愚蠢的种族混杂的产物,其处境更为可怜,也更为艰难。"[1]不幸的是,他父母的结合本身就触犯了横亘在种族之间的那一道不可逾越的红线,被视为异端,被看成是洪水猛兽,是大逆不道的行为。同时他的出身很大程度上被视为是"他者"带来的创伤和焦虑,因为他从出生的那一刻起就深深地刻写着"黑色的烙印"。同时,他出生和成长的岁月恰好是英国种族问题日益凸显的时期,这些种族冲突和种族矛盾给成长中的吉罗伊刻上了深深的烙印。

吉罗伊一路走来,在白人的"注视"和"凝视"中成长,他见证了白人对黑人和少数族裔群族的种族偏见和歧视,见证了种族冲突引发的流血事件,见证了黑人在英国本土的边缘化,还见证了黑人没有话语权的尴尬境地。作为生活在白人社会的黑人孩子,他设身处地地理解和同情英国黑人所遭遇的不公平待遇和种族歧视。这是吉罗伊生活的现实的英国社会,在那里,因肤色不同、文化不同、种族不同而带来的"他者"视角,作为土生土长的英国黑人对这些种族歧视的理解更加深刻,也最具有发言权。一方面,吉罗伊自觉不自觉地正视复杂的英国现实社会,以期扭转和改变这种痛苦的经历和体验的认识;另一方面,吉罗伊站在历史新的起点,对少数族裔群族的人生遭遇和痛楚不仅表示出同情和理解,还充分利用他作为族裔散居知识分子的责任担当,站在学术

---

① 张晓玉:《保罗·吉洛伊族裔散居文化理论研究》,北京语言大学博士论文,2009年,第21页。

前沿,为黑人兄弟同胞代言,为他们的各种权力和利益呐喊,充当了先锋的角色,以现实社会为准绳,从现实语境中挖掘各种素材,为族裔散居及其美学书写作出了重要的贡献。

针对文化身份和族裔散居理论问题,霍尔曾撰文指出,从黑人的文化身份为切入点和着力点,深刻阐释黑人族裔散居的问题。他以加勒比海群族在大英帝国的切身体验、身心的痛苦认知,结合自身的身份和认同体验,完成了族裔散居理论中蕴含的文化身份和表征差异等问题的经典文章,给研究族裔散居及其美学特征提供了重要的思考。他以其独特而敏锐的视角对这些问题提出了自己的思考,他曾一针见血地指出:"我这里所用的这个术语并非取其直义,而取其隐喻意义:移民社群不是指我们这些分散的,只能通过不惜一切代价回归某一神圣家园才能获得身份的族群,即便它的意义是强迫其他民族进入大海。这是旧的、帝国主义的、霸权的'种族'形式。我们已经看到了巴勒斯坦人民由于这种落后的移民社群观而遭受的厄运——以及西方与这种观念的同谋。我这里所说的移民社群经验不是由本性或纯洁度所决定的,而是由对必要的多样性和异质性的认可所定义的:由通过差异、利用差异而非不顾差异而存活的身份观念、并由杂交性来定义的。"①这种意义上的族裔散居摒弃了身份认同的狭义观念,强调从差异性、多样性、多元性、杂交性、动态性、未完成性等特质中去界定和思考其丰富的文化内涵。换句话讲,霍尔思考的族裔散居文化认同理论一直在运动中建构,是一种动态的对自我和他者的认识,是一种永不终结的表征和反表征的双向运动,充满着紧张、矛盾、张力。

这样一来,这种"熟悉的陌生人""双重意识"的文化认同理论就从静态走向动态,从中心化的主体走向非中心化的主体,从完成走向未完成,实现了后殖民语境下族裔散居美学的转向。很大程度上,它们已经超越了物理上和生理上的族裔散居认知,走向心理上和文化上的族裔散居认知,从而拓展和延伸

---

① 斯图亚特·霍尔:《文化身份与族裔散居》,载罗钢、刘象愚编,陈永国译:《文化研究读本》,中国社会科学出版社 2000 年版,第 221—222 页。

了族裔散居的内核,是当下学者思考族裔散居内涵的重要成果,受到学界越来越多的青睐和关注。

霍尔以加勒比海电影中表征出来的黑人为写作背景,探究加勒比黑人在影片中的再现和表征。在他的笔下,这些黑人成为新的后殖民主体,成为文化身份聚焦的对象。在这种意义上,霍尔论述道:"身份并不像我们所认为的那样透明或毫无问题。也许,我们先不要把身份看作已经完成的、然后由新的文化实践加以再现的事实,而应该把身份视作一种'生产',它永不完结,永远处于过程之中。而且总是在内部而非在外部构成的再现。"①霍尔的这番论述其实是为他阐释的观点定调,在有关后殖民主体下的黑人身份和文化身份问题上,身份从来都不是静止的、完成了的、透明的、被动的、消极的,而是动态的、未完成的、复杂的、主动的,具有生产性的。它永远处于一种状态之中、一种过程之中、一种运动之中。所以,文化身份是流动的、被建构出来的,具有某种想象的形象,在黑人身份的主体上发挥重要的作用。这种思考一直贯穿在霍尔和吉罗伊等学者的整个后殖民理论和族裔散居美学之中,这为人们以思辨的视角,从理论的高度去理解文化身份和族裔散居的本质性特质和内涵提供了审视的参照。

在思考族裔散居理论中的文化身份问题上,霍尔给出了他独特的见解。在他看来,第一种立场是把"文化身份"定义为一种共有的文化,集体的"一个真正的自我",藏身于许多其他的、更加肤浅或人为地强加的"自我"之中,共享一种历史和祖先的人们也共享这种"自我"。按照这个定义,我们的文化身份反映共同的历史经验和共有的文化符码,这种经验和符码给作为"一个民族"的我们提供了在实际历史变幻莫测的分化和沉浮之下的一个稳定、不变和连续的指涉和意义框架。这里所说的"一"是所有其他表面差异的基础,是"加勒比性"、是黑人经验的真实和本质。加勒比人或黑人移民社群必须通过

---

① 斯图亚特·霍尔:《文化身份与族裔散居》,载罗钢、刘象愚编,陈永国译:《文化研究读本》,中国社会科学出版社2000年版,第208页。

电影再现的手法发现、挖掘、揭示和表达的正是这个身份。① 霍尔在此强调指出,这种文化身份在族裔散居及其美学意义上彰显出"同一性""统一性""连续性""共同的历史和共享的文化符码",这是理解和思考族裔散居理论问题的前提和基础,这是千百年来一个民族在建构和发展过程中亘古不变的、必须审视的主题之一,也是永恒的认知体验,也还是一种想象的共同体家园,维系着一个族群共同拥有的文化特质。这是唤起民族认同和文化身份认同的前提条件,这是前殖民地人民取得民族独立和民族解放的前提条件,这是凝聚共识,取得民族认同最大公约数的时刻。与此同时,这种后殖民社会中对族裔散居中的文化身份本质的再发现,可以通过绘画、摄影作品、电影、照片等各种大众媒介形式,重新发现和表征文化身份过程中凸显出民族和族群共享的"想象性认同"或"想象共同体"。

从历史的角度去审视这种"想象的共同体"家园,去探究非洲及其所孕育的那片土地,人们不难发现,在漫长的岁月中,黑人在欧洲的视野中总是呈现出缺失的、未开化的、野蛮的、"沉默的他者"的形象和特质。也只有当黑人文化身份被重新释放出活力之时,这种"中性的"和"褒义的"形象才慢慢浮出水面,从无知走向有意义、有价值,从缺失走向在场,从被动走向主动,这是一个极其漫长的过程。同时,霍尔和吉罗伊非常有针对性地指出了加勒比人或黑人在痛苦的殖民地,因社会"身份丧失"和"身份断裂"而导致的身体、心理和文化上的创伤。这种弥合始于殖民地社会的主流意识形态主导下的西方影视和文学文本或多或少表征了黑人悲惨的人生境遇,这是反表征的时刻,这也是黑人和少数族裔群族文化觉醒的时刻。在这种历史语境和现实社会中,作为"沉默的他者"的黑人被主流意识形态所关注,至少这种"黑人的缺场"在后殖民现实社会被消极地、负面地提及或涉及,这是历史的必然,也是历史的进步,

---

① 斯图亚特·霍尔:《文化身份与族裔散居》,载罗钢、刘象愚编,陈永国译:《文化研究读本》,中国社会科学出版社 2000 年版,第 209 页。

值得人民讴歌和赞颂。但是,这依然还不是终点,需要不断地争取,黑人的族裔散居美学蕴含的崇高价值才会得到真正的体现,这也是霍尔和吉罗伊他们这些学者不断为之努力和奋斗的方向。

有关"文化身份"的第二种解释,霍尔曾深刻地指出,除了许多共同点之外,还有一些深刻和重要的差异点,它们构成了"真正的现在的我们",或者说——由于历史的介入——构成了"真正的过去的我们"……不可能精确地、长久地谈论"一种经验,一种身份",而不承认它的另一面——即恰恰构成了加勒比人之"独特性"的那些断裂和非连续性。① 第二种文化身份是与第一种相比较而言的,主要强调文化身份的差异性、断裂性;强调文化身份的历时性、共时性;强调文化身份的变化性、暂时性。这种意义上的文化身份既是存在,又是变化的辩证关系。这种文化身份与历史有关、与权力和意识形态有关、与殖民经验和体验的痛苦有关,被视为是后殖民社会景观中的"他者",这些形象总是在记忆、幻想、叙事、神话、传说、宗教中得到建构,这是差异的时刻,是断裂的时刻。

很大程度上,文化身份和族裔散居不是固定不变的、静止的,而是在历史、文化、社会、意识形态的话语之内建构起来的,存在着两个同时发生作用的轴心或向量:其一是相似性和连续性,其二是差异性和断裂性。这两个向量相互作用,相互影响,彼此交织在一起。"差异在连续中,并伴随着连续持续存在。在长期离开之后再回到加勒比人中就等于经历同一与差异的'双重'撞击。②这种差异视野中的"他者",都处于边缘位置,都属于边缘民族、未发达民族、落后的民族、失声的民族、失语的民族、被动的民族。这种意义上的民族体现为同一和差异的辩证关系,表征出"同一性的差异"和"差异性的同一",

---

① 斯图亚特·霍尔:《文化身份与族裔散居》,载罗钢、刘象愚编,陈永国译:《文化研究读本》,中国社会科学出版社 2000 年版,第 211 页。

② 斯图亚特·霍尔:《文化身份与族裔散居》,载罗钢、刘象愚编,陈永国译:《文化研究读本》,中国社会科学出版社 2000 年版,第 213 页。

这是差异之美和"他者"之美在族裔散居理论和后殖民理论中的集中体现。很大程度上,这些少数族裔群族"把尘封的、沉默的、被埋没的历史、记忆、绘画、异国传奇、旅游等从'他者'的景观中发掘出来,探究这些叙事主题背后隐藏的丰富内涵"①,由此去编织和描绘出一幅生动的、富有张力的、丰富的"族裔散居美学"画卷。换句话讲,这是用审美的视角和美学的价值判断去诠释文化身份和族裔散居的内核及其内在联系,充分体现出"黑就是美"的哲学命题,从更加正面和更加积极的态度去探究族裔散居美学中的黑人形象和黑人音乐问题。

与此同时,吉罗伊在他的《大英帝国没有黑人:种族与民族的文化政治》专著中探讨了族裔散居美学中表征出来的"黑人表现文化"(black expressive culture),他把批评的视域定格在包括加勒比、美国、欧洲和非洲在内的大西洋沿岸的国家和地区,彰显出黑人表现文化的跨地域、跨语言、跨文化、跨文学、跨种族、跨民族的特质。他主要关注黑人表现文化中最为凸显的音乐等元素,把英国黑人文化、白人工人阶级文化、英国亚文化、美国消费文化等融为一体,展示出黑人音乐独具特色的流散性、混杂性、多元性、即时性、自发性和包容性。他特别关注第二次世界大战以来加勒比音乐、英国黑人音乐、美国黑人音乐之间的相互影响,采用一种比较的视角,阐释这些黑色表现文化之间的同一性、差异性和融合性。

吉罗伊对黑人表现文化的研究,不仅得益于他本人在音乐演唱和弹奏等方面的造诣,而且还得益于他在音乐理论研究方面的成就,他主要把研究的视野聚焦在蓝调、灵魂乐、瑞格音乐、摇滚乐、嘻哈音乐等形式上,主要探究这些原生音乐在融入宗主国之后,带来的新的审美形式和价值取向,集中体现在黑人流散音乐的表现性特质、混杂性特质、抵抗性特质等。这种黑人表现文化"成为连接集体记忆、感觉和体验的纽带,是舞蹈、俱乐部、派对和迪斯科浓缩

---

① 邹威华:《伯明翰学派"新族性"文化政治研究》,《复旦外国语言文学论丛》2018 年春季号,第 52 页。

的象征和仪式手段建构起来的共同体的关键问题。"①换言之,黑人通过黑人表现文化唤起了他们对自己祖国认同的感知,唤起了他们生长环境的集体记忆,唤起了他们对黑人族群"想象共同体"的集体记忆,这些都是黑人具体艺术表现形式的外在表征,把它们汇集在一起,用共有的价值和审美建构起族裔散居文化与宗主国文化之间的桥梁,汇成了一股涓涓细流,成为族裔散居社会最美的一道风景线。

　　很大程度上,吉罗伊创新性地以黑人音乐为研究对象,注重它自身美的同时,把黑人音乐融入到主流意识形态之中,让黑人音乐呈现出新的文化表现形式,创造性地为主流意识形态的族群所认知和认同。从这种意义上讲,吉罗伊既是"族裔散居美学"的建构者,也是践行者。与他的前辈和老师霍尔相比,他在"族裔散居美学"的内涵建构上又前进了一步,其思想内涵又得到了拓展。从想象的共同体家园,到文化身份差异,再到文化的融合,这是认识论上的又一次突破,从而实现了"族裔散居美学"内涵的进一步延伸。"吉罗伊关注黑人表现文化及其政治意义,在我们眼前呈现出一片英国后殖民社会文化空间与族裔散居类文化空间并存互动的文化景观。"②这种分析和阐释非常中肯,指出了"族裔散居美学"丰富的内涵特质,这是英国现实社会文化多棱镜的时刻,也是多元文化并存的时刻,凸显出"族裔散居美学"对建构民族认同、承认民族文化差异、融合民族文化表征出来的巨大张力。

　　霍尔和吉罗伊他们以非洲、美洲、欧洲、加勒比、大西洋为叙事对象和探究的主体,在论述这些地区的文化、文学、音乐、艺术时,曾深刻指出,"族裔散居身份(diaspora identity)是那些经常通过转变和区别生产和再生产它们自身之物……'本质的'加勒比人:恰恰是肤色、天然色和面相的混合;加勒比人烹饪

---

①　Gilroy,Paul.*There Ain't No Blacks in the Union Jack*:*the Cultural Politics of Race and Nation.* Routledge,1987.p. 211.

②　陶家俊:《思想认同的焦虑:旅行后殖民理论的对话与超越精神》,中国社会科学出版社2008年版,第401页。

的各种味道的'混合',用迪克·赫布迪格警醒的话说,是'跨越'和'切伴'的美学,这就是黑人音乐的灵魂。"①总体上讲,"族裔散居美学"是一种复杂的融合体,涵盖了文学、文化、音乐、艺术、宗教等学科领域,是一种审美体验和美学的价值判断。通过对文化身份中"同一"和"差异"的混合和搅拌,超越单一的、纯粹的、本质性的身份认同。这种身份认同差异的文化政治是族裔散居美学的具体表征和美学体验,它是"一个动态的、重组的、杂交的和'切割与混合'的过程。简言之,一个隐含的文化族裔散居化(diaspora-ization)的过程,以英国青年黑人电影和电影制作者为例,黑人的族裔散居体验深刻地反映在第三世界电影的崛起中,并从中汲取养料,与非洲体验,非洲——加勒比体验,以及来自亚洲和非洲文化的整个复杂的表征体系和审美传统相联系。"②当然,进入21世纪以来,这些获得民族独立的国家中的人们,越来越认识到他们自己国家民族文化的价值和意义,也越来越感知到他们自己能够主宰自己国家民族的命运,也常常以自己国度悠久灿烂的文化而自豪。这些族裔散居美学在后殖民社会真实地得到了表征。西方主流意识形态下的白人也极不情愿地认识到,黑人和少数族裔群族对这个社会作出的巨大贡献,这就是当下黑人生存的现实写照。从而实现了族裔散居理论中文化缺失和文化缺位到文化觉醒和文化自觉,再到文化自信的转变,从而凸显出这个世界因不同、差异而美丽。

"族裔散居美学"是伯明翰学派思想集大成者霍尔和吉罗伊的核心主题。他们立足于英国本土,把研究的视野从英伦三岛,延伸到整个欧洲、非洲和美洲,研究晚期西方资本主义社会中少数族裔群族在大西洋沿岸生活的境遇。他们以其独特的研究视域,以自身文化身份为重要的关照对象,聚焦黑人和少

---

① Hall, Stuart. "Cultural Identity and Diaspora." Ed. Cf. Patrick Williams and Laura Chrisman. *Colonial Discourse and Post-colonial Theory*: *A Reader*. New York: Columbia University Press, 1994. p. 402.

② Morley, David and Chen, Kuan-Hsing. *Stuart Hall*: *Critical Dialogues in Cultural Studies*. London: Routledge, 1996. p. 447.

数族裔群族的文化身份、表征差异,黑人表现文化等主题,突出"族裔散居美学"的文化内核及其当代价值。

"族裔散居美学"本质上讲是黑人和少数族裔群族对自身文化身份不断认同和赞赏的价值取向和哲学思考。从历时的角度去思考,"族裔散居美学"价值把黑人和少数族裔群族所表征出来的"沉默的他者""无声的言语"从主流意识形态认知中挖掘和拯救出来,他们尽全力为自身的文化身份和享有的权利发声,霍尔和吉罗伊在其中充当了先锋战士和呐喊者的角色。事实证明,"族裔散居美学"价值在主流和边缘、表征和被表征、完成和未完成、静止和动态的张力关系中得到了彰显。伯明翰学派"族裔散居美学"内涵在文化身份差异、文化觉醒、文化自觉、文化自信中得到了拓展和升华。

"族裔散居美学"特别关注族群与族群之间的互动关系,表征出族裔散居美学的跨种族、跨民族、跨文化、跨文学的特质,展现出文化身份认同中的差异性、异质性和多元性。在本民族"想象共同体"的文化意象中找寻自我与他者的不同,这是"同一性的差异"和"差异性中的同一"在后殖民理论中的完美呈现,这正是霍尔和吉罗伊思考问题的出发点,也是他们建构的核心议题。在这种意义上,霍尔和吉罗伊建构的"族裔散居美学"突破了单一的种族研究和想象的共同体家园,把研究的视野和范围拓展到文化身份差异、文化融合,从而提升了"族裔散居美学"的认知内涵。

"族裔散居美学"表征出来的"黑就是美""黑与白共舞""黑与白交相辉映"的哲学命题在学界逐渐达成了共识。这些观念和认知是霍尔和吉罗伊最乐意看到的,也是他们毕生追求的意义和价值所在。他们都立足英伦半岛,站在时代赋予的历史语境中,敏锐捕捉到具有时代意义、影响深远的问题,深入思考、言说自己和他人的文化身份政治,不断拓展研究的视域,丰富其理论内核,对伯明翰学派、后殖民文学与文化研究作出了杰出贡献。

第四节 "双重意识"表征政治①

20世纪中叶以来,西方学术界和思想运动中最重要、最具影响力的事件是发轫于英国本土的"伯明翰学派"。斯图亚特·霍尔和他的学生翘楚保罗·吉罗伊是该学派的思想集大成者,是英国颇具影响力的黑人知识分子,是英国当代最杰出的思想家和后殖民理论大家。

他们以其独特的文化身份认知为底色,20世纪70年代就不断感受到"种族歧视"带给他们生存上的不安和困窘,他们特别关注少数族裔群族的生存境遇。进入90年代以来,他们更加深切体悟到"身份认同""身份差异"带给他们身体和心理上的焦虑和痛楚。他们在继承杜波依斯后殖民思想的基础上,立足于后殖民语境,审视英国现实社会文化政治,凸显"双重意识"表征政治的建构作用。霍尔用"双重刻写"(double inscription)和"熟悉的陌生人"(the familiar stranger)在宏观和微观维度上从殖民和后殖民权力关系、差异和区别中,从个人身份认知中去实现对英国本土少数族裔群族和黑人的表意实践,突出其"双重意识"表征政治蕴含的内含。吉罗伊在继承杜波依斯和霍尔思想的基础上,把研究的视域从英伦半岛的少数族裔群族拓展到美洲、欧洲、非洲等整个西方世界的少数族裔群族的黑人,在"黑色大西洋"时空意识中去描绘和书写"双重意识"表征政治。他们所建构的"双重意识"表征政治基于西方现代性认知,关注黑人奴隶贩运和黑人命运的"文化记忆",讴歌黑人文化身份和文学审美体验,突破了狭隘的民族主义认知,凸显出"双重意识"的跨种族、跨民族、跨文化、跨文明的认知之旅,为思考当代英国马克思主义文艺理论提供了话语空间,凸显出它对后殖民文学和文化理论研究的审美意义和美学价值,对建构多元文化和人类命运共同体具有现实指导意义。

---

① 参见邹威华、伏珊:《伯明翰学派"双重意识"表征政治研究》,《当代外国文学》2021年第1期,第127—133页。

霍尔是加勒比海地区牙买加的黑人后裔,出生于 20 世纪 30 年代初的牙买加,在那里度过了他的青少年时期,成年后在英国求学和工作,其黑人身份深深地镌刻他的记忆和灵魂深处。吉罗伊是圭亚那黑人移民和英国白人的后代,出生于 20 世纪 50 年代英国的伦敦东区,那里曾是英国最大的贫民窟,也是少数族裔群族聚集最多的地方。霍尔和吉罗伊他们出生的那一刻就深深地打上了少数族裔的烙印,其"黑人身份认同"的深切体验为"双重意识"表征政治提供了重要的参照。

20 世纪 70 年代以来,霍尔和吉罗伊聚焦种族问题和文化身份问题,这些主题为"双重意识"表征政治提供了重要的语境。他们深刻认识到,当时的英国主流意识形态对"种族问题"的认知主要还停留在消极或者被动意义上,很大程度上是一种防御或者抵御的文化观照。吉罗伊在霍尔的指导下,于 20 世纪 80 年代出版了《帝国反击》(*The Empire Strikes Back*,1982)、《大英帝国没有黑人:种族与民族的文化政治》(*There Ain't No Black in the Union Jack*:*The Cultural Politics of Race and Nation*,1987)等理论著述,吉罗伊继承了霍尔思想的衣钵,把种族、新族性、身份认同理论、族裔散居等理论问题向纵深推进。

他们以其"文化身份"认知特质为底色,突出少数族裔群族身份认同政治"同一性"的终结,强调黑人认同政治的差异性和异质性,指涉这种差异政治"从表征关系之争向表征的政治(politics of representation)的转变"①。这种意义上的文化身份从本质上突破了文化绝对主义的囚笼,表征出"身份政治"内涵的多样性和差异性。在霍尔他们看来,表征的政治不仅表征拟像、图像,还表征意义,表征意义背后的文化政治,表征意指实践,表征意义的建构功能。他们从表征价值的角度对此进行了深度思考,他们认识到,只有摒弃那些"被动""消极""沉默""无声"的"种族问题"和"同一性"的文化身份问题,并且公开、大胆地承认少数族裔黑人存在的合法性,才能真正认识到黑人存在

---

① Morley,David and Chen Kuan-Hsing.*Stuart Hall*:*Critical Dialogues in Cultural Studies*,Routledge,1996.p.442.

的价值。

他们聚焦后殖民"文化身份"的族裔本色,在族裔散居美学、身份认同、表征差异等理论问题建构的基础上,潜心思考,认真探究少数族裔群族和黑人文化的文化自觉,把研究的视野从英国本土拓展到了欧洲、美洲、非洲等大西洋版图之中,把研究的深度从黑人文化表征的"意义"拓展到"意指实践"的研究,突出黑人等少数族群表征意义的建构功能和意义。

从"双重意识"表征政治的理论溯源来看,后殖民理论的先驱杜波依斯(W.E.Du Bois,1868-1963)对霍尔和吉罗伊他们研究"双重意识"表征政治产生了深刻的影响。杜波依斯是后殖民时代最重要、最有影响力的后殖民运动的先驱,为黑人少数族裔群族伸张正义,唤起学界对后帝国时代的宗主国和主流意识形态、后殖民理论中的核心主题的广泛关切。

杜波依斯早在 1897 年在《大西洋月刊》(*Atlantic Monthly*)上的文章中首次使用"双重意识"这一概念,并结合具体的美国非裔黑人身份加以思考。然后,杜波依斯在《黑人的灵魂》(*The Souls of Black Folk*)一书中进一步拓展了他对该理论的理解。他曾指出:"在埃及人和印度人、希腊人和罗马人,条顿人和蒙古人之后,黑人有点像是第七个儿子,他在这个美洲世界上,生来就带着一幅帷幕,并且天赋着一种渗透的能力——这个世界不让他具有真正的自我意识,只让他通过另一世界的启示来认识自己。这给人一种非常奇特的感觉,这种双重意识,这种永远通过别人的眼睛来看自己,用另外一个始终带有鄙薄和怜悯的感情观望着的世界的尺度来衡量自己的思想,是非常奇特的。它是一个人老感到自己的存在是双重的——是一个美国人,又是一个黑人;两个灵魂,两种思想,两种彼此不能调和的斗争,两种并存于一个黑人身躯内的敌对意识,这个身躯只是靠了它的百折不挠的毅力,才没有分裂。"[1]杜波依斯所思考的"双重意识"被认为是对美国非裔族群尴尬身份最早的,也是最原初

---

① [美]威·艾·柏·杜波依斯:《黑人的灵魂》,维群译,人民文学出版社 1959 年版,第3—4页。

的认知。它所指涉的数字"七"和"两"代表了两种截然不同的渴望和内心境遇。"七"表征出一种外在的、渴望能得到平等的对待,"两"表征出一种内在的、二元对立的彼此对抗和碰撞。他从宏观和微观、被动和主动,从身躯中自我分裂的认知中突出"双重意识"表征政治的消极性和被动性。它所蕴含的意义,就使得黑人天生就好像是弱者,显得软弱无力和无能,这是西方白人世界中"他者"的奇特景观,充满着怪异的色彩。

杜波依斯看到了当时美国非裔黑人艰难的生存境况,其内心世界充满着痛苦、悲伤,刻写着焦虑的烙印,既带有一种怜悯和同情,又带有一种忧郁和尴尬。杜波依斯与美国非裔黑人有着相似的人生命运、人生境遇,深深感知到作为黑人身份所面临的艰难处境和受歧视的痛苦经历。霍尔和吉罗伊在肤色、身体、心理和文化上都与杜波依斯思想中的"双重意识"在认知上产生了共鸣,对建构他们思想中的"双重意识"表征政治提供了丰富的养料。

霍尔和吉罗伊在后殖民理论前辈杜波依斯的基础上,立足后殖民语境,在自我文化身份认知中不断反思,聚焦身份差异、表征政治、"黑色大西洋"时空意识等主题,从而建构出具有丰富内核的"双重意识"表征政治。

霍尔站在西方现代性认知演进的历史语境中,聚焦后殖民分期的时间界限、研究核心问题的宏观叙事,深入思考后殖民问题中凸显出来的殖民与后殖民之间的权力关系以及不同后殖民形式之间的差异和区别。这些看不见的、隐形的权力关系、差异和区别在几百年的过往岁月中,在血与泪、痛与伤的记忆中承载着无数的压抑和反抗,甚或冲突和战争。霍尔站在宏大叙事的后殖民语境中,以全球化的视角、辩证的认知,用"双重刻写"去书写"双重意识"表征政治内核。在他看来,"'双重刻写'不单单描述的是当下的社会,还是过去的社会,有必要把'殖民化'(colonization)重新解读为一种跨民族、跨文化的'全球'过程中的组成部分,从去中心、族裔散居或者'全球视角'重新书写以民族为中心的帝国宏大叙事,这样一来,其理论价值就拒绝了'此在'和'彼在'、'此时'和'彼时'、'国内'和'国外'的认知视角。"①霍尔站在殖民与后殖民权力的交汇点上,以宏观的视角在理论上破解了中心与边缘、全球与本土、主体与客体、过去与现在等二元对立的差异关系,它们是"双重刻写"的重要特质,镌刻在"双重意识"表征政治的内核之中。

霍尔还通过身份认知意义上的"熟悉的陌生人"去凸显"双重意识"表征政治的内涵,他把思考的认知场域放在英国国内,甚或英国与牙买加的互动关系之中,聚焦于牙买加这一单一黑人种族。在他本人看来,他不是"英国人",也从来不想成为"英国人"。尽管他对牙买加文化和英国文化都很熟悉,但是他都不全部属于其中的某个地方,这是一种族裔散居的经验,这种双重文化所形成的经验,常常令他无所皈依,在心灵深处承受着痛苦和煎熬。这是一种"生理""心理""文化"上的"双重族裔散居化"(double diasporized)的表征政治和表意实践。从本质上讲,这种"熟悉的陌生人"内核中的"双重意识"认知"使传统的文化认同从静态走向动态,从中心化的主体走向非中心化的主体,从完成走向未完成,实现了后殖民语境下族裔散居文化认同理论的转向"②。这种意义上的"双重意识"一直在运动中建构,是一种动态的对自我和他者的认识,是一种永不终结的表征和反表征的双向运动,充满着紧张、矛盾、张力。

霍尔阐释的"双重意识"表征政治主要聚焦在两个维度、两个国度、两个视域、两个族群之中,表征出作为"他者"的建构功能,反映出霍尔思考该理论问题呈现出来的焦虑感和矛盾心境,也折射出少数族裔群族表征差异所凸显出来的"张力"和建构出来的"意义"。

吉罗伊在杜波依斯和霍尔的基础上,深化了对"双重意识"表征政治的理解。吉罗伊以几百年来的西方现代性为语境,把物理概念、地理概念、心理概

---

① Stuart Hall, "When was 'the Post-colonial'? Thinking at the Limit", Iain Chambers and Lidia Curtin eds. *The Post-colonial Question: Common Skies, Divided Horizons*. London: Routledge, 1996, p. 247.

② 邹威华:《后殖民语境下的文化表征——斯图亚特·霍尔的族裔散居文化认同理论透视》,《当代外国文学》2007年第3期,第40页。

念和文化概念上的"黑色大西洋"融合为一个整体,在资本主义不断扩张的过程中,"黑色大西洋"承载着现代性视域下"黑奴命运"的文化记忆,被赋予了更多的社会和文化意义。他把研究的视野和主题放在横亘数百年的,广阔的"黑色大西洋"时空中,从更为全面、更加辩证、正面和积极的意义上阐释"双重意识"表征政治的内核,由此奠定了他作为"世界性理论家的名望"[①]。这是对吉罗伊从事学术研究的褒奖。

在吉罗伊看来,"努力既要成为欧洲人,又要成为黑人需要一些特定的双重意识(double consciousness),这样说,我并不打算去表明,呈现这些未完成的身份认同一定要耗尽任何特殊个体的主体性资源。然而,种族主义者(racist)、民族主义者(nationalist),或族性的绝对论者(ethnically absolutist)精心安排了它们之间的各种政治关系,其结果是这些身份认同看起来是相互独立的,占据着彼此的空间,或试图去呈现出它们的连续性,这被看成是一种政治反抗的挑衅的,甚至是对抗的行为。"[②]

吉罗伊的这种认识把黑人置于一种双重的视域之中,其身份认同永远都是未完成的,交织着种族主义、民族主义、族性的绝对论者的诸多看法,那些试图去强调身份认同的连续性都是徒劳的,无效的。换言之,"双重意识"表征政治中的身份认同应该凸显差异性、未完成性、开放性和包容性。

在张晓玉看来,"吉罗伊用'双重意识'来界定黑色大西洋世界数代黑人知识分子思想传统及政治意识的总体特征,如果说对杜波依斯而言,双重意识还具有消极意义上的黑人文化异化体验,有使美国黑人在情感意识上陷于分裂的可能性,但在吉罗伊这里,却更多地注意到族裔散居体验是黑人获得的那种'透视'的能力,从而成为黑人主体性建构及现代性干预政治的思想基础。因此,吉罗伊所致力建构的英国黑人身份比杜波依斯的美国黑人形象更多了

---

① 　Williams, Paul. *Paul Gilroy*. London: Routledge, 2013. p. 73.

② 　Gilroy, Paul. *The Black Atlantic: Modernity and Double Consciousness*. Boston: Harvard UP, 1993. p. 1.

几分包容和多重混合的特征,也即一种杂交的、更具开放性的文化身份。从辽阔的黑色大西洋时空体中,黑人建构着不同的身份,构筑解放与自由的蓝图。"①这种分析一针见血,指出了吉罗伊所思考和阐释的"双重意识"具有的主观能动性和积极建构出来的意义和价值。

吉罗伊的独特之处,在于他把"双重意识"建构成为"黑色大西洋"的时空意识中的一种跨种族、跨民族、跨文化、跨文明的认知之旅,蕴含在多重杂交混合而成的多元文化之中,在无限的想象空间中充满着张力。"双重意识不再是消极意义上的黑人文化异化体验,是不同政治理想、不同族裔散居体验形成的黑色大西洋情感结构。美国黑人奴隶体验、欧洲现代民族主义理念和黑色大西洋跨民族主义梦想相互交错,形成黑色大西洋现代性与西方现代性之间的'接触区域'或'第三空间'。"②这些区域和空间是黑人实现文化自主性和话语权力的"新世界在场",是一种黑色大西洋文化,它融合了非洲的、美洲的、欧洲的、加勒比海地区的、英国的文化多样性,寻求的是这些少数族裔群族与主流意识形态下主导阶级一样的平等的权力,彰显他们文化的魅力。这种意义上的黑人就变成为"自由(freedom)、公民权(citizenship)、社会和政治自治(autonomy)"③的少数族裔群族。吉罗伊把研究的视野拓展到黑色大西洋的所有种族,在继承杜波依斯和霍尔的基础上,拓展了研究的视域、研究的内涵,显示出吉罗伊丰富的思想内核。

针对吉罗伊"双重意识"表征政治的内涵,有学者曾指出,"对'双重意识'的确认,既内在于同时又外在于欧洲现代性,为吉罗伊的研究提供了一种范式。他的研究无疑更进一步发展了'双重意识'的主旨,对此,我更愿意称之

---

① 张晓玉:《保罗·吉洛伊族裔散居文化理论研究》,北京语言大学博士论文,2009 年,第 11 页。

② 陶家俊:《思想认同的焦虑:旅行后殖民理论的对话与超越精神》,中国社会科学出版社 2008 年版,第 411 页。

③ Gilroy,Paul. *The Black Atlantic: Modernity and Double Consciousness*. Boston:Harvard UP, 1993.p. 2.

为'黑与不黑'的政治学"①。这是一种中性,甚或积极的看法,阐释了双重意识的内核特质,就是黑与不黑的双重关系,表征着对立和对抗,是辩证的统一体,是焦虑和希冀的双重视界。这种"双重意识"带来的双重或多重视界混杂在多个传统之中,与欧洲保持既依附又脱离的矛盾和焦虑的关系,"双重意识"表征的这些关系是复杂的统一体。它蕴含着多种错综复杂的对立和矛盾,一直在霸权场域之中不断地进行博弈,有矛盾和痛苦,有消极和主动,永远处在一种动态的、未完成的状态之中,在后殖民语境中形成一种五彩斑斓的认知景观。

霍尔和吉罗伊所书写的"双重意识"表征政治在双重视界,甚至多重文化和语境中不断地穿梭和碰撞,充满着矛盾和希冀。这是一种痛并快乐的境遇。他们在阐释"双重意识"的过程中,不仅仅是黑人文化政治的亲历者、呐喊者,还是黑人少数族裔群族文化政治的建构者和引领者。这是霍尔和吉罗伊他们与众不同的地方,表征出他们对英国现实社会,尤其是少数族裔群族在英国的生存环境和境遇的严肃思考,从而推及到整个西方世界少数族裔群族的生存和命运,这充分体现出族裔散居知识分子的使命担当和历史责任。

他们所建构的"双重意识"表征政治关注西方几百年以来黑人奴隶制度在现代性和晚期现代性的冲击和束缚下,西方黑人经历过的苦难人生,历经了从不在场,到无声、到沉默,再到发声;从无意识,到潜意识,再到有意识觉醒的历史阶段,这是对黑人少数族裔群族的承认,也是对他们族群和种族文化和文学审美的歌颂。很大程度上,西方黑人所承载的苦难史,就是一部为赢得民族独立和解放,争取自由和权力的光荣史,在各种利益、权力以及意识形态斗争的博弈中不断重塑自己。他们的研究不仅从时间维度上聚焦现代性视域下整个西方黑人奴隶悲惨命运,还从时间之维,拓展到空间之维,从英国本土,延伸

---

① 安吉拉·麦克罗比:《文化研究的用途》,李庆本译,北京大学出版社 2006 年版,第51—52 页。

到整个大西洋沿岸的欧洲、美洲、非洲,进而把时间和空间辩证地统一起来,融合为一个有机的整体。他们以自身的身份认知为基础,在物理和心理维度实现"黑色大西洋"的时空意识表征出来的跨种族、跨民族、跨文化、跨文明的"意义"和"价值"。

"双重意识"表征政治与西方现代的历史演进,尤其是现代性视野下的黑人奴隶贩运和黑人悲惨的命运紧密相连,形成一个命运的共同体,它对族裔散居研究和身份认同的差异政治产生了至关重要的影响。这种认知"主张从固定的民族国家界限之外进行思考,并用一种双重的意识同时思考内部的和外部的现代性"①。从这种意义上讲,"双重意识"表征政治不仅是一种研究视域,还是一种建构黑人身份政治和"黑色大西洋"的理论,凸显出该理论对整个西方几百年以来黑人身份文化和文学体验和命运的关切,尤其是在后殖民文学和文化理论的研究中,它"很大程度上表现为艺术审美与理念宣传之间的矛盾和张力"②。

在当下的后殖民文学研究中,"双重意识"表征政治为我们思考这些文学作品中凸显出来的身份认同、文化身份、族裔散居美学、他者理论、表征的政治、"黑色大西洋"等主题,提供了重要的理论空间和研究视角,以客观、正面的心态去反思后殖民文学研究中歧视、歪曲,甚或丑化少数族裔群族黑人的历史叙事。这些后殖民文学作品中呈现出来的黑人悲惨的故事叙事言说和书写,生动地表征出贩奴运动中黑人的屈辱和反抗,在文学审美中把沉默的、压抑的、他者化的黑人从"客体"中解放出来,在"主体"中凸显出黑人的主观能动性,表征出黑人身份的美学价值,彰显出"黑就是美"的重要文学命题。

---

① 张晓玉:《保罗·吉洛伊族裔散居文化理论研究》,北京语言大学博士论文,2009 年,第11 页。

② 张静静:《艺术与宣传:论威·爱·伯·杜波依斯的文学"双重意识"》,浙江大学博士学位论文,2015 年,第15 页。

结　语　文化批评思想的
价值和中国立场

　　作为一种文化思潮,英国马克思主义文化批评思想对 20 世纪中叶以来整个学术界产生了重要的影响。作为一种思想运动,英国马克思主义文化批评思想为整个学术生态带来了独具特色的文化特质。作为一种文化理论,它已然为我们探究英国现实社会的复杂关系,透视各种关系背后产生的缘由,提供了最强有力的理论武器。英国马克思主义文化批评思想蕴含着丰富的文化内核,文化马克思主义一直是贯穿在文化批评思想萌芽、建构、发展、延伸时期最核心的关键问题和理论,它在 21 世纪的当下还会持续不断地对整个学术界产生广泛而深远的影响。英国马克思主义文化批评思想的学术成就从英国本土,扩大到整个西方世界,从西方世界迅速延伸到包括中国在内的其他国家和地区,对整个人文学科的建设和发展产生了巨大的影响。

　　作为英国马克思主义文化批评思想的奠基人、建构者和思想集大成者的霍加特、汤普森、威廉斯、霍尔以及英国马克思主义文化批评的新生代学者吉罗伊立足 20 世纪 50 年代以来英国的现实社会,在批评和继承经典马克思主义和西方马克思主义的基础上,采用马克思主义的立场,结合英国本土的现实语境,深刻地剖析了当代资本主义社会,尤其是消费资本主义社会中的"大众文化"和"文化政治",挖掘出"大众文化"天生具有的"抵抗特质"和"反抗潜能",深刻剖析"文化马克思主义"理论在建构资本主义社会中起到的作用。追根溯源,这种文化批评思想源于对第二次世界大战以来英国社会主义现状的反思、源于对英国工人运动的认识、源于对传统马克思主义的批判性吸收,还源于对英国本土经验、实践、生活、人道主义等问题的强力思考。

这种思考把"文化"置于英国文化研究的中心位置,成为统治阶级与被统治阶级博弈和斗争的主要场域。在思考英国马克思主义文化批评思想时,就必须理顺"结构"与"能动性"之间的关系,要认识到工人阶级力量的强大,要认清传统马克思主义与文化马克思主义的区别所在,更要清楚英国文化研究与马克思主义的关系。在霍尔看来,从事英国马克思主义文化批评和英国文化研究,"一向把马克思主义视为问题、苦恼、危险,而不是解决问题的方法"。也就是要"在马克思主义周围进行研究,并保持一定距离,研究马克思主义,反对马克思主义,用马克思主义进行研究,试图进行发展马克思主义的研究"①。这番论述道出了英国马克思主义文化批评家们对待马克思主义的基本立场,这恰好体现出他们在认识马克思主义理论中持有的鲜明的态度和文化主张。很大程度上,英国马克思主义文化批评研究特别关注文化等上层建筑在社会结构和社会生产中的作用和价值,坚决摒弃经济基础与上层建筑的二元对立的关系模式,立足英国现实语境和实践问题,打破经典马克思主义的反映论、机械论、决定论等看法,把文化从经济基础中解放出来,突出其对社会生产方式、社会生产关系和生产力的创造性建构,表征出文学文化、意识形态等上层建筑在社会生产关系中的物质性、基础性、自主性、社会实践性。

英国马克思主义文化批评思想是由英国马克思主义与文化研究有机结合的"共同体",在推动社会发展和进步中起到了重要的作用。它对"经典马克思主义"或"机械的马克思主义"或"庸俗的马克思主义"进行坚决批判,是对西方马克思主义的继承、发展和改造。从内容实质上讲,它由"文化"与"马克

---

① Stuart Hall, "Cultural Studies and its Theoretical Legacies", Grossberg, Nelson, and Treichler, eds., *Cultural Studies*, 1992. p. 279.

思主义"构成,这里的"文化"在其思想中特定指涉"大众文化"和"工人阶级文化",其内涵上表征为"文化研究"与英国的"马克思主义",它关注"经济基础与上层建筑"之间、"统治阶级与从属阶级"之间、"文化与社会"之间、"结构与能动性"之间、"经验与意识"之间、"理论与实践"之间、"话语与权利"之间各种复杂的关系。

英国马克思主义文化批评思想能够在发展中不断超越,不断提升,其理论主要源于西方马克思主义思想中的葛兰西"文化霸权"、阿尔都塞"意识形态理论"和"多元决定理论"、拉克劳与墨菲的"接合理论",以及后现代主义、后福特主义、后殖民主义等理论。由此,它是西方马克思主义在英国的新近发展,得到英国马克思主义文化批评思想家的继承和改造。

很大程度上,经典马克思主义、西方马克思主义、英国的马克思主义、英国的文化马克思主义、英国马克思主义文化批评、英国文化研究、伯明翰学派等学术思潮是继承与发展的关系,在特定的历史条件和社会语境中,不同时代的政治、经济、文化、社会生活等要素在建构统治阶级,巩固其自身统治地位中非常重要,具有决定性的作用。

总体上考察,探究英国马克思主义文化批评思想的理论变迁和发展轨迹时,要把重点聚焦到"文化马克思主义"所表征的"大众文化"、"文化政治"、新左派文化政治、"社会主义的人道主义"、"工人阶级文化"政治、"无阶级的意识"、"成人教育"文化政治、"新左派刊物"文化政治、"奖学金男孩"文化政治、"批评素养"文化政治、"文化是整体的斗争方式"、"文化是普通平常的"、"文化唯物主义"、"情感结构"、"接合理论"、"种族思想"、"新族性"文化政治、"族裔散居美学"、"双重意识"文化政治等主题上,逐步实现对马克思主义的继承和改造,促进了这些思想家对马克思主义英国化的发展。

英国马克思主义文化批评思想在"文化与文明"传统中破壳而出,在英国传统的有机社会、共同体和经验主义的土壤中生根发芽,在新左派运动的斗争中孕育而生,他们以天然的"工人阶级"和"大众文化"的独特身份为思考问题的出发点,承载着公共知识分子、有机知识分子和边缘知识分子的使命和担当,肩负着解放工人阶级和大众文化的重任,把毕生精力投入到为实现英国社会改造和英国社会主义的革命进程之中。从新左派运动开始,直到 2014 年霍加特和霍尔相继逝世,英国马克思主义文化批评思想家先辈们已经成为一个"符号",从"文化意象"上失去了昔日的光辉。但是其思想并没有因为他们的离世而变得暗淡。相反,他们的思想却在新的历史和现实语境中焕发出更为耀眼的光芒,更加值得学界去研究。值得欣慰的是,英国马克思主义文化批评的新生代杰出代表吉罗伊,更立潮头,站在新的历史起点上,把后殖民理论、话语权力等融入英国马克思主义文化批评的研究之中,在种族思想、新族性、族裔散居美学、双重意识等主题中彰显其思想理论的"薪火相传"的继承性、差异性。

特别值得关注的是,威廉斯和霍尔是英国马克思主义文化批评思想承上启下的关键性人物,他们也是该思想认知形象的一个标志性符号和文化意象。这些文化批评思想家原本是以社会这个大舞台去施展他们的才华,去锻炼自己,去磨砺自己,愿意为他们的人生理想奋斗终生。但是,资本主义社会中的社会主义革命失败之后,这些批评家退居到大学校园,用自己的学识不断反思社会出现的种种问题,用理论去武装自己,站在大学校园的舞台中心,用开放的心态,去批判社会,去改造社会。他们灵活运用各种理论,去分析和思考英国现实社会的具体问题,集合众多学者的集体智慧,与英国马克思主义理论开展深入的对话,形成了具有英国特色的马克思主义文化批评思想。这种思考问题的方式和策略对我们中国学者从事马克思主义中国化研究具有鲜明的针对性和导向性,具有重要的指导意义和实践价值。

英国马克思主义文化批评思想从英国本土起航,充分汲取欧洲大陆思想家的各种理论思想,兼容并蓄,海纳百川,以跨学科和跨文化的研究方法,把欧洲、美洲、非洲以及大西洋地区纳入思考问题的视野之中,在帝国主义和资本主义内部找寻批判的现实素材、在新左派文化运动中探寻他们从事研究的灵感、在成人教育的实践中开展识字运动和批判素养的培养、在"文化与社会"传统和"霸权"理论中剖析"文化"承载的意义,在后殖民理论中探究"种族思想"、"新族性"文化政治、"族裔散居美学"、"双重意识"文化政治等内核中蕴含的"意义",追寻其背后的价值所在。这种文化批评思想一路走来,历经了萌芽、建构、发展、延伸等演进时期,清晰地表征出这些文化批评思想家在与马克思主义的对话过程中,彰显出来的批判意识、政治意识、问题意识、现实意识。这为我们深入研究英国马克思主义文化批评思想家的思想、研究伯明翰学派、研究英国马克思主义文艺理论思想、研究马克思主义中国化问题提供了独特的视角,这也正是从事英国马克思主义文化批评研究的价值和意义所在。

立足新时代,放眼全球,我们对英国马克思主义文化批评思想进行研究,分析英国当代资本主义生产方式和生产关系中的各种矛盾,剖析资本主义文化危机、资本主义演进过程、资本主义文化生产运行的基本规律,一方面丰富马克思主义文化批评思想的文化内涵,从他者视角去审视英国马克思主义本土化的理论和实践相结合的阐释范式;另一方面,加强对英国马克思主义文化批评思想的传播接受史的阐释和研究,充分尊重中西方各自的话语体系,关注彼此的理论思想,批判性地审视西方话语体系在中国语境中的创造性转换和创新性发展。中国学者对英国马克思主义文化批评思想的研究,要以充分立足中国的现实语境和新时代主题为出发点,展现中国学者对研究和发展马克思主义文化批评思想的立场和世界学术眼光,增强中国特色社会主义价值体系认同的文化自信,以新时代马克思主义理论为指导,深化中西方交流与对话,建构和完善中国马克思主义理论研究的问题域,借鉴他者资源,寻找适合中国自己发展的理论话语,体现出中国学者应有的价值取向和思想立场。丰富西方马克思主义和新时代中国马克思主义理论资源,推动新时代中国马克思主义文化批评思想的理论体系和学科体系的建设。

参 考 文 献

一、中文文献

[法]路易·阿尔都塞、艾蒂安·巴里巴尔:《读〈资本论〉》,李其庆、冯文光译,北京:中央编译出版社,2001年。

[英]马修·阿诺德:《文化与无政府状态——政治与社会批评》,韩敏中译,北京:三联书店,2002年。

[英]T.S.艾略特:《基督教与文化》,杨民生、陈常锦译,成都:四川人民出版社,1989年。

[法]皮埃尔-安德烈·塔吉耶夫:《种族主义源流》,高凌瀚译,北京:三联书店,2005年。

[英]托尼·本内特:《大众文化与"转向葛兰西"》,载陆扬、王毅主编:《大众文化研究》,北京:三联书店,2001年。

[英]艾勒克·博埃默:《殖民与后殖民文学》,盛宁、韩敏中译,沈阳:辽宁教育出版社,1998年。

[英]阿萨·勃里格斯:《英国社会史》,陈叔平等译,北京:中国人民大学出版社,1989年。

[英]保罗·布莱克雷治:《道德与革命:英国新左派中的伦理论争》,林清新等译,《现代哲学》2007年第1期。

蔡正丽:《英国新马克思主义文化理论研究》,安徽大学博士学位论文,2017年。

曹莉:《文学、批评与大学——从阿诺德、瑞恰慈和利维斯谈起》,《清华大学学报》(哲学社科版)2013年第2期。

陈光兴、Stuart Hall:《文化研究:霍尔访谈录》,台北:台湾远流出版事业股份有限公司,1998 年。

陈越编:《哲学与政治:阿尔都塞读本》,长春:吉林人民出版社,2003 年。

程祥钰:《经验与历史——论霍加特的〈识字的用途〉》,《文艺理论研究》2012 年第 4 期。

程巍:《中产阶级的孩子们:60 年代与文化领导权》,北京:三联书店,2006 年。

[美]丹尼斯·德沃金:《文化马克思主义在战后英国——历史学、新左派和文化研究的起源》,李凤丹译,北京:人民出版社,2008 年。

[美]丹尼斯·德沃金:《斯图亚特·霍尔与英国马克思主义》,杨兴林译,《学海》2011 年第 1 期。

[美]威·爱·伯·杜波依斯:《黑人的灵魂》,北京:人民文学出版社,1959 年。

[澳]约翰·多克:《后现代主义与大众文化》,吴松江、张天飞译,辽宁教育出版社,2001 年。

[法]弗朗兹·法农:《黑皮肤,白面具》,万冰译,南京:译林出版社,2005 年。

[英]斯蒂芬·芬顿:《族性》,劳焕强等译,北京:中央民族大学出版社,2009 年。

付德根、王杰:《20 世纪英国马克思主义文艺理论研究》,北京:北京大学出版社,2012 年。

伏珊、邹威华:《马修·阿诺德与"文化与无政府状态"理论》,《电子科技大学学报》(社科版)2014 年第 5 期。

伏珊、邹威华:《利维斯主义与"大众文明与少数人文化"》,《当代文坛》2014 年第 5 期。

伏珊、邹威华:《理查德·霍加特与"成人教育"文化政治理论》,《四川戏剧》(当代艺术观察)2014 年第 10 期。

伏珊、邹威华:《雷蒙德·威廉斯与"成人教育"文化理论》,《成都师范学院学报》2014 年第 11 期。

伏珊、邹威华:《文化研究史书中的"经典":霍加特〈识字的用途〉》,《四川戏剧》(当代艺术观察)2014 年第 12 期。

伏珊、邹威华:《理查德·霍加特与"批评素养"文化政治》,《四川戏剧》(当代艺术观察)2015 年第 8 期。

伏珊、邹威华:《伯明翰学派"种族思想"研究》,《四川戏剧》(当代艺术观察)2017 年 12 期。

[意]安东尼奥·葛兰西:《狱中札记》,葆煦译,北京:人民出版社,1983 年。

［意］安东尼奥·葛兰西：《狱中札记》，曹雷雨等译，北京：中国社会科学出版社，2000年。

［意］安东尼奥·葛兰西：《狱中书简》，田时纲译，北京：人民出版社，2007年。

［意］安东尼奥·葛兰西：《葛兰西文选1916—1935》，中共中央马恩列斯著作编译局、国际共运史研究所编译，北京：人民出版社，1992年。

［美］戴维·哈维：《后现代的状况》，阎嘉译，北京：商务印书馆，2003年。

［新西兰］斯科特·汉密尔顿：《理论的危机：E.P.汤普森、新左派和战后英国政治》，程祥钰译，上海：上海人民出版社，2018年。

韩昀：《论英国文化马克思主义的工人阶级文化研究》，华侨大学博士学位论文，2017年。

何磊：《葛兰西与文化研究》，北京：中国社会科学出版社，2011年。

何磊：《伯明翰学派：文化研究的源流与方法》，北京：北京大学出版社，2017年。

和磊：《论伯明翰学派早期的种族研究——以〈帝国反击战〉为中心》，《外国文学评论》2014年第2期。

胡小燕：《文化观念的重构与变迁：论英国文化马克思主义对基础/上层建筑模式的反思》，北京：人民出版社，2016年。

［英］斯图亚特·霍尔：《文化、社会与媒介》，唐维敏等译，台北：远流出版事业股份有限公司，1994年。

［英］斯图亚特·霍尔：《文化研究：霍尔访谈录》，唐维敏编译，台北：远流出版事业股份有限公司，1998年。

［英］斯图亚特·霍尔：《文化研究，两种范式》，孟登迎译，载罗钢、刘象愚主编：《文化研究读本》，北京：中国社会科学出版社，2000年。

［英］斯图亚特·霍尔：《文化身份与族裔》，陈永国译，载罗钢、刘象愚主编：《文化研究读本》，北京：中国社会科学出版社，2000年。

［英］斯图亚特·霍尔：《表征：文化表象与意指实践》，徐亮、陆兴华译，北京：商务印书馆，2003年。

［英］斯图亚特·霍尔：《种族、文化和传播：文化研究的回顾和展望》，张淳译，载陶东风主编：《文化研究精粹读本》，北京：中国人民大学出版社，2006年。

［英］斯图亚特·霍尔、保罗·杜盖伊：《文化身份问题研究》，庞璃译，开封：河南大学出版社，2010年。

［英］斯图亚特·霍尔：《理查德·霍加特、〈识字的用途〉及文化转向》，载张亮编：《英国新左派思想家》，江苏人民出版社，2010年。

［英］斯图亚特·霍尔：《第一代新左翼的生平与时代》，王晓曼译，《国外理论动态》2011 年第 11 期。

［英］理查德·霍加特：《识字的用途》，李冠杰译，上海：上海人民出版社，2018 年。

黄卓越等：《英国文化研究：事件与问题》，北京：三联书店，2011 年。

［英］马克·吉普森、约翰·哈特雷：《文化研究四十年——理查霍加特访谈录》，胡谱中译，《现代传播》2002 年第 5 期。

［美］弗·杰姆逊：《后现代主义与文化理论》，唐小兵译，北京：北京大学出版社，1997 年。

金惠敏：《听霍尔说英国文化研究——斯图亚特·霍尔访谈录》，《首都师范大学学报》2006 年第 5 期。

［美］道格拉斯·凯尔纳：《文化马克思主义和现代文化研究》，雷保蕊译，《上海行政学院学报》2006 年第 5 期。

［美］道格拉斯·凯尔纳：《文化马克思主义和文化研究》，张秀琴等译，《学术研究》2011 年第 11 期。

［英］马克尔·肯尼：《第一代英国新左派》，李永新、陈剑译，南京：江苏人民出版社，2010 年。

［英］迈克尔·肯尼：《社会主义和民族性问题：英国新左派的经验教训》，王晓曼译，《学海》2011 年第 2 期。

［英］迈克尔·肯尼：《英国新左派运动及对它的当代审理——迈克尔·肯尼教授访谈录》，张亮译，载张亮：《阶级、文化与民族传统——爱德华·P.汤普森的历史唯物主义研究》，南京：江苏人民出版社，2008 年。

［意］安琪楼·夸特罗其、［苏格兰］汤姆·奈仁：《法国 1968：终结的开始》，赵刚译，北京：三联书店，2001 年。

［美］马丁·N.麦格：《族群社会学：美国及全球视角下的种族和族群关系》，祖力亚、提·司马义译，北京：华夏出版社，2007 年。

［英］拉克劳、墨菲：《领导权和社会主义的策略：走向激进民主政治》，黑龙江人民出版社，2003 年。

［英］拉克劳、墨菲：《文化霸权和社会主义的策略》，陈璋津译，台北：远流出版公司，1994 年。

李凤丹：《英国文化马克思主义研究：基于大众文化与政治的关系》，南昌：江西人民出版社，2010 年。

李凤丹：《英国文化马克思主义的逻辑与意义》，北京：人民出版社，2015 年。

［英］F.R.利维斯:《伟大的传统》,袁伟译,北京:三联书店,2002 年。

廖炳惠:《关键词 200:文学与批评研究的通用词汇编》,南京:江苏教育出版社,2006 年。

刘进:《文学与"文化革命":雷蒙德·威廉斯的文学批评研究》,成都:巴蜀书社,2007 年。

刘炎:《斯大林主义、历史唯物主义与道德——汤普森的"社会主义的人道主义"极其当代评价》,《山东社会科学》2013 年第 6 期。

陆建德:《序:弗雷·利维斯和〈伟大的传统〉》,载［英］F.R.利维斯:《伟大的传统》,袁伟译,北京:三联书店,2002 年。

陆扬、王毅:《文化研究导论》,上海:复旦大学出版社,2006 年。

陆扬主编:《文化研究概论》,上海:复旦大学出版社,2008 年。

陆扬:《文化研究导论》,北京:高等教育出版社,2012 年。

罗钢、刘象愚:《文化研究读本》,北京:中国社会科学出版社,2000 年。

［德］马克思、恩格斯:《德意志意识形态》,中共中央马克思、恩格斯、列宁、斯大林著作编译局译,北京:人民出版社,1961 年。

［德］马克思、恩格斯:《马克思恩格斯全集》第 37 卷,北京:人民出版社,1964 年。

［德］马克思、恩格斯:《马克思恩格斯选集》第 2 卷,北京:人民出版社,1995 年。

［德］马克思:《1844 年经济学哲学手稿》,中共中央马克思、恩格斯、列宁、斯大林著作编译局译,北京:人民出版社,2000 年。

［德］马克思:《资本论》第一、二、三卷,中共中央马克思、恩格斯、列宁、斯大林著作编译局译,北京:人民出版社,2004 年。

［意］萨尔沃·马斯泰罗内:《一个未完成的政治思索:葛兰西的〈狱中札记〉》,社会科学文献出版社,2000 年。

［英］安吉拉·麦克罗比:《文化研究的用途》,李庆本译,北京:北京大学出版社,2007 年。

［英］吉姆·麦克盖根:《文化民粹主义》,桂万先译,江苏:南京大学出版社,2001 年。

孟祥春:《利维斯的文化理想研究》,《文艺理论研究》2012 年第 1 期。

［英］巴特·穆尔-吉尔伯特:《后殖民理论》,陈仲丹译,南京:南京大学出版社,2001 年。

钱乘旦等:《英国通史》,上海:上海社会科学院出版社,2007 年。

任一鸣:《后殖民:批评理论与文学》,北京:外语教学与研究出版社,2008 年。

[美]爱德华·W.萨义德:《东方学》,王宇根译,北京:三联书店,1999年。

[英]约翰·斯道雷:《文化研究:一种学术实践的政治,一种作为政治的学术实践》,载陶东风主编:《文化研究精粹读本》,中国人民大学出版社,2006年。

孙晶:《文化霸权理论研究》,北京:社会科学文献出版社,2004年。

孙颖:《走向文化批判的英国马克思主义批评》,吉林大学博士学位论文,2010年。

[英]E.P.汤普森:《英国工人阶级的形成》(上、下),钱乘旦等译,南京:译林出版社,2001年。

[英]爱德华·汤普森:《共有的习惯》,沈汉、王加丰译,上海:上海人民出版社,2002年。

陶东风主编:《文化研究精粹读本》,北京:中国人民大学出版社,2006年。

陶东风:《西方文化研究的新近发展》,《当代文坛》2007年第1期。

陶家俊:《思想认同的焦虑:旅行后殖民理论的对话与超越精神》,北京:中国社会科学出版社,2008年。

陶家俊:《现代性的后殖民批判——论斯图亚特·霍尔的族裔散居认同理论》,《四川外语学院学报》2006年第5期。

童明:《飞散》,载赵一凡等主编:《西方文论关键词》,北京:外语教学与研究出版社,2006年。

萧俊明:《文化转向的由来》,北京:社会科学文献出版社,2004年。

[英]新左派批评编:《西方马克思主义批判文选》,徐平译,台北:台湾远流出版事业股份有限公司,1994年。

汪民安主编:《文化研究关键词》,南京:江苏人民出版社,2007年。

王先霈、王又平主编:《文学理论批评术语汇释》,北京:高等教育出版社,2006年。

王斌:《英国文化研究中的领导权问题》,南京大学博士学位论文,2012年。

王晓路、石坚、肖薇编著:《当代西方文化批评读本》,成都:四川大学出版社,2004年。

王晓路等:《文化批评关键词研究》,北京:北京大学出版社,2007年。

王晓路:《西方马克思主义文化批评研究》,北京:北京大学出版社,2012年。

王岳川:《发现东方》,北京:北京图书馆出版社,2003年。

[美]勒内·韦勒克:《近代文学批评史》(第5卷),杨自伍译,上海:上海译文出版社,2009年。

徐德林:《重返伯明翰:英国文化研究的系谱学考察》,北京:北京大学出版社,2014年。

［英］雷蒙德·威廉斯：《文化与社会》，吴松江、张文定译，北京：北京大学出版社，1991 年。

［英］雷蒙德·威廉斯：《现代主义的政治》，阎嘉译，北京：商务印书馆，2002 年。

［英］雷蒙德·威廉斯：《关键词：文化与社会的词汇》，刘建基译，北京：三联书店，2005 年。

［英］雷蒙德·威廉斯：《漫长的革命》，倪伟译，上海：上海人民出版社，2005 年。

［英］雷蒙德·威廉斯：《马克思主义与文学》，王尔勃、周莉译，开封：河南大学出版社，2008 年。

［英］雷蒙德·威廉斯：《政治与文学》，樊柯、王卫芬译，开封：河南大学出版社，2010 年。

［英］雷蒙德·威廉斯：《文化与社会》，高晓玲译，长春：吉林出版集团有限责任公司，2011 年。

［英］雷蒙德·威廉斯：《乡村与城市》，韩子满、刘戈、徐珊珊译，北京：商务印书馆，2013 年。

［美］理查德·沃林：《文化批评的观念》，张国清译，北京：商务印书馆，2000 年。

武桂杰：《霍尔与文化研究》，北京：中央编译出版社，2009 年。

武桂杰：《"新左派"刊物与英语"文化研究"的原能动性》，《文艺研究》2010 年第 6 期。

武桂杰：《霍尔眼中的中国形象研究——当中国文化"旅行"到"他文化"中》，《学习与探索》2010 年第 5 期。

阎嘉：《文学研究中的文化身份与文化认同问题》，《江西社会科学》2006 年第 9 期。

阎嘉主编：《文学理论精粹读本》，北京：中国人民大学出版社，2006 年。

［英］特里·伊格尔顿：《文化的观念》，方杰译，南京：南京大学出版社，2003 年。

［英］特里·伊格尔顿：《历史中的政治、哲学、爱欲》，马海良译，中国社会科学出版社，1999 年。

［美］弗雷德里克·詹姆逊：《文化研究和政治意识》，载王逢振主编：《詹姆逊文集》第三卷，北京：中国人民大学出版社，2004 年。

张冲：《族裔散居批评与美国华裔文学研究》，《外国文学研究》2005 年第 2 期。

张静静：《艺术与宣传：论威·爱·伯·杜波依斯的文学"双重意识"》，浙江大学博士学位论文，2015 年。

张亮：《阶级、文化与民族传统：爱德华·P.汤普森的历史唯物主义思想研究》，南京：江苏人民出版社，2008 年。

张亮编:《英国新左派思想家》,南京:江苏人民出版社,2010 年。

张亮、熊婴编:《伦理、文化与社会主义:英国新左派早期思想读本》,南京:江苏人民出版社,2013 年。

张亮、李媛媛编:《理解斯图亚特·霍尔》,北京:北京师范大学出版社,2016 年。

张泰金:《英国的高等教育:历史·现状》,上海:上海外语教育出版社,1994 年。

张晓玉:《保罗·吉洛伊族裔散居文化理论研究》,北京语言大学博士学位论文,2009 年。

张咏华、沈度:《理查·霍加特的文化研究理路》,《现代传播》2011 年第 1 期。

赵国新:《英国新左派的思想画像》,《读书》2006 年第 8 期。

赵国新:《新左派的文化政治:雷蒙·威廉斯的文化理论》,北京:外语教学与研究出版社,2009 年。

赵稀方:《后殖民理论》,北京:北京大学出版社,2009 年。

赵一凡等编:《西方文论关键词》,北京:外语教学与研究出版社,2006 年。

张冲:《散居族裔批评与美国华裔文学研究》,《外国文学研究》2005 年第 2 期。

张建萍:《流散视阈中的保罗·吉罗伊种族思想研究》,《西北民族大学学报》2014 年第 2 期。

周丹:《理查德·霍加特与早期英国文化研究》,四川大学博士学位论文,2008 年。

周宪编著:《文化研究关键词》,北京:北京师范大学出版社,2007 年。

邹赞:《文化的彰显:英国文化主义研究》,广州:暨南大学出版社,2014 年。

邹威华:《斯图亚特·霍尔的"接合理论"研究》,《当代外国文学》2012 年第 1 期。

邹威华、伏珊等:《斯图亚特·霍尔与"道德恐慌"理论》,《复旦外国语言文学论丛》2013 年春季号。

邹威华:《斯图亚特·霍尔的文化理论研究》,中国社会科学出版社,2014 年 9 月。

邹威华、伏珊:《英国"奖学金男孩"文化政治研究》,《当代文坛》2015 年第 6 期。

邹威华、伏珊:《伯明翰学派"成人教育"文化政治透视》,《中外文化与文论》2017 年第 37 辑。

邹威华、伏珊:《伯明翰学派"新族性"文化政治研究》,《复旦外国语言文学论丛》2018 年春季号。

邹威华、伏珊:《伯明翰学派"族裔散居美学"研究》,《复旦外国语言文学论丛》2020 年秋季号。

邹威华、伏珊:《伯明翰学派"双重意识"表征政治研究》,《当代外国文学》2020 年第 1 期。

二、英文部分

Abelove,Henry ed.,*Visions of History*,Manchester University Press,1983.

Alexander,Claire,eds.*Stuart Hall and"Race"*.London:Routledge,2011.

Althusser,Louis."Contradiction and Overdetermination",in *New Left Review*(41),1967.

Anderson,Perry."The Left in the Fifties",in *New Left Review*,(Jan-Feb.1965).

Barker,Chris.*Cultural Studies:Theory and Practice*.London:Sage Publications,2000.

Barker,Chris.*The Sage Dictionary of Cultural Studies*.London:Sage,2004.

Baumann,Martin."Diaspora:Genealogy of Semantics and Transcultural Comparison",in *Numen:International Review for the History of Religions*,Vol. 47 Issue 3,2000.

Bennett,Tony,Grossberg,Lawrence and Morris,Meaghan.*New Keywords:A Revised Vocabulary of Culture and Society*.Blackwell Publishing Ltd,2005.

Blackburn,Robin."Raymond Williams and the Politics of a New Left",in *New Left Review*,(Mar-Apr.1988).

Blackburn, Robin. "Edward Thompson and the New Left", in *New Left Review*, (Sep.-Oct.1993).

Brantlinger,Patrick.*Crusoe's Footprints:Cultural Studies in Britain and America*,New York and London:Routledge,1990.ix.

Bromley,R."Interview with Professor Stuart Hall",in J.Munns,G.Rajan and R.Bromley,eds.*A Cultural Studies Reader*.London:Longman,1992.

Bromley,R."The Formation of a Diasporic Intellectual:An Interview with Stuart Hall", in D.Morley and K.Chen,eds. *Stuart Hall:Critical Dialogues in Cultural Studies*. London:Routledge,1996.

CCCS.*The Empire Stikes Back:Race and Racism in 70s Britain*.London:Routledge,1982.

Cohen, Robin. *Global Diasporas: An Introduction*. London: University College London Press,1997.

Davis,Helen.*Understanding Stuart Hall*.London:Sage Publications,2004.

Davis,Ioan."British Cultural Marxism",in *International Journal of Politics,Culture and Society*,Vol. 4,No. 3,1991.

Davis,Madeleine."The Marxism of the British New Left",in *Journal of Political Ideolo-*

gies. October 2006.

Dworkin, Dennis. *Cultural Marxism in Postwar Britian : History , the New Left , and the Origin of Cultural Studies.* Durham : Duke University Press, 1997.

Eagleton, Terry. *The Idea of Culture*, Oxford : Blackwell, 2000.

Farred, Grant. *What's My Name? Black Vernacular Intellectuals.* University of Minnesota Press, 2003.

Fontana, Benedetto. "Hegemony and Power : On the Relation between Gramsci and Machiavelli", in Julia Wolfrey, eds. *Critical Key Words in Literary and Cultural Theory.* New York : Palgrave Macmillan, 2004.

Forgacs, David. "Gramsci and Marxism in Britain", in *New Left Review*, (Jul – Aug. 1989).

Forgacs, D. et al. *Selection from Cultural Writings.* Cambridge : Harvard University Press, 1985.

Gilroy, Paul. *The Black Atlantic : Modernity and Double Consciousness.* Chicago : Harvard University Press, 1993.

Gilroy, Paul. *There Ain't No Black in the Union Jack.* London : Routledge, 1987.

Gilroy, Paul, Grossberg, Lawrence, McRobbie, Angela. *Without Guarantees : In Honor of Stuart Hall.* London : Verso, 2000.

Gorman, Robert A. ed. *Biographical Dictionary of Neo-Marxism*, Greenwood Press, 1985.

Gramsci, Antonio, *Selections from the Prison Notebooks*, ed. and trans., Q. Hoare and G. Nowell-Smith, London : Lawrence and Wishart, 1971.

Gramsci, Antonio, "A Gramsci Reader : Selected Writings (1916–1935)", in Julia Wolfrey, eds.

Critical Key Words in Literary and Cultural Theory. New York : Palgrave Macmillan, 2004.

Gray, Ann and McGuigan, eds. *Studying Culture : An Introductory Reader.* London : Edward Arnold, 1993.

Green, Michael. "The Center for Contemporary Cultural Studies", in P. Widdowson, eds. *Re-reading English.* London : Methuen, 1982.

Grossberg, Lawrence. *We Gotta Get Out of This Place : Popular Conservatism and Postmodernism Culture.* New York and London : Routledge, 1992.

Grossberg, L. "On Postmodernism and Articulation : An Interview with Stuart Hall", in D. Morley and K. Chen, eds. *Stuart Hall : Critical Dialogues in Cultural Studies.* London : Routledge, 1996.

Hall, Stuart, Gabriel Pearson, Ralph Samuel, Charles Taylor, "Editorial", in *University and Left Review* 1, (Spring 1957).

Hall, Stuart etc., Editorial, in *Universities and Left Review* 1, (Spring 1957).

Hall, Stuart. "A Sense of Classlessness", in *Universities and New Left Review* 1(5), 1958.

Hall, Stuart. "In the No Man's Land", in *ULR*, No. 3(Winter 1958).

Hall, Stuart etc., Editorial, "*ULR* to *New Left Review*," in *ULR*, no. 7(Autumn 1959).

Hall, Stuart. "Introduction" in *New Left Review* No. 1(January-February), 1960.

Hall, Stuart. *The Popular Arts*(with Paddy Whannel). London: Hutchinson, 1964.

Hall, Stuart. "A 'Reading' of Marx's 1857 Introduction to the Grundrisse", in *CCCS Occasional Paper*. Birmingham, 1973.

Hall, Stuart. "Marx's Notes on Method: A 'Reading' of the 1858 Introduction", in *Working Papers in Cultural Studies* 6. Birmingham: University of Birmingham, 1974.

Hall, Stuart. *Resistance through Rituals: Youth Subcultures in Post-war Britain*(with T. Jefferson, eds.). London: Hutchinson, 1976.

Hall, Stuart. "The Hinterland of Science: Ideology and the 'Sociology of Knowledge' ", in CCCS, eds. On Ideology. 1977.

Hall, Stuart. "Politics and Ideology: Gramsci", in CCCS, eds. *On Ideology*. 1977.

Hall, Stuart. *Policing the Crisis: the State, and Law and Order*(with C. Critcher, T. Jefferson, J. Clarke and B. Roberts). London: Macmillan Press, 1978.

Hall, Stuart. *On Ideology*(with B. Lumley, G. Mclennan, eds). London: Hutchinson, 1978.

Hall, Stuart. *Culture, Media, Language: Working Papers in Cultural Studies* (with D. Hobson, A. Lowe, P. Willis, eds.). London: Hutchinson, 1980.

Hall, Stuart. "Cultural Studies: Two Paradigms", in *Media, Culture and Society* 2. 1980.

Hall, Stuart. "Cultural Studies and the Center: Some Problematics and Problems", in *Culture, Media, Language*. London: Hutchinson, 1980.

Hall, Stuart. "Race, Articulation and Societies Structured in Dominance", in *Sociological Theories: Race and Colonialism*. Paris: UNESCO, 1980.

Hall, Stuart. "Signification, Representation, Ideology: Althusser and the Post-structuralist Debates", in *Critical Studies in Mass Communication* 2(2). 1985.

Hall, Stuart. "The Problem of Ideology: Marxism without Guarantees", in D. Morley and K. Chen, eds. *Stuart Hall: Critical Dialogues in Cultural Studies*. London: Routledge, 1986.

Hall, Stuart. "Gramsci and Us", in *Marxism Today*, June, 1987.

Hall, Stuart. "Minimal Selves" in *Identity: The Real Me*, ICA documents 6. London: Institute for Contemporary Arts, 1987.

Hall, Stuart. "New Ethnicity", in D. Morley and K. Chen, eds. *Stuart Hall: Critical Dialogues in Cultural Studies*. London: Routledge, 1988/1996.

Hall, Stuart. "The 'First New Left: Life and Times' and 'Then and Now: A Re-Evaluation of the New Left'", in Oxford University Socialist Group, eds. *Out of Apathy: Voices of the New Left Thirty Years On.* London, 1989.

Hall, Stuart. "The Emergence of Cultural Studies and the Crisis of the Humanities", in *October*. MIT Press, 1990.

Hall, Stuart. "Ethnicity: Identity and Difference", in *Radical America*, Vol. 23, 1991(4).

Hall, Stuart. "The Local and the Global: Globalization and Ethnicity; and Old and New Identities, Old and New Ethnicities", in Anthony D. King, eds. *Culture, Globalization and the World-sytem.* Macmillan in associate with Department of Art and Art History, State University of New York at Binghamton, 1991.

Hall, Stuart. "Cultural Studies and Its Theoretical Legacies", in L. Grossberg, C. Nelson and P. Trichler, eds. *Cultural Studies.* New York: Routledge, 1992.

Hall, Stuart. "On Postmodernism and Articulation: An Interview with Stuart Hall", in Kuan-Hsing Chen and Ming-ming Yang, eds. *Cultural Studies: The Implosion of Mcdonald.* Taipei: Isle Margin, 1992.

Hall, Stuart. "The Question of Cultural Identity", in S. Hall, D. Held, T. McGrew, eds. *Modernity and Its Future.* The Open University, 1992.

Hall, Stuart. "Cultural Studies: Two Paradigms", in R. Davis and R. Schleafer, eds. *Contemporary Literary Criticism: Literary and Cultural Studies.* New York and London: Longman, 1994.

Hall, Stuart. "Cultural Identity and Diaspora", in Cf. P. Williams and Laura. Chrisman, eds. *Colonial Discourse and Post-colonial Theory: A Reader.* New York: Columbia University Press, 1994.

Hall, Stuart. "Introduction: Who Needs 'Identity'?" in S. Hall and Paul de Gey, eds. *Questions of Cultural Identity.* London: Sage, 1996.

Hall, Stuart. "When was 'the Post-colonial'?" Thinking at the Limit, in I. Chambers and L. Curti, eds. *The Post-colonial Question: Common Skies, Divided Horizons.* London: Routledge, 1996.

Hall, Stuart. *Representation: Cultural Representations and Signifying Practice*. London: Sage Publications, 1997.

Hall, Stuart, Jacques Martin. " Cultural Revolution ", in *New Statement*, 1997, Volume 126.

Hall, Stuart. " Richard Hoggart, The Uses of Literacy and the Cultural Turn ", in *Richard Hoggart and Cultural Studies*, Edited by Sue Owen, Palgrave Macmillan.

Hanson, Harry. " An Open Letter to Edward Thompson ", in *New Reasoner* 2, (Autumn 1957).

Hill, C. " Antonio Gramsci ", in *New Reasoner* 4. Spring 1958.

Hoggart, Richard. *The Uses of Literacy*. London: Chatto & Windus, 1957.

Hoggart, Richard and Raymond Williams, " Working class attitudes ", in *New Left Review*, (January-February 1961).

Hoggart, Richard. *Speaking to Each Other, Volume II, About Literature*. New York, Oxford University Press. 1970.

Hoggart, Richard. " Culture and Alive ", in *Speaking to Each Other: Volume 1, About Society*, New York: Oxford University Press. 1970.

Hoggart, Richard. A Sort of Clowning: 1940 – 1959, *in A Measured Life: The Times and Places of an Orphaned Intellectual*, Transaction Publishers. 1994.

Hoggart, Richard. A Local Habitation: 1918 – 1940, in *A Measured Life: The Times and Places of an Orphaned Intellectual*. New Brunswick, NJ: Transaction Publishers, 1994.

Hoggart, Richard. *A Sort of Clowning: Life and Times II: 1940 – 59*, Chatto and Windus, London, 1990.

Hoggart, Richard. *The Uses of Literacy*, New Brunswick: Transaction Publisher, 1998.

Hoggart, Richard. *Between Two Worlds: Essays*, Aurum Press, 2001.

Hoggart, Richard. " Literacy is Not Enough: Critical Literacy and Creative Reading ", in *Between Two Worlds*, London: Aurum Press, 2001.

Hoggart, Richard. *Promises to Keep: Thoughts in Old Age*, Continuum, 2005.

Kaye, Harvey J. " Political Theory and History: Antonio Gramsci and the British Marxist Historians ", in Harvey J. Kaye, *The Education of Desire: Marxists and The Writing of History*, Routledge, 1992.

Kaye, H. *The British Marxist Historians: An Introductory Analysis*, Cambridge: Polity, 1984.

Kellner, Douglas. Cultural Marxism and Cultural Studies, in http://www. gseis. ucla. edu/faculty/kellner/papers/CSST99.htm 4/20,2002.

Kenny, Michael. *The First New Left in Britain*, 1956 – 1964. London: Lawrence and Wishart,1995.

Laclau, E.*Politics and Ideology in Marxist Theory : Capitalism , Fascism , Populism.* London: NLB,1977.

Lee, Richard E. *Life and Times of Cultural Studies*, Durham: Duke University Press, 2003.

Lin, Chun.*The British New Left.*UK: Edinburgh University Press,1993.

Maclntyre, Alasdair. " From the Moral Wilderness I", in *New Reasoner* 7, (Winter 1958–1959).

Maclntyre, Alasdair. " From the Moral Wilderness II", in *New Reasoner* 8, (Spring 1959).

Marks, L. ed.. *The Modern Prince and Other Writings*, London: Lawrence and Wishart, 1957.

Martin, Baumann"Diaspora: Genealogy of Semantics and Transcultural Comparison."*International Review for the History of Religions.*Vol. 47 Issue 3.Ed.Numen. 2000.

McRobbie, Angela.*The Uses of Cultural Studies.*London: Sage ,2005.

Meeks, Brian, eds. *Culture , Politics , Race and Diaspora : The Thought of Stuart Hall.*Ian Randle Publishers. 2007.

Milner, Andrew.*Re-imagining Cultural Studies : the Promise of Cultural Materialism.*London: Sage,2002.

Morley, David and Kuan-Hsing Chen, eds.*Stuart Hall : Critial Dialogue in Cultural Studies.*London: Routledge,1996.

Oboe, Annalisa, Anna Scacchi eds..*Recharting the Black Atlantic.*Routledge. 2008.

Palmer, Bryan D. *E.P.Thompson : Objections and Oppositions*, Verso,1994.

Procter, James.*Stuart Hall.*London: Routledge ,2004.

Ransome, Paul. *Antonio Gramsci : A New Introduction.* New York: Harvester & Wheatsheaf,1992.

Rojek, Chris.*Stuart Hall.*Polity, Cambridge,2003.

Rutherford, Jonathan. *Identity : Community , Culture , Difference.* London: Lawrence & Wishart,1990.

Safran, William. "Diasporas in Modern Societies: Myths of Homeland and Return" in *Diaspora* 1, 1991.

Searby, Peter and the Editors. "Edward Thompson as a Teacher: Yorkshire and Warwick", in John Rule and Robert Malcolmson, ed., *Protest and Survival: Essays for E. P. Thompson*, The Merlin Press, 1993.

Slack, Jennifer Daryl. "The Theory and Method of Articulation in Cultural Studies", in David Morley and Kuan-Hsing Chen, eds. *Stuart Hall: Critical Dialogues in Cultural Studies*. London: Routledge, 1996.

Steele, Tom. *The Emergence of Cultural Studies* 1945–1965: *Cultural Politics, Adult Education and the English Question*, London: Lawrence & Wishart, 1997.

Storey, John. *Cultural Studies and the Study of Popular Culture*. Edinburgh University Press, 1996.

Taylor, Charles. "Marxism and Humanism", in *New Reasoner* 2, (Autumn 1957).

Thompson, E. P, Editorial, "Why We Are Publishing", in *The Reasoner* 1, July 1956.

Thompson, E. P. "Socialist humanism", in *New Reasoner* 1, (Summer 1957).

Thompson, E. P, John Saville, "Editorial", in *New Reasoner* 1, (Summer 1957).

Thompson, E. P. *Memorandum to the Editorial Board*, 1961, Alan Hall Papers. (These papers were made available to the author by Mr. Hall. Thompson, Edward. "The Peculiarities of the English", in Thompson, Edward. *The Poverty of Theory & Other Essays*, Monthly Review Press, 1978.

Tudor, Andrew. *Decoding Culture: Theory and Method in Cultural Studies*. Sage Publications, 1999.

Turner, Graeme. *British Cultural Studies: An Introduction*. London: Routledge, 1990.

Turner, Graeme. "Critical Literacy, Cultural Literacy, and the English School Curriculum in Australia", in *Richard Hoggart and Cultural Studies*, Edited by Sue Owen, Palgrave Macmillan. 2008.

Volosinov, V. N. *Marxism and the Philosophy of Language*. New York: Seminar Press, 1973.

Williams, Raymond. "Working-class Culture", in *Universities and Left Review* 2, (Summer 1957).

Williams, Raymond. *Culture and Society*: 1780–1950. London: Chatto & Windus, 1958.

Williams, Raymond. *Marxism and Literature*. Oxford: Oxford University Press. 1977.

Williams, Raymond. *Problems in Materialism and Culture*, London: Verso, 1980.

Williams, Raymond. "Culture is Ordinary", in Ann Gray and Jim McGuigan, eds. *Studying Culture: A Introductory Reader*. New York: Routledge, 1993.

Williams, Raymond. *The Long Revolution*. Broadview Press, 2001.

Williams, Raymond. "Film and the dramatic tradition", in J. Higgins (ed.), *The Raymond Williams Reader*, Oxford, Blackwell, 2001.

Williams, Patrick and Chrisman, Laura ed.. *Colonial Discourse and Post-Colonial Theory*, New York: Columbia UP, 1994.

Wolfreys, Julian. *Critical Keywords in Literary and Cultural Theory*. New York: Palgrave Macmillan, 2004.

后　记

　　本书是作者主持的第二项国家社会科学基金项目"英国马克思主义文化批评研究"(编号15BWW010,结项鉴定为合格)的最终研究成果。

　　该成果是作者在主持第一项国家社科基金项目"斯图亚特·霍尔的文化理论研究"(编号09XWW001,结项鉴定为良好)基础上,对研究对象、研究内容、研究思路等新拓展和延伸的最终研究成果。英国马克思主义研究和英国文化研究是20世纪以来英国马克思主义文化批评研究和文艺理论研究中最为独特的靓丽的风景线。本书作者在多年的学术研究生涯中,充分汲取英国马克思主义文化批评研究中的各种养料,广泛收集和整理各路资源,研读和探究各种理论文本、文化文本以及文学文本,追踪这些文本的缘起、内涵以及产生的意义和价值,推动西方马克思主义、新时代中国马克思主义文艺理论研究和马克思主义中国化的纵深发展。

　　该成果的最终付梓出版得到了学界前辈、专家、同行的教诲和指导。衷心感谢中国社会科学院徐德林教授、四川大学曹顺庆教授、石坚教授、阎嘉教授、王晓路教授、支宇教授,南京大学杨金才教授,复旦大学陈靓教授,四川外国语大学董洪川教授,华南师范大学段吉方教授,山东师范大学和磊教授,华中师范大学何卫华教授,杭州师范大学周敏教授,新疆大学邹赞教授,杭州电子科技大学谭慧娟教授,四川师范大学毛娟教授,成都师范学院王万民教授和杜伟教授等。

　　该成果由两位作者共同研究,协同写作完成。该成果的部分章节以单篇论文的形式已在《当代外国文学》《复旦外国语言文学论丛》《当代文坛》《中外文化与文论》《四川戏剧》《电子科技大学学报》(社会科学版)等刊物上发表。该成果由伏珊承担的工作量为11万字左右。同时该成果的出版得到了国家社会科学基金项目的资助,以及人民出版社洪琼先生的大力支持。

　　本书是作者近些年来艰辛付出努力的最终成果,期待为学界在本领域研究提供一定的参照和借鉴。但是本成果还存在一些不足,敬请各位专家学者提出宝贵意见,给予批评指正。